HAYMON taschenbuch **195**

W0334422

MIX
Papier aus verantwortungsvollen Quellen
FSC® C083411
www.fsc.org

Auflage:
4 3 2
2018 2017 2016 2015

HAYMON tb 195

Originalausgabe
© Haymon Taschenbuch, Innsbruck-Wien 2015
www.haymonverlag.at

Alle Rechte vorbehalten. Kein Teil des Werkes darf in irgendeiner Form (Druck, Fotokopie, Mikrofilm oder in einem anderen Verfahren) ohne schriftliche Genehmigung des Verlages reproduziert oder unter Verwendung elektronischer Systeme verarbeitet, vervielfältigt oder verbreitet werden.

ISBN 978-3-7099-7822-1

Umschlag- und Buchgestaltung nach Entwürfen von
hœretzeder grafische gestaltung, Scheffau/Tirol
Umschlag: Eisele Grafik·Design, München
Satz: Da-TeX Gerd Blumenstein, Leipzig
Covermotive: Bullauge: depositphotos.com/frogtravel;
Rovinj: depositphotos.com/kavita
Karte: Karin Berner
Autorenfoto: Heinz Tomek

Gedruckt auf umweltfreundlichem,
chlor- und säurefrei gebleichtem Papier.

Eva Gründel

Mörderhitze

Ein Kroatien-Krimi

Eva Gründel

Mörderhitze

Für Heinz

Lobbyismus ist wie ein Flipper.
Die Kugel, die rollt, sieht man, aber der
Mechanismus bleibt im Verborgenen.
Woody Allen

Prolog

Ein leichter Flossenschlag genügte und der leblose Körper drehte sich in einer perfekten Pirouette wieder und wieder um die eigene Achse. Eine einsame Darbietung ohne Publikum, nur ein einziger Thunfisch vergnügte sich noch mit dem ungewohnten Spielzeug. Seine Artgenossen fanden die Leiche, die seit ein paar Stunden wie eine Puppe zwischen ihnen trieb, mittlerweile gänzlich uninteressant.

In ihrem Gefängnis waren die großen Fische an kleine Menschlein gewöhnt, die weit mehr Unterhaltung boten als dieser merkwürdige Gast. Tagtäglich kamen sie in ihren schwarzen Gummianzügen zu ihnen in die Tiefe, schwammen mit seltsamen Geräten auf dem Rücken hin und her und stießen blubbernde Luftblasen aus.

Auch rochen diese Männer, die jeden Winkel des Käfigs mit grellen Lampen ausleuchteten und nach kranken Gefangenen absuchten, nicht nach Blut, so wie dieses Exemplar hier. Das Wasser hatte die unzähligen Wunden im Rücken und auf der Brust des Toten längst ausgewaschen, aber mit ihren empfindlichen Sinnesorganen konnten die Fische ihn nach wie vor blindlings aufspüren.

Doch wozu? Als Futter kam eine Leiche für sie nur im äußersten Notfall in Frage. Sie waren zwar Räuber, aber keine Haie und somit auch keine Aasfresser, die sich an Menschenfleisch gütlich taten. Die „Geparden des Meeres“, die in Freiheit bis zu siebzig Stundenkilometer erreichten und Tausende von Meilen zurücklegten, wurden in ihren Käfigen aus Bewegungsmangel zwar fast verrückt, aber man ließ sie nicht hungern. Im Gegenteil, man versorgte die gefangenen Giganten reichlich mit frischen Sardinen, damit sie Fett ansetzten und rasch an Gewicht zulegten.

Noch einmal kehrte der verspielte Thunfisch um, doch diesmal hielt er Distanz zu dem nackten Mann, der nunmehr mit ausgebreiteten Gliedmaßen in der Mitte des Beckens schwebte. Wie ein Fächer umspielten seine dunklen Haare den Kopf, als wollten sie das Gesicht verhüllen, das es nicht mehr gab.

1. Kapitel

Elena war nervöser, als sie es sich eingestehen wollte. Acht Uhr früh! Sie hatten noch nicht einmal in Dubrovnik angelegt, und in wenig mehr als einer Stunde sollte das Flugzeug aus Mailand landen. Mit dem Industriellen an Bord, der sie für einen zehntägigen Törn entlang der kroatischen Küste engagiert hatte. Ein ungewöhnlicher Auftrag, der sich gänzlich von der Routine ihrer sonstigen Reiseleiter-Jobs unterschied. Und jetzt das. Statt wie angekündigt die Nachmittagsmaschine zu nehmen, hatte Leonardo Mancuso im letzten Moment umdisponiert und den Frühflug gebucht. Oder besser gesagt: von seiner Sekretärin buchen lassen, die Elena ärgerlicherweise erst jetzt verständigt hatte.

Bei ihrer spontanen Zusage war ihr die Aufgabe, eine luxuriöse Segeltour noch luxuriöser zu gestalten, denkbar einfach erschienen. Auch wenn sie ihr Wissen über die Sehenswürdigkeiten Kroatiens ebenso im Schnellverfahren auffrischen musste wie die Informationen, wo man entlang der Route die schönsten Badebuchten und die besten Restaurants fand.

Jetzt aber war sich Elena alles andere als sicher, ob sie sich nicht überschätzt hatte. Dieser Leonardo Mancuso war schließlich nicht irgendwer, sondern sogar ihr ein Begriff. Wie er aussah, wusste sie aus der italienischen Klatschpresse, die in schöner Regelmäßigkeit über die neuesten Schmuckkreationen aus dem Hause Mancuso berichtete – oft bebildert mit Aufnahmen vom Chef, der sich gern an der Seite attraktiver Blondinen zeigte.

Diesmal aber kam er allein, es sei denn, er hatte sich auch das im letzten Moment anders überlegt. Wahrscheinlich reiste er aus Rücksicht auf seine Tochter ohne Begleitung, vermutete Elena, die sämtliche Daten der zu erwartenden Gäste inzwischen auswendig kannte.

Mit ihren 25 Jahren hätte Francesca Mancuso auch ihre Tochter sein können und ihr nur um weniges älterer Freund ihr Sohn. Elena spürte einen Anflug von Wehmut. Eigene Kinder – irgendwie war es dafür immer zu früh oder zu spät gewesen, und seit es einen Giorgio Valentino in ihrem Leben gab, war der Zug ohnedies unwiderruflich abgefahren.

Unbewusst straffte sie die Schultern. An Giorgio wollte sie später denken, erst nach dieser Reise, keine Minute früher. Im Moment hatte sie wahrlich andere Sorgen. Wieder beschlichen sie Zweifel, ob sie sich nicht blamieren würde. Auf Sizilien kannte sie jeden Stein und absolvierte ihre Führungen mit Bravour, hier aber fühlte sie sich selbst als Touristin, was nicht gerade die ideale Voraussetzung für eine professionelle Reiseleitung war.

„Alles in Ordnung, Elena?" Dragos besorgter Tonfall holte sie endgültig in die Gegenwart zurück. Ihr Skipper aus Rovinj, mit dem sie seit nunmehr drei Tagen von Istrien aus die dalmatinische Küste entlanggesegelt war, sah ihr die Nervosität offenbar von Weitem an. „Reg dich nicht unnötig auf, wir haben alles unter Kontrolle. Während wir die Leute vom Flughafen abholen, bewacht Mirko das Boot, damit keiner uns den Champagner stiehlt. Oder gar deine kostbaren Unterlagen."

Drago Magdalenic und sein Neffe Mirko Babic – die beiden waren wirklich ein Glücksfall. Vom ersten Moment an hatte sich Elena mit dem erfahrenen Skipper und dem Schiffsjungen, die als Istrianer perfekt Italienisch sprachen, bestens verstanden. Mit Touristen durch die Adria zu schippern, war Dragos gut bezahltes Hobby, denn nach den Sommerferien würde er wieder unterrichten. Als Professor für Italienisch und Deutsch am Gymnasium von Rovinj.

Vom Meer aus hatte sich Elena Dubrovnik noch nie genähert. Sie kannte die Stadt aus der Zeit vor dem Balkankrieg, in dem vieles im historischen Zentrum zerstört worden war.

„Jetzt ist alles wieder wie früher", hatte Drago versichert. „Hat zwar Unsummen gekostet, aber ein Kulturerbe der Menschheit muss der Welt schon was wert sein."

Keine zehn Minuten später legte der Katamaran unterhalb der mächtigen Festungsmauern an. Im alten Hafen zu ankern, war ein Privileg, für das man gute Beziehungen zur Kommandantur benötigte. Wie Drago, der offenbar überall die richtigen Leute kannte.

„Für den Flughafenbus ist es zu spät, wir müssen ein Taxi nehmen", stellte Elena nach einem Blick auf ihre Armbanduhr fest.

Drago sah sie erstaunt an. „Ich hatte nie etwas anderes vor. Warum um alles in der Welt wolltest du einem Millionär beim Sparen helfen?"

„Weil die Reichsten normalerweise die Geizigsten sind", stellte Elena lakonisch fest, nachdem Drago dem Fahrer ihr Ziel genannt hatte. „Aber vielleicht ist dieser Mancuso ja eine Ausnahme. Bisher hat er von allem nur das Teuerste ausgesucht. Den Katamaran in Luxusausführung, das exquisiteste Catering ..."

„... und dazu die brillanteste Reiseleiterin und den besten Skipper", lachte Drago. „Ich habe übrigens einen vernünftigen Fahrpreis ausgehandelt, aus Prinzip. Touristen zahlen um einiges mehr, und auch wenn du jeden Cent abrechnen kannst ..."

„Siehst du den Chauffeur vom Limousinen-Service hier irgendwo?“, unterbrach ihn Elena, als das Taxi mit einem beruhigenden Zeitpolster vor der Ankunftshalle des Flughafens anhielt. „Man hat mir einen weißen Mercedes versprochen, eine Luxuskarosse, in der fünf Personen bequem Platz haben.“

„Wieso fünf, mit dir seid ihr doch sieben?“

„Mach mich nicht verrückt. Leonardo Mancuso kommt allein, sein Gast, ein gewisser Yannis Zammit, ebenfalls. Bleiben noch die Tochter Mancuso und ihr Verlobter. Das Ehepaar Vukovic steigt erst in Split zu, habe ich dir das nicht gesagt?“

„Hast du nicht, aber egal. Das heißt, dass ich mich jetzt um das Gepäck von einer Frau und drei Männern kümmern muss. Dafür brauche ich keinen Kombi, ein gewöhnliches Taxi wird genügen. Dort drüben parkt übrigens gerade ein großer weißer Wagen ein, das dürfte deiner sein. Ich kann das für dich checken. Du bleibst am besten in der Halle, denn wenn ich die Durchsage richtig verstanden habe, ist die Maschine bereits gelandet. Eine Viertelstunde zu früh. Habe ich hier auch noch nicht erlebt, aber man lernt ja nie aus.“

Soll er sich ruhig über meinen Pünktlichkeitswahn lustig machen, sagte sich Elena, als sie Drago nachblickte, der in aller Ruhe zum Ausgang schlenderte. Sogar von hinten sieht dieser Mann gut aus, stellte sie nicht zum ersten Mal fest. Am besten aber gefiel ihr Drago im Halbprofil, da kamen seine dunklen, fast schwarzen Augen ebenso zur Geltung wie seine schmale, leicht gebogene Nase oder die vollen, ungewöhnlich roten Lippen. Und selbst im Alter würde er sich nicht vor einer Glatze fürchten müssen, solche Haare sind wie Schweinsborsten, die fallen nicht so leicht aus.

Unter anderen Umständen wäre dieser Drago Magdalenic eine Todsünde wert, gestand Elena sich ein. So hätte sich zumindest ihre Mutter ausgedrückt, die das Faible für fesche Männer mit ihrer Tochter teilte. Aber etwas Dümmeres, als ein Verhältnis mit einem Kollegen anzufangen – und das noch dazu am Beginn eines Törns, bei dem man auf engstem Raum und aufeinander angewiesen war –, hätte ihr wohl nicht einfallen können. Und außerdem gab es da noch Giorgio ...

Rasch wischte sie den Gedanken an ihren Lebensgefährten beiseite und lauschte der auf Englisch wiederholten Ansage, die für sie ebenso unverständlich klang wie die kroatische zuvor. Da hatte man den im Krieg zerstörten Flughafen zur Gänze neu errichtet, aber bei Details gespart! Lautsprecher mussten wirklich nicht pfeifen oder krachen, sodass man kein Wort mehr verstand. Vorsichtshalber sah sich Elena nach dem Informationsschalter um. War die Maschine aus Mailand tatsächlich bereits gelandet?

Die Antwort erübrigte sich, als die Türen zur Ankunftshalle zur Seite glitten. Der Mann, der als Erster herauskam und sich suchend umblickte, war Leonardo Mancuso. Auch wenn Elena den auf den Illustriertenfotos stets konservativ gekleideten Industriellen in dieser Freizeitausführung erst auf den zweiten Blick erkannte: weißes T-Shirt, rote Leinenhose, Sneakers – und auf dem Kopf ein weißer Strohhut mit schwarzem Band. Mit allem hatte sie gerechnet, aber nicht mit einem Millionär, der sich als gewöhnlicher Tourist verkleidete. Irritiert hob Elena die Hand zur Begrüßung.

Als sie ihre kleine Gruppe zur bereitstehenden Limousine führte, hatten sie die erste Panne bereits hinter sich. Ausgerechnet Leonardo Mancusos Koffer war verschollen, ein Ärgernis, das er mit erstaunlichem Gleichmut hinnahm.

„Solche Sachen passieren nun einmal, Elena. Ich darf Sie doch so nennen?“

Weshalb fragte er überhaupt? Dieser Mann machte ohnedies nur das, was er wollte, und keiner widersprach ihm. Der geborene Chef, das war Elena von der ersten Sekunde an klar gewesen. Mit jener undefinierbaren Ausstrahlung, die sich um kein Geld der Welt kaufen lässt: liebenswürdig und sympathisch – aber stahlhart, wenn es darauf ankam. Das sollte ich besser nie vergessen, ermahnte sie sich.

„Ich kann Leute nicht ausstehen, die sich im Urlaub über jede Kleinigkeit aufregen. Das gehört doch dazu, dass auf Reisen unerwartete Dinge passieren. Angenehme und unangenehme. Wer das nicht einkalkuliert, bleibt besser zu Hause. Aber jetzt zum Tagesprogramm. Was schlagen Sie vor, Elena?“

„Eine Führung durch das historische Zentrum, anschließend Mittagessen in einem der Lokale in der Altstadt. Dann können Sie immer noch entscheiden, ob wir über Nacht in Dubrovnik bleiben oder bereits heute Nachmittag in die Inselwelt aufbrechen. Die Alternative wäre, gleich an Bord zu gehen und dort einen Imbiss einzunehmen. Es ist alles vorbereitet ...“

„Auf dem Schiff sind wir noch lang genug. Da ich Dubrovnik nicht kenne, bin ich für den Stadtbummel, Papa“, mischte sich Francesca Mancuso ein. „Das ist doch auch in deinem Sinne, Titus?“

Der junge Mann an ihrer Seite brummte Unverständliches. Dass er zu jeder Gelegenheit einen lateinischen Spruch parat hatte – und damit seiner Umwelt bisweilen ziemlich auf die Nerven ging –, konnte Elena nicht wissen.

„Wie bitte?“, fragte sie auf Deutsch. Laut ihren Unterlagen stammte Titus Reinthaler aus Bad Deutsch-Altenburg an der Donau und kam wie sie aus Österreich.

„*Tertium non datur*“, wiederholte ihr Landsmann geduldig und fügte nun seinerseits auf Deutsch hinzu: „Das heißt, ein Drittes gibt es nicht. Man könnte aber auch sagen: *Utile e dulci* – lasst uns das Nützliche mit dem Angenehmen verbinden.“

Spinner, dachte Elena. Dabei sah er ganz und gar nicht verschroben aus, sondern nett und sympathisch. Groß, schlank, sportlich, ein wenig zu grobknochig vielleicht, aber mit feinen Gesichtszügen, einem Grübchen am Kinn und intelligenten, fröhlichen Augen.

Eigentlich hatte Elena an der Seite einer Frau aus der Mailänder Society einen ganz anderen Männertyp erwartet, einen in Designerklamotten gekleideten Feschak etwa. Aber auch Francesca mit ihren zu einem Pferdeschwanz gebundenen rotblonden Locken entsprach keineswegs ihren Klischeevorstellungen. Statt Designer-Jeans trug sie eine klassische Lee und auch das weiße T-Shirt, das über ihrem üppigen Busen ein wenig spannte, konnte sie, ebenso wie die lässig über die Schulter geworfene Jacke, durchaus auf irgendeinem Straßenmarkt erstanden haben.

„Kannst du nicht ausnahmsweise einmal klar und deutlich sagen, was du willst? Das Nützliche mit dem Angenehmen verbinden, meinst du damit Stadtführung und Restaurant oder Auspacken und Essen an Bord?“, hakte Francesca nach, was ihrem Vater ganz und gar nicht gefiel.

„Spart euch die Diskussion für später auf, ich will jetzt weg von hier. Mir ist es egal, also richten wir uns doch nach Yannis?“ Bevor der Mann, der sich bisher im Hintergrund gehalten hatte, antworten konnte, eilte Drago mit einem Koffer in der Hand auf die Gruppe zu. „Das ist doch Ihrer, Signor Mancuso? Namensschild ist keines dran, aber nach der Beschreibung müsste das Ihr Gepäck sein."

„Ja, das ist mein Koffer, wunderbar! Worauf warten wir noch? Also Yannis, was meinst du?"

„Ich war noch nie in Dubrovnik, daher ..."

„... ist die Sache entschieden." Mit einem zufriedenen Lächeln stieg Leonardo als Erster in die Limousine. „Ich sag's ja immer, wenn es um wichtige Entscheidungen geht, muss ein Mann aus Brüssel her."

Mann aus Brüssel? Verwirrt blickte Elena auf ihre Liste. Yannis Zammit, 1966 in La Valetta geboren, war doch Malteser? Was freilich nicht ausschloss, dass er nunmehr in Belgien lebte. Verstohlen musterte sie den schweigsamen Mitreisenden, der zu jenen Männern zählte, die man leicht übersah. Alles an ihm war Durchschnitt: Die Größe, die Figur, der Haarschnitt, das nichtssagende Gesicht. Lediglich die angenehm modulierte Stimme war ihr bei den wenigen Worten, die er bisher von sich gegeben hatte, aufgefallen.

Lieber ein Langweiler als ein Besserwisser, dem man nichts recht machen kann, sagte sich Elena, doch da hatte sie ihre Zweifel. Die am harmlosesten wirkenden Zeitgenossen entpuppten sich nicht selten als das genaue Gegenteil. Wenn ihre Menschenkenntnis sie nicht trog, konnte auch dieser Yannis mit seiner zur Schau getragenen Verbindlichkeit noch für einige Überraschungen gut sein.

Darüber aber würde sie später nachdenken. Jetzt musste sie erst einmal entscheiden, wie viel an Kunst und Kultur ihrer kleinen Schar zuzumuten war. Dubrovnik light in maximal 30 Minuten oder doch eine komplette Führung von mindestens zwei Stunden, verbrämt mit einer ordentlichen Dosis Geschichte?

Weniger war zumeist mehr, das wusste Elena aus Erfahrung, aber galt das auch für einen Leonardo Mancuso, der für sein Geld die entsprechende Leistung erwarten durfte? Oder schätzte der erfolgsverwöhnte Geschäftsmann Flexibilität höher ein als die pflichtgemäße Erfüllung einer vereinbarten Quote?

Was auch immer sie beschloss, es war Elena bewusst, dass sie einen Fehler unter gar keinen Umständen begehen durfte: einmal zu oft nach den Wünschen der Gäste zu fragen – und damit das Heft aus der Hand zu geben. Wer als Reiseleiter bestehen wollte, musste Autorität ausstrahlen. Nur einer konnte das Programm bestimmen, sonst machte jeder, was er wollte, und schlussendlich waren alle unzufrieden. Das galt für eine 50-köpfige Gruppe ebenso wie für ihr Quartett.

Glück gehabt! Ein mehrstöckiges Kreuzfahrtschiff lief eben aus, weshalb das nächste, das wieder ein paar hundert Leute auf den Kai spucken würde, noch vor der Hafeneinfahrt warten musste. Bis die alle herbeigekarrt waren, herrschte innerhalb der mächtigen Festungsmauern eine geradezu idyllische Stimmung. Auf dem schimmernden Pflaster der Flanierstraße Placa, die seit dem Mittelalter Dubrovniks Zentrum durchschnitt, tummelten sich an diesem strahlend schönen Septembervormittag ungewöhnlich wenige Touristen.

„Wir befinden uns über einem zugeschütteten Meeresarm. Um etwa 1150 hat man die kleine Felseninsel Lausa, auf der wir hier stehen, mit dem Festland verbunden. Damit schuf man die Voraussetzungen für den wirtschaftlichen Aufstieg der bis dahin unbedeutenden Stadt, die bis 1918 übrigens Ragusa hieß", setzte Elena eben zu einer Erklärung an, als ein Mann aus dem Schatten eines Seitengässchens trat und heftig gestikulierend auf sie zuging.

„Sie veranstalten hier eine Führung? Haben Sie dafür eine Konzession?", herrschte er sie auf Italienisch an. Entweder hatte der Fremdenführer, der Jagd auf illegale Konkurrenten machte, gut geraten, oder er war ihnen seit Längerem gefolgt. „Nein? Wie zuvor der Kollege von Studiosus, der war auch ein Illegaler. Das wird teuer für Sie, denn ich werde auch Sie anzeigen. Es sei denn ..."

„Gar nichts werden Sie. Schauen Sie lieber, dass Sie weiterkommen, sonst gehen nämlich wir zur Polizei. Verstanden?"

Verblüfft blickte Elena in die wütend funkelnden Augen des Maltesers, der mit einem Mal alles andere als durchschnittlich aussah. Von dieser Seite hatte sie als Letztes Schützenhilfe erwartet.

„Lass es gut sein, Yannis", sagte sie und legte beschwichtigend eine Hand auf seinen Arm. „Der Gute kann ja nicht wissen, dass wir keine Touristengruppe, sondern eine Familie sind." Geistesgegenwärtig war Elena ins vertrauliche Du gewechselt.

„Familie oder nicht, das ist vollkommen egal. Als Gruppe gilt laut EU-Bestimmungen erst eine Anzahl von mehr als sechs Personen und wenn ich richtig rechnen kann, sind wir fünf. Außerdem hat der Mann versucht, Sie zu erpressen, haben Sie das nicht gemerkt? Entweder Bargeld oder Anzeige, so geht das Spiel. Aber nicht mit uns."

Dem Stadtführer war offenbar klar, dass er auf verlorenem Posten stand. Mit einem unterdrückten Fluch suchte er das Weite.

„Verzeihen Sie, Elena, dass ich Ihr Du-Wort ausgeschlagen habe, aber dazu lasse ich mich doch nicht von so einem dahergelaufenen Typen zwingen. Das holen wir nach. Stilvoll, wie es sich gehört."

„Gilt da auch Campari Soda, oder muss es bei dir immer Champagner sein, wenn du einer Frau den Bruderkuss gibst?", fragte Francesca mit spöttischem Unterton. „Ich habe jedenfalls Durst und im Moment auch keine große Lust, mir den Kopf mit der Vergangenheit Dubrovniks vollstopfen zu lassen. Das ist nicht gegen Sie gerichtet, Elena, Sie machen Ihre Sache wunderbar, aber dafür bleibt noch Zeit genug. Dort drüben das Kaffeehaus, das sieht doch nett aus. Marmortischchen, Thonetstühle, Kristalllüster, fast könnte man glauben, in Wien zu sein."

„Francesca hat in Ihrer Heimatstadt antike Numismatik studiert", erklärte Leonardo, dem Elenas fragende Miene nicht entgangen war. „Sie leben zwar auf Sizilien, aber Sie sind doch eine gebürtige Wienerin, die sich nach ein paar Semestern Kunstgeschichte als Werbetexterin einen Namen gemacht hat, nicht wahr? Das ist zwar schon eine ganze Weile her, aber zufällig kenne ich den Chef der Agentur, für die Sie gearbeitet haben."

Gab es etwas, worüber dieser Mancuso nicht Bescheid wusste? Offenbar pflegte er sich genau zu informieren, bevor er jemanden engagierte, und sei es auch nur für einen Segeltörn.

Ja, ich bin in Wien geboren, als Helene Hubinek, und ich bin die Witwe des Südtiroler Bildhauers Paul Martell, der 2004 an einem Kopftumor gestorben ist, hätte sie fortsetzen können. Ich bin 45 Jahre alt, Skorpion, Hundeliebhaberin und nunmehr Lebensgefährtin des sizilianischen Kriminalkommissars Giorgio Valentino, den ich bei einer Mordermittlung kennen gelernt habe. Weil einer meiner Gäste so leichtfertig war, sich während einer von mir geführten Reise in den Ruinen von Selinunte erschlagen zu lassen.

Aber das brauchte sie einem Leonardo Mancuso nicht erzählen, fand Elena. Bis auf ein paar unwesentliche Details kannte er ihre Biographie vermutlich ziemlich genau, eine Tatsache, die ihr ganz und gar nicht gefiel. Dass sie nichts zu verbergen hatte, spielte dabei keine Rolle. Unwillkürlich runzelte sie die Stirn, doch dann gewann ihr Humor die Oberhand. Offenbar bedarf es nicht immer der NSA, um jemanden in einen gläsernen Menschen zu verwandeln. Und war es nicht eigentlich schmeichelhaft, wichtig genug zu sein, um nach allen Regeln der Kunst durchleuchtet zu werden?

Geistesabwesend hatte Elena als Einzige einen Cappuccino bestellt, eine kluge Entscheidung, Mit einem Kaffee konnte man nicht anstoßen, und somit war das Thema Du-Wort erst einmal vom Tisch. Wie hatte sie nur so leichtfertig sein können, sich überhaupt in diese Situation zu bringen? Ihr Verhalten war ein Reflex gewesen. In ihren Anfängertagen, ehe sie die nötigen Prüfungen abgelegt hatte, war sie in Palermo einmal als illegale Reiseleiterin erwischt worden. Eine äußerst kostspielige – und peinliche – Erfahrung, die sie kein zweites Mal machen wollte.

Diesmal aber kam es in erster Linie darauf an, die nötige Distanz zu wahren. Auf einem Schiff konnte man sich nicht aus dem Weg gehen, was ihre Rolle doppelt schwierig gestaltete. Sie zählte nicht zur Crew wie der Skipper und der Schiffsjunge, sie war keine Stewardess, die sich um das leibliche Wohl der Passagiere kümmern musste. Auch wenn sie sich verpflichtet hatte, für das

Frühstück und kleine Imbisse zu sorgen, bestand ihre Hauptaufgabe darin, die Landausflüge zu organisieren. Ihr oblag es, durch die interessantesten Städte entlang der Route zu führen, Taxis an den Kai zu bestellen und die passenden Lokale auszusuchen.

Irgendwie kam Elena sich vor wie eine Gouvernante in einem viktorianischen Haushalt, die nicht zum Personal, aber auch nicht zur Familie gehörte. Diesen Spagat galt es zu meistern, wobei ihr das nur gelingen konnte, wenn sie die richtigen Akzente setzte. Was bereits bei der Wahl der Kleidung anfing.

Das Kostüm, das sie schon angehabt hatte, wäre viel zu förmlich gewesen, einer Uniform zu ähnlich. Das war ihr im letzten Moment klar geworden, und sie hatte sich vor der Fahrt zum Flughafen in aller Eile umgezogen. Jetzt trug sie ein schlichtes cremefarbenes Etuikleid, das ihr ausgezeichnet stand. An Bord würde es dann natürlich legerer zugehen, untertags Shorts und am Abend lange Hosen waren sicherlich eine unverfängliche Wahl. Wie ihr zeitloser, einteiliger Badeanzug mit dem dezenten Ausschnitt.

„Möchten Sie noch etwas bestellen? Wenn nicht, wir wären dann so weit." Mit einem kräftigen Ruck, der die leeren Gläser zum Klirren brachte, schob Leonardo Mancuso den schweren Kaffeehaustisch von sich. Elena fuhr zusammen. Wie peinlich! Sie hatte gar nicht mitbekommen, dass man nur noch auf sie wartete. War ihr etwas Wesentliches entgangen? Verunsichert blickte sie in die Runde.

„*Animus in patellis est*", brummte Titus. „Was wörtlich übersetzt heißt ..."

„Das will keiner wissen", unterbrach ihn Francesca und runzelte unwillig die Stirn. „Du nervst. Für heute kein Latein mehr, bitte."

Der Geist ist in der Schüssel, hätte Elena fortsetzen können. Sie kannte den Spruch noch aus ihrer Schulzeit weit besser, als ihr lieb war. Ihrem Professor war es damals nämlich nur selten entgangen, wenn sie wieder einmal gedankenverloren ins Narrenkastl geschaut hatte, wie man auf gut Wienerisch zu sagen pflegte. Seltsam, dass ein Mann von nicht einmal dreißig so versponnen war, bei jeder sich bietenden Gelegenheit die alten Römer zu zitieren.

Wahrscheinlich hatte er Latein und Geschichte studiert und unterrichtete an einem Gymnasium. Das konnte sie sicher bald herausfinden. Jedenfalls würde sie genau aufpassen, dass ihr bei den Ausführungen über die Vergangenheit Dubrovniks kein Fehler unterlief.

Alles ging gut. Wieder einmal bewährte sich ihr Erfolgsrezept, auf Daten und Jahreszahlen weitgehend zu verzichten. Elena verstand es meisterhaft, längst versunkene Epochen mit Leben zu erfüllen. So gelang es ihr sogar, einen anfangs ziemlich gelangweilten Leonardo Mancuso in ihren Bann zu ziehen.

Das spektakuläre Ambiente hatte ihr die Arbeit freilich leicht gemacht. Auf den meterbreiten Bastionen, die das alte Dubrovnik wie ein Schutzschild umgaben, konnte man hoch über der beeindruckenden Dachlandschaft spazieren gehen. Tief unten funkelte blitzblau das Meer, auf dem sich Lokrum als grüner Tupfen abzeichnete.

„Die kleine Insel befand sich zuletzt in Privatbesitz der Habsburger, aber sie hat ihnen kein Glück gebracht“, sagte Elena. „Es ist natürlich nur ein Zufall, aber ich finde es interessant, dass die letzten zwei Angehörigen dieses Hauses, denen Lokrum etwas bedeutet hat, gewaltsam ums Leben gekommen sind." Spätestens jetzt konnte sich Elena über mangelnde Aufmerksamkeit nicht mehr beklagen. „Erzherzog Maximilian hat Lokrum Mitte des 19. Jahrhunderts gekauft und das romanische Benediktinerkloster zu einem Schloss umgestalten lassen. Entsprechend dem Zeitgeschmack ..."

„Hat ihm denn seine protzige Residenz bei Triest nicht genügt?", unterbrach Francesca, die sich mit Schaudern an die ihrer Ansicht nach grässliche Innenausstattung von Schloss Miramare erinnerte. „Sie sprechen doch von *dem* Maximilian, dem späteren Kaiser von Mexiko?"

„Ganz richtig. Maximilian wurde von einem Exekutionskommando erschossen und sein Neffe, Kronprinz Rudolf, hat sich selbst die Kugel gegeben. In Mayerling, Sie alle kennen die Geschichte. Der österreichische Thronfolger hatte die Insel geerbt und sich hauptsächlich um den Schlosspark gekümmert. Er hat auch ein bisschen herumgebaut, aber dann ..."

„Schluss, aus, Themenwechsel", fuhr Leonardo mit sich überschlagender Stimme dazwischen. „Die waren doch alle beide Verlierer, die haben ihr Schicksal selbst verschuldet. Mir ist es völlig egal, ob sie Opfer politischer Intrigen waren oder nicht, für Versager habe ich nichts übrig. Nicht für die von gestern und schon gar nicht für die von heute. Wer die Spielregeln der Macht nicht beherrscht, sollte besser die Finger davon lassen."

Was war denn das jetzt?, fragte sich Elena, als sie Mancusos grimmig verzerrte Miene musterte. Wieso brachten ihn diese alten, von der Unterhaltungsindustrie bis zum Erbrechen verkitschten und ausgeschlachteten Tragödien dermaßen aus dem Gleichgewicht? Da musste mehr dahinterstecken.

„Hinrichtungen und die Macht des Stärkeren, Aggressionen und Gewalt, die vor Mord und Selbstmord nicht Halt machen, sinnloses Sterben für nichts und wieder nichts, ich will davon nichts hören", setzte er unerwartet leise fort. „Tot ist tot. Ich halte es mit den Lebenden. *Carpe diem,* so sagt man doch, Titus? Also pflücken wir den Tag. Auf geht's ins Restaurant, das Elena für uns ausgesucht hat." Ohne eine Antwort abzuwarten, wandte Leonardo sich um und stapfte in die Richtung des nächstliegenden Treppenabgangs, der von der Stadtmauer hinunter ins Zentrum führte.

„Einen Moment noch, Signore", hielt Elena den Mann, der Widerspruch offensichtlich nicht gewöhnt war, zurück. „Wenn Sie mir hier heroben noch einige wenige Schritte folgen würden ... Danke. Und jetzt schauen Sie bitte nicht in die Ferne, sondern nach rechts. Direkt unter uns befindet sich der alte Hafen – und die schönste und größte Yacht mittendrin ist Ihre ..."

„Die *Seacloud,* tatsächlich, hier liegt sie in all ihrer Pracht! Sieht sie nicht wundervoll aus, meine alte Freundin?" Beifall heischend blickte Leonardo in die Runde. „Unser letztes Rendezvous hatten wir in der Karibik. Vor ziemlich genau einem halben Jahr. Da war ich allerdings nur als Gast an Bord, gechartert hatte sie ein amerikanischer Geschäftspartner. Aber jetzt ..."

„... geschieht auf der Yacht einzig und allein das, was du möchtest. Das ist es doch, worauf es dir ankommt, Papa?", sagte Francesca lächelnd, doch Elena war der leise Anflug von Bitterkeit, der in ihren Worten mitschwang, nicht entgangen. Es konnte nicht einfach sein, ihn zum Vater zu haben. Eine Kostprobe davon, wie es war, neben einem Machtmenschen dieses Kalibers zu bestehen, hatte sie eben selbst erhalten.

Auf diesem Törn würde noch so einiges auf sie zukommen, das war Elena nach seinem Auftritt eben klar geworden. Leonardo Mancusos Wunsch war Befehl, daran ließ er keine Zweifel aufkommen, und sie durfte gespannt sein, was er als Nächstes zum Tabu-Thema erklären würde.

Dass man in seiner Gegenwart nicht über Gewaltverbrechen diskutierte, hatte er deutlich zum Ausdruck gebracht. Gespräche über Mord und Totschlag zu vermeiden, dürfte freilich nicht allzu schwierig werden.

Schon der nächste Tag sollte Elena allerdings eines Besseren belehren.

Italiener im Ausland kulinarisch auch nur einigermaßen zufriedenzustellen, war keine einfache Aufgabe. Dementsprechend sorgfältig hatte Elena die erste gemeinsame Mahlzeit geplant und stundenlang Gourmet- und Reiseführer gewälzt, um letztendlich doch auf Dragos Tipp zurückzugreifen. Das „Arsenal“ im alten Stadthafen sah zwar wie eine klassische Touristenfalle aus, aber zu Elenas Erleichterung klappte alles wie am Schnürchen.

Im Schatten der überdachten Terrasse saß man angenehm kühl, zudem wehte vom Meer eine leichte Brise herüber. Plötzlich war ein leiser Wind aufgekommen, der jedoch nicht ausreichte, um eine Yacht wie die *Seacloud* zum Schaukeln zu bringen. Die kleineren Boote hingegen tanzten auf den kurzen, schaumgekrönten Wellen, die unerwartet kräftig an die Kaimauer schlugen.

„So habe ich mir das vorgestellt. Eine gute Pasta auf dem Tisch und mein Schiffchen in Sichtweite.“ Rundum mit sich und der Welt zufrieden schob Leonardo seinen leergegessenen Teller von sich und griff nach dem Weinkühler. „Ausgezeichnet, dieser Chardonnay.“ Er zückte die Brille, um das Etikett zu studieren. „Aus Brodski Stupnik, wo auch immer das sein mag.“

„In Slawonien“, antwortete Elena wie aus der Pistole geschossen. Welch ein Glück, dass ihr Drago erst gestern einen Vortrag über kroatische Weine gehalten hatte.

„Unter den Kommunisten ging Quantität vor Qualität, das heißt, der Wein aus Jugoslawien war so schlecht wie sein Ruf. Heute ist es umgekehrt, aber es wird noch einige Zeit brauchen, bis sich die ambitionierten Winzer aus Kroatien international einen Namen gemacht haben", wiederholte Elena fast wörtlich Dragos Ausführungen, die der Malteser unvermutet rüde unterbrach.

„Und wie passt das Ihrer Meinung nach damit zusammen, dass die kroatische Regierung die Weinanbauflächen vor dem EU-Beitritt noch rasch vergrößert hat? Nicht um ein paar Hektar hier und da, sondern landesweit und in einem beträchtlichen Ausmaß?" Yannis Zammit sah Elena spöttisch an. „Was Sie uns erzählen, klingt nach den PR-Texten der Fremdenverkehrswerbung. Die Realität sieht leider anders aus."

„Dieser Wein hier ist jedenfalls mit Sicherheit kein Massenprodukt, das können Sie mir glauben." Mit der Routine eines professionellen Sommeliers nahm Titus Reinthaler einen kleinen Schluck aus seinem Glas und ließ ihn im Mund kreisen. „Erinnert ein wenig an einen einfachen Chablis, ist aber ein reiner Chardonnay mit den genau richtigen feinen Säuren. Mein Vater und mein Bruder sind Winzer, und ich habe Önologie studiert ..."

„Von der Theorie zur Praxis ist es oft ein weiter Weg." So leicht wollte Yannis sich nicht geschlagen geben. Noch dazu von einem um so viel jüngeren Mann.

„Was willst du damit sagen, Yannis?", fuhr Francesca dazwischen. „Dass Titus von Wein weniger versteht als du? Oder dass deine EU mit ihren seltsamen Bestimmungen wieder einmal alles besser weiß ...?"

„Gebt Ruhe, alle beide, und zwar sofort." Leonardo Mancuso brauchte seine Stimme nicht zu erheben, um die gewünschte Wirkung zu erzielen. Francesca und Yannis verstummten abrupt.

Na bravo, das fängt ja gut an, dachte Elena. Offenbar ist das nicht die erste Auseinandersetzung zwischen den beiden. Wenn sie jetzt bereits zusammenkrachen, wie wird das erst an Bord weitergehen? Unauffällig musterte sie Mancuso, der bei seinem Machtwort keine Miene verzogen hatte. Als wäre nichts geschehen, brach er das unbehagliche Schweigen, das sich breitzumachen drohte.

„Wie heißen diese wunderbaren hausgemachten Nudeln, Elena? Die einen nennt man *fuzi,* das habe ich mir gemerkt, und die anderen ...“

Dankbar nahm Elena den Gesprächsfaden auf: „*pljukanci,* aber ich bin mir nicht sicher, ob ich das richtig ausspreche. Am besten, wir fragen Drago. Er war es übrigens, der mir das Restaurant empfohlen und unser Menü zusammengestellt hat.“

„Guter Mann, dieser Drago“, brummte Leonardo. „Das habe ich sofort erkannt. Und was bekommen wir als Nächstes?“

„Ausnahmsweise heute keinen Fisch, sondern eine *pašticada,* eine dalmatinische Spezialität. Dafür wird Rindfleisch mehrere Tage lang in Rotwein eingelegt ...“

„Sie meinen, dass wir das unbedingt probieren müssen? Eigentlich bin ich schon satt.“ Sichtlich skeptisch griff Mancuso nach der Speisenkarte. „Und zur Not kann ich mir ja immer noch ein paar Garnelen bestellen. Oder gleich etwas Süßes.“

„Hören Sie nicht auf Papa, was seinen Gaumen betrifft, ist er stockkonservativ. Ich bin jedenfalls sehr neugierig, was uns erwartet.“ Mit einem fröhlichen Lachen stieß Francesca ihren Vater an. „Und du, mein lieber Titus, wirst auch nicht meckern. Die nächsten zwei Wochen bekommst du nämlich keinen Schweinsbraten, kein Gulasch und kein Schnitzel, sondern nur Fisch, Fisch und nochmals Fisch und ab und zu ein paar Muscheln oder Krebse. Also sei froh, dass du heute noch einmal an die Fleischtöpfe darfst.“ Francesca ließ sich ihren Ärger von vorhin ebenfalls nicht mehr anmerken. Sie war zwar keineswegs so streichelweich, wie Elena bisher angenommen hatte, aber ohne sie wären die drei Männer, die unterschiedlicher nicht hätten sein könnten, wohl noch mühsamer zu handhaben gewesen.

„Ich habe vergessen zu erwähnen, dass der Rotwein mit allerlei Kräutern gewürzt wird. Und man darf auch nicht irgendeinen billigen Fusel verwenden. Das marinierte Fleisch wird nämlich auf kleiner Flamme so lange geschmort, bis sich eine dunkle Soße bildet. Die schmeckt natürlich besonders köstlich, wenn man bei der Weinqualität nicht gespart hat", konnte Elena noch rasch anbringen, bevor sich die beiden Kellner, die an ihrem Tisch bedienten, mit dampfenden Schüsseln näherten.

Außer dem Klirren des Bestecks war bald nichts mehr zu hören. Diesmal aber war das Schweigen, in das die vier wie auf ein Kommando verfielen, eindeutig positiv. Doch Elena durfte sich keinen Illusionen hingeben: Die Gruppe war eindeutig zu klein, der nächste Konflikt würde nicht lange auf sich warten lassen. Sobald das Ehepaar Vukovic dazustieß, würde alles einfacher werden. Dann waren sie zwei Leute mehr, was in diesem Fall immerhin ein Plus von 50 Prozent bedeutete. Bis dahin aber musste sie irgendwie zurechtkommen.

„Kein Mahagoni und auch sonst kein Schnickschnack, du hast wirklich nicht übertrieben, Papa. Die *Seacloud* ist einfach wundervoll." Spontan fiel Francesca ihrem Vater um den Hals. „Dieser Salon, Walzer tanzen könnte man hier drinnen, so groß ist er. Und unsere Kabine erst. Da bekommt nicht einmal Titus Platzangst. Nein, korrigier mich nicht, ich weiß, das heißt Klaustrophobie, aber das klingt so geschwollen. Ihm ist immer alles zu eng und zu klein, genau wie dir. Auch wenn er es nie zugeben würde, er hat sich davor gefürchtet, gemeinsam mit mir in eine Kajüte gesperrt zu werden, aber hier ..."

„... fällt mir der Himmel sicher nicht auf den Kopf", fiel ihr der sichtlich beeindruckte Titus ins Wort. „Nochmals vielen Dank für die Einladung, Signore", fügte er wohlerzogen hinzu.

„Dieses Schiff passt zu dir, mein lieber Leonardo. Minimalismus pur, und das bei größtmöglichem Luxus." Yannis Zammit ließ sich in einen der weißen Lederfauteuils sinken und grinste seinen Gastgeber an. „Stilvoll und effizient, dieser Kahn aus der Danziger Werft. Etwas anderes habe ich von dir auch nicht erwartet." Mit einer theatralischen Geste umfasste der Malteser den Raum, der bis ins kleinste Detail in japanischem Design ausgestaltet war. „Die Reederei hat sich da wirklich was einfallen lassen, aber das muss sie wohl auch. Zählt nicht auch das belgische Königshaus zu ihren Kunden? Die schöne Paola kreuzt doch jeden Sommer ein paar Wochen im Mittelmeer. Früher haben die Illustrierten ein kleines Vermögen für Bikini-Fotos von ihr gezahlt, heute lockt sie freilich keinen Paparazzo mehr hinter dem Ofen hervor. Aber sie ist immer noch gern unterwegs, auf einer gecharterten Yacht mit polnischer Besatzung und italienischem Personal ..."

„Da weißt du mehr als ich", antwortete Mancuso kurz angebunden. „Ihrer königlichen Hoheit dürfte die *Seacloud* allerdings um einige Schuhnummern zu klein sein. Hier ist nur Platz für eine kleine Crew, für den Skipper und seinen Helfer. Die beiden werden euch sicher nicht die Betten machen. Und um das gleich klarzustellen: Elena auch nicht. Dafür habe ich sie nicht engagiert. Dass sie uns jetzt ein Glas Champagner als Welcome-Drink kredenzt, verdanken wir nur ihrer Liebenswürdigkeit. Ab sofort gilt Selbstbedienung, egal, ob jemand etwas essen oder trinken möchte. Und jeder muss seinen Mist danach aufräumen."

Elena seufzte erleichtert auf. Ohne zu überlegen, hatte sie eine Flasche Taittinger Brut geöffnet und nicht bedacht, dass man daraus falsche Schlüsse ziehen konnte. Rechtzeitig waren ausgesuchte Delikatessen und Getränke, die sich in Kroatien nur schwer oder gar nicht auftreiben ließen, aus Triest angeliefert und in Rovinj gebunkert worden. Unter der strengen Aufsicht von Drago, der nun geduldig auf Anweisungen seines neuen Chefs wartete.

„Sie meinen, die Elaphiten sind an den Wochenenden überlaufen? Alle dreizehn Inseln?" Leonardo tippte auf die Karte, die sein Skipper im Kommandostand ausgebreitet hatte. „Nicht, dass ich an Ihren Worten zweifeln möchte, aber bei der Agentur hat man mir versichert, dass wir im September ideale Bedingungen vorfinden werden."

„Das ist schon richtig, der große Ansturm ist vorbei. Vor allem weiter im Norden. Aber im südlichsten Archipel Dalmatiens, noch dazu vor der Haustüre Dubrovniks, tut sich an einem Samstag schon einiges. Aber wenn es nicht unbedingt Šipan, Lopud oder Koločep sein muss, werden wir schon irgendeinen einsamen Flecken finden."

„Vergessen Sie die Elaphiten", sagte Mancuso nach kurzer Überlegung, „segeln wir lieber gleich nach Korčula. Wie lange brauchen wir dafür?"

„So lange Sie wollen“, schmunzelte Drago. „Mit der Fähre sind es drei Stunden, für uns ist es also nur ein Katzensprung. Ich könnte mir aber vorstellen, dass Sie oder Ihre Gäste nach der Siesta vielleicht ins Wasser springen möchten …“

„Worauf warten wir noch? Anker lichten und los. So sagt man doch?“ Über das ganze Gesicht strahlend klatschte Francesca wie ein kleines Mädchen in die Hände. Jede andere Frau, die sich so benimmt, macht sich lächerlich, dachte Elena. An ihr aber wirkt nicht einmal das affektiert. Und mit einem Mal wusste sie, an wen die Mailänderin sie erinnerte. Die rotblonden Haare, die Stupsnase, die Sommersprossen, die schmal geschnittenen blaugrauen Augen – die Ähnlichkeit mit der jungen Shirley MacLaine in „Irma la Douce“ war unverkennbar. Für sie – doch vermutlich konnten Francesca oder Titus mit diesem Vergleich nur wenig anfangen. Wem sagte denn dieser Film noch etwas? Elena hatte ihn sich im Lauf der Jahre mehrmals ansehen müssen, ihrer Mutter zuliebe, die für Billy Wilder schwärmte. Heute kannte man die MacLaine bestenfalls als seriöse alte Dame und nicht als quirliges Temperamentsbündel, das einst Hollywood-Geschichte geschrieben hatte.

Francesca musste sich in Windeseile umgezogen haben. In Bikini und wehendem Pareo stand sie auf dem Oberdeck – als einziger Farbtupfen auf der eleganten weißen Yacht, die in majestätischer Gemächlichkeit aus dem Hafenbecken glitt.

Höchste Zeit, dass auch ich aus dem Kleid schlüpfte, sagte sich Elena. In ihrer Einzel-Kabine, die auf der *Seacloud* um einiges größer war als auf anderen Booten eine doppelte, ließ sie sich erschöpft aufs Bett sinken. Auch wenn sie stets ruhig und gelassen gewirkt hatte, war sie doch seit Stunden unter Stress gestanden.

Warum tue ich mir das überhaupt an?, fragte sie sich. Nicht aus finanziellen Gründen jedenfalls, das Geld brauchte sie nicht, denn Paul hatte sie als wohlversorgte Witwe zurückgelassen. Aus Abenteuerlust? Unsinn, ein Törn auf der Adria war keine Atlantiküberquerung, und selbst der wäre an Bord dieser Luxusyacht bloß ein Jausenspaziergang.

Warum also? Um Giorgio aus dem Weg zu gehen, lautete die Antwort. Aber warum fiel es ihr so schwer, sich das einzugestehen? Weil sie nicht wahrhaben wollte, dass zwischen ihnen seit einiger Zeit vieles nicht mehr stimmte. Genauer gesagt seit ihrer Rückkehr aus London Ende Mai. Damals war ihr zum ersten Mal bewusst geworden, dass sie mehr vom Leben erwartete als das beschauliche Dasein in einem Häuschen in Taormina – die große weite Welt, an der Seite des berühmten Bildhauers Paul Martell war sie ihr offen gestanden. Bis er gestorben war und sie mit ihren 38 Jahren verzweifelt und allein in ihrer Atelierwohnung in Rom zurückgelassen hatte. Elena stand damals an einer Wegkreuzung.

Irgendwann war ihr die Millionenmetropole am Tiber zu groß geworden, zu grell, zu laut, zu oberflächlich. Nach Wien wollte sie damals aber auch nicht zurück, also entschied sie sich für Sizilien, wo sie allmählich wieder zu sich fand. Dort begegnete ihr der richtige Mann zum richtigen Zeitpunkt am richtigen Ort. Giorgio Valentino, klug, charmant, gutaussehend, fünf Jahre älter als sie – und seit Langem geschieden. Hals über Kopf stürzte sie sich in ihre neue Liebe. Elena erinnerte sich noch gut an die Schmetterlinge im Bauch, an ihre zugeschnürte Kehle und die feuchten Hände – doch was zählte das heute noch? Unbewusst verzog sich ihr Mund zu einem bitteren Lächeln. Verliebtheit vergeht, Liebe bleibt, so einfach war das.

Liebte sie Giorgio? Liebte sie ihn genug, um bei ihm zu bleiben? Seit sie Londoner Luft geschnuppert und wieder einmal das Pflaster einer Weltstadt unter ihren Schuhsohlen gespürt hatte, fragte sie sich das immer und immer wieder. War ihre Beziehung nur eine Liebelei? Dann würde die Sehnsucht nach einem bunteren Leben, wie sie es nur in einer Weltmetropole finden konnte, letztlich die Oberhand gewinnen.

Wenn sie Taormina verließ und nach London oder New York übersiedelte, würde sie Giorgio verlieren, darüber machte sie sich keine Illusionen. Einmal war er für sie ins kalte Wasser gesprungen, ein zweites Mal würde er das sicher nicht tun. Wie auch? Ihretwegen hatte er seinen Posten als Chef der Mordkommission des verschlafenen Provinzstädtchens Trapani an den Nagel gehängt und bei der italienischen Kunstpolizei einen Neustart gewagt – und es innerhalb kürzester Zeit zum Leiter der *Tutela Patrimonio Culturale* von Catania gebracht. Aber damit war für den Commandante Tenente Valentino der Plafond seiner Karriere erreicht.

Darüber nachzugrübeln bringt jetzt gar nichts, rief sich Elena zur Ordnung. Stattdessen sollte sie sich lieber aus dem zerknitterten Kleid schälen. Sonst schlief sie, angezogen wie sie war, glatt noch ein und verpasste womöglich die Ankunft auf Korčula. Entschlossen drehte sie die Dusche auf und überhörte deshalb fast das Fiepen ihres Handys, das noch immer in ihrer Handtasche steckte.

„Tutto a posto in Dubrovnik? Soeben in Triest gelandet. Was glaubst du, wen ich getroffen habe? Errätst du nie! Baci, Giorgio."

War das jetzt Gedankenübertragung?, fragte sich Elena. Seit zwei Tagen hatte er sich nicht gemeldet und kaum dachte sie an ihn, kam eine SMS. Plötzlich musste sie laut auflachen. Dieser raffinierte Kerl! Giorgio wusste genau, wie neugierig sie war. Wahrscheinlich war ihm jemand völlig Uninteressanter über den Weg gelaufen und jetzt wollte er sie damit auf die Folter spannen.

Einen Augenblick lang war alles wie früher. Fast. Denn seit ihrem eher frostigen Abschied hatte er sie nicht mehr mit seinen unsäglichen Kosenamen überschüttet. Nicht einmal *carissima, tesoro* oder *amore mio* nannte er sie – dass sie das einmal vermissen würde, hätte sie auch nicht gedacht.

In ein flauschiges Badetuch gewickelt, warf Elena sich aufs Bett und stopfte sich sämtliche Polster in den Rücken, um sich bequemer anlehnen zu können. „Danke, alles bestens. Nächste Station Korcula. Viel Spaß in Triest." Dass sie nicht nachfragen würde, damit rechnete Giorgio sicher nicht. Nach kurzem Zögern fügte sie noch „mille baci" hinzu, schließlich wollte sie mit – verbalen – Küsschen nicht so kleinlich sein wie Giorgio, und drückte die Taste, um ihre SMS zu verschicken.

Der Stopp zwischen den Inseln Mljet und Pelješac dauerte länger als vorgesehen. Dabei verzichteten Leonardo und Yannis einhellig auf ein Bad mit vollem Magen und auch Titus entfernte sich nicht allzu weit von der Yacht. Gleich dreimal hatte er das Nylonseil, das ihn wie eine Nabelschnur mit der *Seacloud* verband, um sein Handgelenk gewickelt. Francesca hingegen glaubte nicht an die Gefahr, abgetrieben und nur mit Mühe wieder aufgefischt zu werden, und ging recht sorglos mit der Sicherheitsmaßnahme um. Immer weiter schwamm sie hinaus und konnte vom Herumplanschen gar nicht genug bekommen. Erst als ihr Vater ein Machtwort sprach, kletterte sie widerwillig an Bord.

Es war zwar noch hell, als sie sich Korčula näherten, doch der Einbruch der Nacht würde nicht mehr lange auf sich warten lassen.

„Von der Marina hat man einen herrlichen Blick auf die Altstadt. Ins Zentrum ist es nicht weit, aber ich würde Ihnen dennoch ein Taxi empfehlen ..."

„Lassen Sie es für heute gut sein, Elena", fiel ihr Leonardo Mancuso ins Wort. „Morgen ist auch noch ein Tag, da können Sie uns dann herumführen und alles erzählen."

„Sie wollen an Bord bleiben?"

„Ja, aber nicht in der Marina. Drago soll eine Bucht ansteuern, je einsamer, desto lieber. Die Kühlschränke sind gefüllt, also wird uns keiner verhungern oder verdursten. Und keine Sorge, Sie wissen ja, jeder nimmt sich, was er will ..."

... und ich darf danach aufräumen, setzte Elena im Stillen fort. Darauf läuft es letztlich doch hinaus. Untertags mochte das mit der Selbstbedienung ja klappen, aber nicht beim Nachtmahl. Andererseits, der Ankunftstag war eine Ausnahme, ab morgen würden sie nicht zu Mittag, sondern am Abend ein Restaurant aufsuchen. Mit einem leisen Seufzer blickte sie Mancuso nach und begann, das frische Brot, das sie in Dubrovnik gekauft hatte, aufzuschneiden.

„Drago schickt mich", platzte Mirko in ihre Gedanken. „Wenn du willst, bringt man uns frische Austern an Bord. Von Pelješac, dort werden sie gezüchtet. In weniger als einer Stunde können sie geliefert werden. Oder auch ein Muschel-Eintopf. Wir kennen den Wirt, er hat ein kleines Lokal gleich gegenüber." Der Schiffsjunge deutete auf die benachbarte Halbinsel, die an dieser Stelle zum Greifen nahe schien. „Und ein Mädchen, das nachher aufräumt, könnte auch gleich mitkommen."

Elena überlegte nicht lange. Das müsste Mancuso eigentlich gefallen. Und falls nicht, dann würde eben sie stillschweigend die Rechnung übernehmen. Es war zwar unwahrscheinlich, dass ein Millionär, der mehr als 30.000 Euro pro Woche für eine gecharterte Yacht ausgab, wegen jeder Extraausgabe gefragt werden wollte, aber man wusste ja nie. Vielleicht mochte dieser Mann, den Elena durchaus als Kontrollfreak einschätzte, auch prinzipiell keine Überraschungen.

Womit sie völlig richtig lag, wie sich nur allzu bald herausstellte.

3. Kapitel

In einer eleganten Kurve umkreiste das Polizeiboot die Yacht, bevor es sich mit leise tuckerndem Motor auf Rufweite näherte. Mit den kroatischen Wortfetzen, die zwischen den zwei Uniformierten und Drago hin- und herflogen, konnte Elena nichts anfangen. Wahrscheinlich ging es bloß um irgendein Formular, das sie ausfüllen sollten. Vielleicht langweilten sich die Beamten auch nur und wollten sich die Luxusyacht aus der Nähe ansehen.

Automatisch blickte Elena auf ihr Handgelenk. Noch nicht einmal acht Uhr, kein Wunder, dass außer ihr und dem Skipper noch niemand auf zu sein schien. Sie selbst war freilich seit der ersten Morgendämmerung munter. Wann immer das Wetter es erlaubte, schlief sie an Deck. Weil es für sie nichts Schöneres gab, als unter einem samtschwarzen Sternenhimmel zu liegen, so dunkel und gleichzeitig hell funkelnd, wie es ihn nur in der Wüste oder auf dem Wasser zu sehen gab. Und mit der ersten Ahnung des anbrechenden Tages aufzuwachen, wenn sich der Mond noch schwach vom zarten Blau des Firmaments abhob und die Welt wie frisch geputzt aussah.

Wenigstens machten die Motoren im Leerlauf keinen Krach, als das Polizeiboot an der Backbordseite der *Seacloud* zum Stillstand kam. Elena strich das überlange T-Shirt glatt, das ihr je nach Bedarf als Strandkleid oder Nachthemd diente.

„Was ist los, Drago?"

„Inspektor Srna bittet um Erlaubnis, an Bord zu kommen."

„Was will denn die Polizei bei uns?"

„Herausfinden, ob wir jemand vermissen."

„Nein, uns geht niemand ab. Hast du ihm das nicht gesagt?“ Unwillig schüttelte Elena den Kopf. „Jedenfalls waren gestern Abend alle da, heute habe ich natürlich noch niemand gesehen. Außer dich. Mirko schläft sicher auch noch.“

„Der Inspektor möchte sich selbst überzeugen, dass keiner fehlt.“

„Wie will der gute Mann das feststellen? Und wozu überhaupt?“

„Ganz einfach, er muss nur eure Daten in den Computer eingeben. Ihr seid alle registriert. Dich habe ich in Rovinj einklariert und die anderen gestern, gleich nach der Ankunft. In der Hafenkommandantur von Dubrovnik. Normalerweise muss man das persönlich erledigen, aber ich kenne da wen ...“

Bevor Drago weitersprechen konnte, überschüttete ihn der Polizeibeamte mit einem Redeschwall, der ebenso abrupt endete wie er angefangen hatte.

„Es wurde eine Leiche gefunden, die man noch nicht identifiziert hat. Daher werden jetzt alle Boote überprüft ...“

„Und deshalb soll ich unsere Gäste aufwecken? Wir haben damit nichts zu tun! Sag deinem Inspektor, er soll später wiederkommen.“ Nur mit Mühe rang sich Elena ein Lächeln ab. „Ich will ja nicht unfreundlich sein, aber ...“

„Was geht hier vor?“ Elena fuhr herum, als sie Leonardo Mancusos Stimme vernahm. Im Gegensatz zu ihr, die noch immer in dem zerknitterten Baumwoll-Shirt dastand, sah er in seinem hellblauen Hemd und der langen weißen Hose wie aus dem Ei gepellt aus. „Kein Problem, ich habe nichts dagegen, dass der Mann seine Pflicht tut“, sagte er gelassen, nachdem ihm Drago die Situation erklärt hatte. „Aber vielleicht sollten wir ihm zuerst einen Kaffee anbieten, damit die anderen Zeit haben, sich anzuziehen." Mit einem maliziösen Grinsen betrachtete er das Nachtlager, das Elena auf einer der Matratzen des Badedecks aufgeschlagen hatte.

Der Seitenhieb saß, gestand Elena sich ein, als sie Decke und Polster zusammenraffte und in ihre Kabine eilte. Die Situation war mehr als zweideutig. Sie hätte es Mancuso nicht einmal übel nehmen können, wenn er daraus falsche Schlüsse zog. Weiß der Teufel, was er jetzt dachte. Vielleicht gar, dass sie hier heroben mit Drago schlief? Sie beschloss, die Lage bei erster Gelegenheit zu klären, aber das musste warten. Jetzt war dafür mit Sicherheit nicht der richtige Zeitpunkt.

Als Elena zwanzig Minuten später den Salon betrat, werkte Mirko an der Espressomaschine. „Signor Mancuso und der Polizist sind versorgt, Signorina Francesca und Signor Titus wollen ihren Kaffee erst später, also bist jetzt erst einmal du dran", sagte er und drückte Elena einen Cappuccino in die Hand. „Sie sind alle auf dem Oberdeck, nur Signor Zammit fehlt noch."

„Dasselbe für mich, bitte." Wie auf ein Stichwort tauchte der Kopf des Maltesers im Treppenaufgang auf. Er war sichtlich noch verschlafen und versuchte erst gar nicht, das Gähnen zu unterdrücken. „Verschönerung folgt", brummte er und strich sich über das unrasierte Kinn. „Guten Morgen, Elena! Sagen Sie, was hat die Polizei bei uns zu suchen?"

„Bald nichts mehr, da Sie sich ja offenbar bester Gesundheit erfreuen", fertigte Elena ihn kurz angebunden ab. Smalltalk in aller Herrgottsfrüh – darauf hatte sie nun wirklich keine Lust.

„Welche Laus ist denn Ihnen über die Leber gelaufen? Oder sind Sie um diese Tageszeit immer so schnoddrig? Ich habe doch nur höflich gefragt ..."

Schuldbewusst verzog Elena den Mund zu einem Lächeln. Yannis konnte ja wirklich nichts dafür, dass heute nichts so lief, wie es sollte. „Verzeihen Sie, aber eine Leiche auf nüchternen Magen bekommt mir nicht."

„Welche Leiche? Wer ist gestorben? Doch nicht Leonardo?" Mit weit aufgerissenen Augen ließ Yannis seinen Blick zwischen Elena und dem Schiffsjungen hin- und herwandern.

Elena wollte antworten, doch Mirko kam ihr zuvor. „Es handelt sich um einen Mann zwischen 30 und 50, und er soll ermordet worden sein", flüsterte er. „Das hat mir der *narednik* verraten."

„Wer um aller Welt ist denn das wieder?"

„*Narednik* ist kein Name, sondern ein Dienstrang. So heißt bei uns ein kleiner Polizeibeamter, einer von denen, die einen Inspektor begleiten. Auf Italienisch *Agente* oder *Assistente Capo*. Oder so ähnlich. Ein armer Teufel, der nichts anderes ist als ein Laufbursche in Uniform. Deshalb habe ich ihm auch einen Espresso gemacht." Mirko holte tief Luft, bevor er leise hinzufügte: „Der hat mir das mit dem Mord gesagt, aber das hätte ich wahrscheinlich nicht weitererzählen sollen ..."

„Hättest du auch nicht." Mit strenger Miene blickte Drago, der plötzlich in der Salontüre stand, seinen Neffen an. „Ich suche Sie, Signor Zammit. Holen Sie doch bitte Ihren Pass, Sie müssen sich ausweisen. Und du komm mit, Elena. Es gibt Schwierigkeiten."

Da ging es zu wie in „Dynasty", dachte Ivo Srna – und er war mittendrin. Nur selten hatte er früher eine Folge der TV-Serie versäumt. Damals waren die Carringtons fast so etwas wie Familienmitglieder für ihn gewesen, die Farbe in den grauen Alltag eines Inselpolizisten auf Korčula brachten. Reiche Verwandte in Amerika, auf die man stolz sein konnte und die nichts mit den armen Schluckern gemeinsam hatten, die wie seine Brüder als Gastarbeiter in Österreich oder Deutschland arbeiteten.

Auch er wäre gerne weggegangen, am liebsten nach Kanada, als Ranger, aber das sollte ein für immer unerfüllter Traum bleiben. Mit seinen knapp 20 Jahren saß er in der Falle. Weil sein Mädchen ein Kind von ihm erwartete. Hochzeit in Weiß, Unterschlupf im Haus der Schwiegereltern, ein Dasein zwischen Babygeschrei und Streitereien, bei denen es sich stets um dasselbe drehte: um das Geld, das er, der Sohn eines Fischers, nicht hatte.

Ivo hatte damals nicht lange gezögert und sich bei der Polizei beworben. Als kleiner Wachtmeister verdiente er zwar nicht viel, aber das sichere Einkommen eines Staatsdieners reichte der Bank für einen Kredit. Bevor sein zweites Kind zur Welt kam, erwarb der *policijski narednik* Ivo Srna ein Grundstück in dem Dorf Račišće. In der Nähe von seinem Arbeitsplatz in Korčula-Stadt – und weit genug entfernt von der Verwandtschaft in Vela Luka am anderen Inselende.

Heute war er *policijski inspektor*, mit seinen nunmehr 57 Jahren hatte er es zwar nicht weiter als bis zu einem Stern, aber immerhin bis zum Dienststellenleiter gebracht. Eine zufriedenstellende, aber glanzlose Karriere ohne Höhen und Tiefen. Bis auf den Heimatkrieg vor zwanzig Jahren, als Tausende aus dem bombardierten Dubrovnik auf die umliegenden Inseln geflohen waren, gab es nichts Bemerkenswertes.

Dass er damals nicht für sein Vaterland gekämpft hat, schmerzte Ivo bis heute. Es können nicht alle Polizisten fortgehen, es müssen auch welche bleiben, um die Sicherheit auf der Insel zu garantieren, hatte sein Vorgesetzter erklärt. Außerdem sollte sich jeder Mann um die vierzig gut überlegen, ob er sich das Soldatenleben überhaupt zutraute. Aber man würde natürlich niemanden aufhalten ...

Den Gesichtsausdruck des Offiziers, der bei diesen Worten Ivos Körpermitte mit einem vielsagenden Blick musterte, würde er nie vergessen. Zu alt, zu fett, zu kurzatmig – so lautete die Rechnung für zu viel Bier, üppiges Essen und zwei Packungen Zigaretten am Tag. Eine traurige Bilanz, an der sich wenig geändert hatte. Nur dass Ivo seit zwei Jahren nicht mehr rauchte, dafür trug er nun Kleidung mit drei statt nur einem X vor dem Large. Mit einer Größe von 1,76 Metern war er mehr breit als hoch, ein fast glatzköpfiges Michelin-Männchen mit einem schmalen Haarkranz rund um den überraschend wohlgeformten Kopf.

Nein, es hatte sich wirklich nichts Außergewöhnliches ereignet im Leben des Ivo Srna, nicht in seinem privaten und schon gar nicht in seinem beruflichen. Bis zum Läuten des Telefons heute Früh kurz vor sechs.

„Er ist tot. Mausetot. Komm sofort. Sofort, hörst du!"

Der Anrufer hatte sich erst gar nicht die Mühe gemacht, seinen Namen zu nennen, sondern darauf vertraut, dass Ivo die Stimme erkannte. Was auch stimmte, das Falsett seines Schwagers Bela, der in seiner Aufregung gleich um noch eine Oktave höher sprach, war unverkennbar. Was konnte so wichtig sein, dass er ihn an einem Sonntag zu einer so unchristlichen Zeit aufweckte? Irgendwer war gestorben, aber wer? Und warum hatte Bela gleich aufgelegt?

„Dein lieber Bruder macht aus einer Mücke wieder einmal eine ganze Elefantenherde", sagte Ivo zu seiner Frau. Er schaltete sein Handy aus und zog sich die Decke über den Kopf.

„Und wenn wirklich etwas passiert ist?“

„... werde ich es schon noch rechtzeitig erfahren. Aber gut, wenn es dich beruhigt, rufe ich ihn zurück.“

Nach dem zehnten Läuten landete er in der Mobilbox. Genervt hievte sich Ivo aus dem Bett.

Eine halbe Stunde später war er froh, außer einem Schluck Wasser und den Tabletten gegen seinen hohen Blutdruck nichts im Magen zu haben. Der Anblick der Leiche, die ein Taucher in einem der beiden Thunfischbecken entdeckt und an Land gebracht hatte, war so grässlich, dass Ivo schlecht wurde.

Die Kugeln einer Schrotflinte hatten vom Gesicht des Mannes nur zerfetzte Fleischmasse übrig gelassen. Das Opfer musste aus nächster Nähe erschossen worden sein, daran gab es für Ivo, der sich als passionierter Jäger mit Waffen auskannte, keinen Zweifel. Mit zitternden Fingern zog er sein Handy hervor und rief die Kriminalpolizei in Dubrovnik an. Nachdem er Meldung erstattet und einen seiner beiden Wachtmeister zur Bewachung zurückgelassen hatte, ging er mit ebenso zitternden Knien zurück zu seinem Dienstboot.

Es würde Stunden dauern, bis das Team der Mordkommission auf der Insel eintraf. Sollte er bis dahin hinter seinem Schreibtisch sitzen und Daumen drehen? Und die Aufklärung des einzigen spektakulären Todesfalls, der sich in seinem Umfeld jemals ereignet hatte, anderen überlassen? Natürlich durfte er dem Kriminalkommissar nicht ins Handwerk pfuschen, aber ein wenig Vorarbeit konnte er doch leisten. Und wie gut würde er erst dastehen, wenn es ihm vor den Profis aus Dubrovnik gelang, die Identität des Toten herauszufinden! Irgendwer musste den Unbekannten, der solch ein grausiges Ende genommen hatte, doch vermissen.

Ivo beschloss, herumzufragen, und damit am besten gleich bei den Yachten anzufangen, die in der Nähe ankerten. Als Nächstes konnte er sich dann die Boote in der Marina von Korčula vornehmen, während der letzte Beamte, den er noch aus dem Bett trommeln musste, die wenigen Hotel- und Privatzimmer in der Altstadt abklapperte.

Das Gebiet zwischen der Thunfisch-Farm vor der winzigen Ortschaft Babina und seinem Heimatdorf Račišće konnte er vernachlässigen. Dort waren nur ein paar Fischerboote unterwegs, das hatte er bereits auf der Fahrt zum Leichenfundort festgestellt. Ein kleines Stückchen weiter östlich aber wurde er unmittelbar hinter dem Kap, das wie ein Zeigefinger auf die gegenüberliegende Halbinsel Pelješac wies, erstmals fündig.

Die Hauptsaison ist vorbei, dachte er mit leisem Bedauern, als er in die großzügig geschwungene Bucht fuhr und die Geschwindigkeit des PS-starken Polizeibootes drosselte. Bald würden die langen, langweiligen Herbst- und Wintermonate beginnen. Noch vor Kurzem hatten sich Segler, zumeist aus Italien, Österreich und Deutschland, um die besten Ankerplätze gerissen. An diesem Septembersonntag aber schaukelte hier lediglich ein einziges Boot unter italienischer Flagge. Ein bescheidener Kahn im Vergleich zu den funkelnagelneuen Yachten, die kroatische Charterunternehmen in den Marinas rund um Split gleich in dutzendfacher Ausführung anboten.

Ivo hielt sich nicht lange auf. Er notierte die Namen der sechs Personen, die ihm ihre Pässe eher unwillig aushändigten. Drei italienische Staatsbürger, ein US-Amerikaner und ein Pärchen aus Kroatien – eine interessante

Mischung, vor allem, wenn man sich die Geburtsdaten näher ansah. Wenn er richtig rechnete, war die Italienerin Milena Pertini 53, das kroatische Mädchen namens Sanja Verbic hingegen gerade einmal 22 Jahre alt. Auch bei den Männern gab es eklatante Unterschiede. Mit einem Mal durchzuckte Ivo ein Verdacht.

Waren nicht jene Umweltaktivisten von *Black Fish*, die erst Anfang Juli mehr als tausend Thunfische aus den Zuchtbecken vor der Insel Ugljan befreit hatten, genau so ein bunt zusammengewürfelter Haufen gewesen? Seither hieß es polizeiintern, jede Abweichung von der Norm mit doppelter Aufmerksamkeit zu verfolgen. Der Appell des Fischerei-Ministers Ljubomir Kučić an die Polizei, im Umfeld von Aqua-Farmen besonders wachsam zu sein, hing an der Pinnwand hinter seinem Schreibtisch.

Auch vor Korčula wurden seit gut einem Jahr Thunfische gezüchtet. Trotz der Proteste der Einheimischen, die dafür eine ganze Reihe von Gründen hatten. War es also wirklich so unwahrscheinlich, dass es einen Zusammenhang mit dem Toten aus dem Zuchtbecken gab? Aber die Fischer, von denen er die meisten seit Jugendtagen kannte, würden deswegen doch keinen umbringen ...

Mit dir geht die Phantasie durch, Ivo Srna, ermahnte er sich. Wilde Spekulationen brachten gar nichts. Ein guter Ermittler musste kühles Blut bewahren. Bei den Leuten auf dem italienischen Boot handelte es sich garantiert nur um harmlose Touristen, die wahrscheinlich nicht einmal wussten, dass man unweit von ihrem Ankerplatz Hunderte Fische auf engstem Raum zusammengepfercht hatte. Von der Freiheit trennten die Tiere nur ein paar Netze, aber die musste man erst einmal durchschneiden oder aus den Verankerungen reißen.

Ivo schob seine Überlegungen beiseite und trank seinen mittlerweile kalten Cappuccino aus. Er wollte sich schon verabschieden, als eine Windböe die Seiten seines Notizblocks zurückblätterte. Tatsächlich, hier stand es.

„Kennen Sie einen Filippo Mancuso?“, fragte er den Mann, der ihn immer mehr an den Chef des Denver-Clans erinnerte, in seinem holprigen Italienisch.

Die Reaktion wäre eines Blake Carrington würdig gewesen. Pokerface, Schweigen, Achselzucken und schließlich, als er die Frage schon wiederholen wollte, die Antwort: *„Si, é mio filio. Perché?“*

Aus einem unsichtbaren Walkman drang die Dynasty-Titelmelodie an Ivos Ohr. Eine nur für ihn hörbare Untermalung für die Szene, die sich vor seinen Augen abspielte. Wie zwei Kampfhähne standen Vater und Tochter einander gegenüber, mit gegrätschten Beinen und gespreiztem Gefieder, jederzeit bereit, aufeinander loszugehen.

„Ich mag keine Überraschungen, das weißt du sehr gut“, eröffnete Leonardo mit gefährlich leiser Stimme den Schlagabtausch.

Francescas Gegenstrategie war ebenso einfach wie klug: Sie schwieg. Ihre einzige Chance war es, ihren Vater aus der Reserve zu locken. Mit seinen eigenen Methoden. Wer brüllt, hat verloren, so lautete das Credo, das er ihr von Kindesbeinen an eingetrichtert hatte.

„Was hast du dir dabei gedacht, Filippo hierher zu lotsen? Eine tränenreiche Versöhnung zwischen Vater und Sohn? Nicht nötig, seit einiger Zeit reden wir wieder miteinander. Hat er dir das nicht gesagt?“

„Nicht miteinander, sondern aneinander vorbei. Und genau darum geht es. So könnt ihr doch nicht weitermachen!“

„Meinst du? Das können wir sehr wohl. Wir müssen nur aufpassen, dass wir einander nicht zu nahe kommen. Und das wird jetzt passieren. Bei allen guten Vorsätzen, die er vielleicht haben mag.“

„Die hat er, glaub mir. Deine Geschäfte interessieren ihn nicht ...“

„Seit wann? Er ist es doch, der bei jeder sich bietenden Gelegenheit über die Plünderungen der Korallenriffe plappert. Macht sich gut, wenn man Mancuso heißt und der eigene Vater sein Geld mit Schmuck aus Korallen verdient. Publicity ist einem da sicher, und das weiß mein Herr Sohn, der große Umweltschützer, ganz genau.“ Bisher hatte Leonardo keine Miene verzogen, jetzt aber war ihm sein Zorn deutlich anzusehen. Und anzuhören. „Meine Korallen werden nicht illegal gebrochen“, fuhr er deutlich lauter fort, „von irgendeinem Riff, das unter Naturschutz steht. Man kann nur Edelkorallen verarbeiten, alle anderen sind viel zu weich und zu brüchig. Ich weiß, wovon ich rede, immerhin war mein Vater einer der besten Korallenschnitzer von ganz Sizilien ...“

„... und auch du hast das Handwerk gelernt. Ja, ja, ich kenne sie auswendig, diese alten Geschichten. Wie Großvater als armer Mann nach Mailand gekommen ist, wie er das Geld für den kleinen Juwelierladen zusammengekratzt hat. Dass er Tag und Nacht schuften musste, damit sein Sohn eine gute Schule besuchen kann ...“

„Es schadet nicht, wenn du manchmal daran denkst, wie es früher war. Bevor ich auf die Uni durfte, musste ich erst einmal einen Beruf erlernen. Mich zum Goldschmied ausbilden lassen. Würde dir auch nicht schaden. Oder Filippo."

„Um die Familientradition fortzusetzen, ich bitte dich! Wann hast du das letzte Mal an einer Koralle herumgeschnitzt? Siehst du, das weißt du nicht einmal. Außerdem machst du dein Geld schon lange nicht mehr mit deinen Schmuckläden, die sind doch nichts anderes als ein Aufputz für dein Image. Du machst inzwischen ganz andere Geschäfte – und ich will gar nicht wissen, welche ..." Francesca funkelte ihren Vater an, doch mit einem Mal wurden ihre Gesichtszüge weich. Versöhnlich legte sie eine Hand auf Leonardos Arm. „Verderben wir uns doch nicht den Urlaub, auf den wir uns beide so gefreut haben. Wenn du Filippo nicht sehen willst, dann muss er das akzeptieren. Ich rufe ihn an und sag ihm Bescheid."

Leonardo holte tief Luft, dann drückte er seine Tochter an sich.

Am liebsten hätte Ivo vor Begeisterung applaudiert. Was war eine Seifenoper im Fernsehen gegen diese Realityshow, die man ihm hier erste Reihe fußfrei bot? Bei echten Millionären spielte sich das Leben tatsächlich ganz genauso ab wie beim Denver-Clan. Von den Dialogen hatte er zwar kaum etwas verstanden, aber Mimik und Gestik der Darsteller ließen keinen Zweifel: Es ging um große Gefühle. Um ganz große.

Das Einzige, was er nicht begriff, war der Grund für den plötzlichen Stimmungsumschwung. Erst schienen die beiden kurz davor zu sein, sich die Augen auszukratzen, und dann fielen sie einander in die Arme.

Wie auch immer, die Vorstellung war vorbei. Ivo stand auf, um sich zu verabschieden, doch keiner beachtete ihn. Alle starrten auf das Segelboot, das mit leise tuckerndem Motor auf die *Seacloud* zuglitt.

„Ja, ich habe Elena eine SMS geschickt, dass mir jemand, den sie kennt, über den Weg gelaufen ist. Und nein, sie lässt dich nicht grüßen, denn sie hat nicht einmal gefragt, wer es war. Sorry." Giorgio griff nach der Packung Diana Rossa, die auf dem Kaffeehaustisch vor ihm lag, und zündete sich eine Zigarette an. Die neunte oder zehnte seit seiner Ankunft in Triest.

Stirnrunzelnd betrachtete ihn sein Gegenüber. „Habt ihr Probleme? Sieht mir ganz danach aus."

„Diagnose Beziehungskrise? Damit liegst du richtig, Frank. Seit England läuft zwischen uns einiges schief – und ich kann dir nicht einmal sagen, warum."

Frank Ligety ließ sich mit seiner Antwort Zeit, schließlich war er Unfallarzt und kein Psychiater. Aber dass der Mann, den er im Mai in London kennen gelernt hatte, alles andere als glücklich wirkte, fiel auch einem Laien auf.

„Du bist frustriert, weil Elena irgendwo in Kroatien herumsegelt, statt mit dir Urlaub zu machen, habe ich das richtig verstanden?"

„Nicht irgendwo und auch nicht mit irgendwem. Sie hat ein Angebot bekommen, das sie nicht ablehnen konnte. Wer darf schon auf einer Luxusyacht herumschippern und wird dafür auch noch bezahlt?"

„Das ist also nicht das wahre Problem?"

„Wir haben nicht gestritten, falls du das meinst. Doch irgendwie hat sich eine Kluft zwischen uns aufgetan." Giorgio sah den Rauchkringeln nach, die von seiner Zigarette aufstiegen, bevor sie sich in Nichts auflösten. „Ein kleiner Spalt zuerst, den wir mit einem Lachen überspringen konnten, doch er ist immer breiter geworden ..."

„... und jetzt fürchtest du, dass ihr beide abstürzt. Oder zumindest einer von euch, und keiner möchte der Verlierer sein. Verständlich. Versteh mich nicht falsch, denn ich bin, wie du weißt, seit meiner Scheidung Single und somit alles andere als ein Experte für ein Leben zu zweit. Aber wie wäre es mit einer Trennung auf Zeit?“

Diesmal war es Giorgio, der nicht sofort antwortete. Ohne seine Umgebung wahrzunehmen, ließ er seinen Blick über die großzügig angelegte Piazza dell'Unità d'Italia schweifen, Triests Salon am Meer, wo sich zu dieser frühen Abendstunde die halbe Stadt ein Stelldichein gab. Sämtliche Tische vor dem „Caffè degli Specchi“ waren besetzt, kritisch beäugt von jenen, die ungeduldig auf einen freien Platz warteten.

Das Gespräch hatte eine Wendung genommen, die ihm nicht behagte. Es widerstrebte ihm, einem Mann, den er kaum kannte, sein Herz auszuschütten. Giorgio dachte an die Nacht zurück, an dem man sie in einem Londoner Pub für Brüder gehalten hatte. Damals waren sie einander ungewöhnlich nahegekommen, woran nicht allein der Whisky schuld gewesen war. Nicht anders erging es ihm jetzt, stocknüchtern, denn von einem Gin Tonic war er noch lange nicht betrunken. Irgendwie schaffte es dieser Frank Ligety auch heute wieder, dass Giorgio mehr von sich preisgab, als er wollte.

„Darauf wird es hinauslaufen, das ist mir klar. Und um ehrlich zu sein, im Grunde meines Herzens ist mir das sogar recht. Nicht nur Elena ist mit unserem derzeitigen Leben unzufrieden, auch ich habe mich dabei ertappt, dass ich wieder anderen Frauen nachschaue und mir denke, wie es wohl wäre, wenn ...“ Giorgio deutete dezent auf ein langhaariges Mädchen, das neben dem Brunnen der vier Kontinente stand und in einem Reiseführer blätterte.

„Na ja, ich weiß nicht, es gibt Schönere. Übrigens, dort hinten kommt Richard.“ Ligety sprang auf, um seinen Freund herbeizuwinken, der mit langen Schritten auf das Cafè zusteuerte.

„Ich darf dir Doc Martens, den besten Augenarzt von ganz London, vorstellen. Richard, ich habe die Ehre, dich mit Dottor Valentino bekannt zu machen, dem Sherlock Holmes von Italien. Ausnahmsweise ist er einmal nicht auf Mörderjagd.“ Sichtlich vergnügt winkte Ligety den Kellner herbei. „Und rede mit ihm ja nicht über Schuhe, das hat er nicht so gern“, fügte er an Giorgio gewandt kryptisch hinzu, bevor er seine Bestellung aufgab.

Täuschte sich Giorgio, oder war Frank erleichtert, dass sich damit das Thema Elena von selbst erledigte? Ohne die Anwesenheit eines Dritten hätten sie sicher von nichts anderem geredet oder wären zumindest immer wieder darauf zurückgekommen. Unauffällig musterte Giorgio den Neuankömmling, der es sich mit lang ausgestreckten Beinen in dem zierlichen Kaffeehausstuhl gemütlich machte. Um die vierzig, also in Franks Alter, aber ein völlig anderer Männertyp, konstatierte er mit dem geübten Blick des Kriminalisten. Etwa 1,85 Meter groß, schlank und von jener unbekümmerten Schlaksigkeit, die junge Hunde so anziehend macht.

Doc Martens, natürlich! Plötzlich begriff Giorgio, was Frank mit seiner Bemerkung zuvor gemeint hatte. So hießen doch die Schuhe, die in der Skinhead-, Punk- und allerlei anderen Szenen Kultstatus genossen. War nicht der Erfinder ebenfalls Arzt gewesen? Egal, er würde an das Thema jedenfalls nicht anschneiden, beschloss Giorgio, denn er konnte sich unschwer vorstellen, wie viele dumme Bemerkungen der Mediziner bereits wegstecken musste.

Richard Martens sah man den Engländer von Weitem an, Frank Ligety hingegen war nicht so einfach einzuordnen. Schwarze Haare, braune Augen, dunkler Teint, schmales Gesicht – er konnte durchaus als Spanier oder Italiener durchgehen. Er sah Giorgio verblüffend ähnlich, dabei verdankte er sein Aussehen nicht sizilianischen, sondern ungarischen Ahnen. Aber vielleicht kamen sie beide letztlich aus der gleichen Ecke, grübelte Giorgio. Seine Großeltern stammten aus Zadar und gehörten der alteingesessenen italienischen Minderheit an. Über Generationen hatten ihre Familien in Dalmatien gelebt – bis 1943 Titos Truppen ein Blutbad anrichteten.

Franks Vorfahren könnten sich ebenfalls in Kroatien niedergelassen haben, bis zum Zerfall der Donaumonarchie, als Abertausende das Land verließen, das die Habsburger Ende des 18. Jahrhunderts der ungarischen Krone zugesprochen hatten. Noch 1918 war Ungarisch an kroatischen Schulen Pflichtfach gewesen, was nach dem Ersten Weltkrieg eine Übersiedlung der magyarischen Bevölkerung Kroatiens in eine Grenzstadt oder gar nach Budapest erleichterte. Und aus Budapest war Franks Vater 1956 geflüchtet ...

Nicht zufällig wusste Giorgio über die verwirrende, blutige Geschichte in diesem Winkel Europas Bescheid. Sein Großvater hatte ihm viel vom alten Zadar erzählt, von der Eleganz der italienischen Palazzi, jeder einzelne eine Verbeugung vor dem venezianischen Lebensstil, dem die Oberschicht in der einstigen Hauptstadt Dalmatiens damals huldigte. Vom bescheidenen Wohlstand und dem eigenen Häuschen, zu dem es selbst ein kleiner Angestellter wie er hatte bringen können. Von der Flucht über die Adria nach Triest, von den Auffanglagern für Abertausende Italiener aus Istrien, die es wie er und seine kleine Tochter geschafft hatten, den Massakern zu entgehen.

Zwei Wochen Urlaub lagen vor Giorgio – und zwischen Triest und Zadar schätzungsweise keine 400 Kilometer. Eine bessere Gelegenheit, mit einer Spurensuche nach der Vergangenheit seiner Familie zu beginnen, würde sich jedenfalls nicht so bald wieder bieten. Spontan beschloss er, seinen für Montag geplanten Rückflug nach Catania zu stornieren.

Was sollte er auch vierzehn lange Tage allein in Taormina anfangen? Baden, essen, fernsehen, lesen – gemeinsam mit Elena faulenzte er für sein Leben gern. *Dolcefarniente* auf einer Terrasse in Sizilien, was gab es Schöneres? Aber ohne sie hatte die Vorstellung vom süßen Nichtstun jeglichen Reiz verloren.

„Hallo, wir sind hier, nicht im *never-never-land*", riss Frank den vor sich hinträumenden Giorgio aus seinem Wolkenkuckucksheim. „Und wir beratschlagen gerade, wo wir heute Abend hingehen. Du kommst doch mit, oder hast du etwas anderes vor? Sehr gut. Es gibt nämlich etwas zu feiern. Hast du eine Idee, wo?"

Giorgios ersten Vorschlag, die Trattoria gegenüber seinem Hotel in der Altstadt aufzusuchen, lehnte Frank kurzweg ab. Mit einem Argument, das Giorgio für einen Moment sprachlos machte.

„*Oh my Lord*, wir Engländer sind Feinschmecker, *gourmets, you understand*! Du willst uns doch nicht etwa ein Touristenmenü zumuten?", hatte er in vollem Ernst erklärt.

„Deswegen gibt es auch überall auf der Welt englische Restaurants", konterte Giorgio nach dem ersten Überraschungsmoment mit einem vergnügten Grinsen. Diese Briten und ihr seltsamer Humor – für einen Moment war er Frank tatsächlich auf den Leim gegangen.

Die Idee, eine der Weinschänken im Karst aufzusuchen, wurde ebenfalls rasch verworfen. Weder Richard noch Giorgio erschien es verlockend, in einer Gegend, die man besser erst einmal bei Tag erkundete, im Dunklen herumzukurven. Abgesehen davon, mit einem Taxi könnte der Ausflug ins Umland von Triest ein ziemlich teurer Spaß werden.

Nach einigem Hin und Her einigten sich die drei darauf, es mit dem Tipp aus dem Reiseführer zu versuchen, den Frank vor dem Abflug in Heathrow noch rasch gekauft hatte.

Das Violettblau des Himmels ließ noch einen letzten Widerschein der Sonne erahnen, als Giorgio vor dem „Ristorante Scabar" aus dem Taxi stieg und sich in der unscheinbaren Gasse umsah. Eine ungewöhnliche Gegend für einen Gourmet-Tempel, aber sein Instinkt sagte ihm, dass er genau an der richtigen Adresse gelandet war.

Natürlich war er wieder einmal überpünktlich und somit der Erste, aber das gab ihm die Gelegenheit, sich in aller Ruhe umzuschauen. Was er sah, gefiel ihm. Kein trendiges Interieur, keine Pseudoeleganz, keine Schickimicki-Attitüden, sondern ein gediegen-geschmackvoll eingerichtetes Lokal.

Giorgio bestellte einen Aperitif und griff nach der Karte. *Carpaccio di branzino crudo, tartara di pesce di scoglio ai capperi con salsa alle olive nere* – Giorgio lief bereits beim Lesen das Wasser im Munde zusammen. Das Carpaccio vom rohen Wolfsbarsch oder doch lieber das Meeresfisch-Tatar mit Kapern und einer Sauce aus schwarzen Oliven? Eine schwerwiegende Entscheidung – und das war erst eine kleine Auswahl der *Antipasti.*

Frank und Richard, die kurz nach ihm eintrafen, erging es nicht anders. *Polipo all' Istriana, sgombri al forno con crema di ricotta e cren* – Tintenfische auf istrische Art oder Makrelen aus dem Rohr? Mariniertes Rinderfilet in pikanter Sauce mit frischem Ingwer oder Kalbsbacke mit Kartoffelpüree? Ob Vorspeise oder Hauptgericht, die Qual der Wahl blieb ihnen nicht erspart.

Mit einem wissenden Lächeln wies der Kellner, der sich diskret im Hintergrund gehalten hatte, auf die kleine Zusatzkarte: „Ich würde Ihnen das Degustations-Menü empfehlen. Den jeweils passenden Wein gibt es glasweise. Sie müssen also nicht gleich eine Flasche bestellen, sondern könnten sich durchkosten ..."

„... und mit jedem neuen Glas noch einmal auf mich anstoßen. Genau das machen wir", rief Richard und setzte nach einem Seitenblick auf die mittlerweile besetzten Nebentische mit gedämpfter Stimme fort: „Und mit dem Anstoßen können wir sofort anfangen. Doktor Martens hat sein Zweit-Studium an der *Università del caffè* mit Erfolg abgeschlossen. *My dear George,* seit heute bin ich diplomierter Barista."

Eine Kaffee-Universität? Giorgio glaubte, sich verhört zu haben. Das konnte nur ein Scherz sein.

„Schau nicht so ungläubig. Diese Uni gibt es tatsächlich, und zwar seit 1999. Sie wurde in Neapel gegründet, ist 2002 nach Triest übersiedelt und hat sich seither als Schulungszentrum für Kaffeeproduzenten in aller

Welt einen Namen gemacht. Da geht es um den technisch neuesten Stand des Anbaus, den idealen Dünger für Pflanzen und Boden, die besten Methoden für Ernte und Verarbeitung ..."

„Stopp. Du willst mir doch nicht einreden, dass du deinen Arztkittel an den Nagel hängen und Kaffeebauer werden willst? Oder gar Barmann?"

„Keineswegs", lachte Richard. „Ich habe nur genug von dem Gebräu, das man in England *coffee* nennt. Um im Nachtdienst munter zu bleiben, habe ich dieses grässliche Zeug literweise hinuntergeschüttet. Was blieb mir auch anderes übrig? Damit ist jetzt Schluss. Ab sofort wird es in unserer Klinik nur noch Kaffee geben, der diesen Namen auch verdient." Nicht zu fassen, da reiste ein Engländer eigens nach Triest, um zu studieren, was jeder Sizilianer mit der Muttermilch mitbekam. „Was glaubst du, was man in drei Tagen nicht alles lernt? Wie man die verschiedenen Bohnensorten optimal röstet, was man über Kaffeemühlen und Espresso-Maschinen wissen sollte ... Vor allem aber kenne ich jetzt die raffiniertesten Kaffeespezialitäten – und habe eine Ahnung davon, wie man sie noch verbessern kann. Der krönende Abschluss war natürlich der Kurs in *Latte Art*."

Giorgio zuckte zusammen. Als Sprachpurist verabscheute er solche Wortschöpfungen, diese unnötigen Zwitter aus Italienisch und Englisch. Warum nannte man die Kunst, Bilder auf Milchschaum zu malen, nicht einfach *Milk Art?*

„Ornamente und Herzen kann ich schon recht gut, was meint ihr?", fragte Richard und präsentierte das elektronische Fotoalbum seines Handys.

„Die Blumenmotive musst du noch ein wenig üben", antwortete Frank mit jenem nachsichtigen Lächeln, das Mütter aufsetzen, wenn ihr Kind beim Gedichtaufsagen ins Stottern gerät oder mit der Blockflöte die Ohren der Zuhörer malträtiert. Die beiden waren ein Paar! Schlagartig wurde es Giorgio klar. Weshalb war er bloß nicht schon früher darauf gekommen? Weil dieser Ligety seiner Elena allzu gut gefallen hatte, gab er sich gleich selbst die Antwort. Na warte, meine Liebe. Dass der schöne Frank längst vergeben war – und zwar an einen Mann –, würde er ihr bei nächster Gelegenheit unter die Nase reiben.

„Und was meinst du, Giorgio? Habe ich Talent zum Barista?" Mehr denn je glich der Augenarzt einem jungen Hund, der auf eine Belohnung wartete.

„Sehr schön, wirklich gut", murmelte Giorgio, dem Cappuccino-Spielereien völlig egal waren, pflichtschuldig. Viel lieber hätte er sich schweigend den *vedure in crosta di sale affumicato* gewidmet. Das in einer Kruste aus Räuchersalz gebackene Gemüse-Potpourri schmeckte köstlich. Mehr noch, es war eine Offenbarung vollendeter Kochkunst, die seine volle Aufmerksamkeit verdiente.

„Jetzt hab ich die ganze Zeit nur von mir gesprochen", plapperte Richard unverdrossen weiter. „Nun bist du dran. Du bist ein Commissario und derzeit auf Dienstreise in Triest, mehr hat mir Frank nicht erzählt."

Seufzend legte Giorgio seine Gabel beiseite. „Es gibt auch nicht viel mehr zu erzählen. Kriminalkommissar, das war einmal, nun arbeite ich für die Kunstpolizei, übrigens die älteste der Welt. Gestern habe ich in der Zentrale in Rom zu tun gehabt. Zum Glück, denn dort wurde mir gesagt, dass mein Resturlaub verfällt, wenn ich ihn nicht bis Ende des Monats konsumiere. Das hat meinem Chef ganz und gar nicht in den Kram gepasst, er wollte mich nämlich mit einem Spezialauftrag nach Triest schicken."

Giorgio nahm einen tiefen Schluck, bevor er weitersprach. Ausgezeichnet, diese Weine aus dem Karst. Das war der dritte, den er probierte, und einer mundete ihm besser als der andere.

„Was heißt hier *wollte*? Er hat dich geschickt, sonst würdest du doch jetzt nicht da sitzen."

„Stimmt und auch wieder nicht. Ich bin nicht als Fahnder, sondern als Kurier nach Triest geflogen. Mit einem Retourticket in der Tasche, damit ich am Montag wieder daheim bin und meinen Urlaub antreten kann."

„Ein Offizier der italienischen Kunstpolizei verrichtet Botendienste?" Abrupt setzte Richard, der sich irgendetwas Aufregendes oder Spektakuläres erwartet hatte, sein Glas ab.

„Es ging darum, dass einer von uns ein Artefakt, das man für eine spezielle Untersuchung nach Rom geschickt hatte, höchstpersönlich zurückbringt. Machen wir in heiklen Fällen öfters, das ist einfacher und auch nicht viel teurer, als einen Kurierdienst damit zu beauftragen. Der muss nämlich so viele Sicherheitsauflagen erfüllen, als ginge es um die Mona Lisa – ein bürokratischer Horror, wie ihr ihn euch schlimmer gar nicht vorstellen könnt."

„Wenigstens verstehe ich jetzt, wieso du am Flughafen plötzlich verschwunden bist. Aber wo ist das Problem für deinen Chef?"

„Ursprünglich war geplant, dass ich eine Woche oder zwei in Triest bleibe, um Kollegen zu beraten, die sich mit einem äußerst komplizierten Fall herumschlagen müssen, antwortete Giorgio. „Hätte ich auch gern gemacht, aber nicht so gern, dass ich dafür auf den Urlaub verzichte. Was jetzt weiter geschieht – keine Ahnung. Ich weiß nur, dass ich am Montag nicht zurück nach Sizilien fliege ..."

Für einen Moment schweiften Giorgios Gedanken ab. Er war mit einem Handgepäck gereist, das einem Transportbehälter für Organe verblüffend ähnlich sah. Der Inhalt: ein oberhalb des Knöchels abgetrennter Männerfuß, allerdings nicht aus Fleisch und Blut, sondern aus Bronze. Eine Operation wäre in diesem Fall kein Risiko, aber es gab ein Problem: Der Patient musste erst gefunden werden. Irgendwo vor der kroatischen Küste lag eine antike Skulptur auf dem Meeresboden – und niemand wusste, wo. Viertes oder frühes drittes Jahrhundert vor Christus, schätzten Experten, und geschaffen von Meisterhand – ein Kulturerbe der Menschheit, das vielleicht für immer verschollen bleiben würde.

Der im Golf von Triest auf einem Schmugglerboot sichergestellte Fuß versprach eine archäologische Sensation, vergleichbar mit den „Kriegern von Riace" oder dem „Tanzenden Satyr". Wo aber sollte man mit der Suche nach dem Rest der Statue beginnen? Offiziell ging Italien die Sache nichts an, inoffiziell aber war man bereit, die kroatische Polizei, die über keine entsprechende Spezialabteilung verfügte, zu unterstützen. Mit einem diskret agierenden Kunstfahnder wie Tenente Colonnello Valentino, für den eine Aufgabe wie diese geradezu maßgeschneidert war.

Gelato di Zuf con caramello alle olive nere, verkündete der Kellner, als er mit dem Servieren der *Dolci* begann. Eine ungewöhnliche Kombination: Grieß-Eis mit einer Sauce aus karamellisierten Oliven. Vorsichtig kostete Giorgio eine Löffelspitze – und verdrehte verzückt die Augen.

„Seid still und genießt, ihr Banausen!", blaffte er. „So etwas bekommt ihr nicht alle Tage."

Im Gegensatz zu mir, schwor sich Giorgio, der schon zuvor mit dem Gedanken gespielt hatte, gleich morgen

Abend wiederzukommen. Um sich allein und ungestört weiter durch die kulinarische Wunderwelt einer Ami Scabar zu kosten. Montag war geschlossen, aber am Dienstag ...

„Dürfen wir jetzt wieder reden? Gut. Wenn das nächste Dessert kommt, höre ich sofort auf“, lachte Frank, der geduldig gewartet hatte, bis Giorgio seinen Teller von sich schob.

„Wo waren wir stehen geblieben? Ach ja, bei deinen Urlaubsplänen. Sag schon, was hast du vor?“

„Wenn ich das nur wüsste“, seufzte Giorgio. „Mit Elena kann ich jedenfalls nicht rechnen. Wenn ihr Törn zu Ende ist, bleiben mir gerade noch drei Urlaubstage. Und das auch nur, wenn alles nach Programm verläuft.“

„Das du natürlich auswendig kennst ...“

„Nicht bis ins kleinste Detail, es kommt ja auch auf das Wetter an. Und auf irgendwelche Sonderwünsche. Heute Früh hat Elena jedenfalls die Gäste in Dubrovnik abgeholt. Vielleicht noch heute, spätestens morgen geht es mit der *Seacloud* weiter nach Korčula und ab Mitte der Woche Richtung Split.“

„*Seacloud?* Ich nehme an, so heißt die Yacht“, fragte Frank und bemühte sich, nicht allzu interessiert zu wirken. Als Giorgio zustimmend nickte, lächelte er zufrieden in sich hinein. Mühelos hatte er erfahren, was er wissen wollte – alles Weitere würde sich finden.

„Ich werde erst einmal ein paar Tage in Triest bleiben. Ich kenne die Stadt kaum und die Umgebung noch weniger. Wenn ich davon genug habe, miete ich ein Auto und fahre nach Kroatien weiter. Zadar möchte ich mir auf jeden Fall ansehen, sonst habe ich keine Pläne. Und ihr?“

„Wir haben in Rovinj ein Apartment reserviert. Soll das schönste Städtchen von ganz Istrien sein“, antwortete Richard. „Morgen Früh fahren wir los, das heißt, falls ...“

„... falls wir rechtzeitig aus den Federn finden, das meinst du doch“, setzte Frank fort und warf Richard einen warnenden Blick zu. Der begriff zwar nicht, worauf sein Freund hinauswollte, aber sie waren ein gut eingespieltes Team, so hielt er sicherheitshalber den Mund. Dass Frank etwas im Schilde führte, war klar. Aber warum wollte er verhindern, dass Giorgio von den geänderten Urlaubsplänen erfuhr?

„Später“, zischte Frank Richard zu, bevor auch er sich dem Sorbet aus Zitrusfrüchten und frischem Ingwer widmete. Später würde er ihm erklären, weshalb er Giorgio nichts von der neuen Situation erzählen wollte. Erst unmittelbar vor dem Abendessen hatte Richard ihm gestanden, dass er verliebt war. In ein Mädchen von der Kaffee-Uni, das mit ihnen nach Rovinj kommen könnte. Falls es deswegen kein Problem gab ... Frank war seinem Freund nicht böse, Verliebte waren nun einmal Egoisten. Aber er war auch nicht gewillt, das fünfte Rad am Wagen zu spielen.

Lieber wollte er auf eigene Faust losziehen – und seit Kurzem hatte er eine Vorstellung, wohin die Reise gehen könnte. Eine vage Idee nur, aber nicht undurchführbar. Je länger er darüber nachdachte, umso besser gefiel ihm der Gedanke, die kroatische Küste abzuklappern. Auf der Suche nach Elena. Und das konnte er Giorgio nun wirklich nicht auf die Nase binden. Soll er doch weiterhin glauben, dass er sich mit seinem Lebensgefährten die Sonne Istriens auf den Bauch brennen ließ. Fast hätte Frank laut aufgelacht, als er daran dachte, wie Giorgio ihn zuvor verstohlen gemustert hatte. Frank kannte den gewissen Blick, mit dem zwei allein reisende Männer taxiert wurden, nur allzu gut. Für schwul gehalten zu werden, konnte vielleicht nützlich sein, dachte er und sah seinem Gegenüber tief in die Augen.

Vergeudete Liebesmüh, denn mittlerweile hatte Giorgio jenes Stadium friedlicher Heiterkeit erreicht, das nur ein gutes Essen, begleitet von der entsprechenden Menge Wein, schenken kann. Er ließ sich den Abschluss des Mahls – ein *sorbetto agli agrumi e zenzero fresco* – auf der Zunge zergehen, und wie die beiden ihren Urlaub zu verbringen gedachten, war ihm im Grunde ziemlich egal.

Versonnen betrachtete Frank das Lichtermeer, das sich vor ihm ausbreitete. In der Dunkelheit dahinter lag die Inselwelt von Dalmatien, nicht zum Greifen nahe, aber auch nicht allzu schwierig zu erreichen. Garantiert gab es eine direkte Fähre nach Dubrovnik.

Und war er erst einmal dort, war auch Elena nicht mehr weit.

5. Kapitel

Es war einer jener Momente, in denen die Welt für einen Augenblick still stand. Keiner räusperte sich, niemand sprach ein Wort, nicht einmal die einsame Möwe, die auf der Suche nach einem Frühstückshappen die *Seacloud* umkreiste, brach mit heiseren Schreien das Schweigen. Nur das rhythmische Stampfen des Motors war ein wenig lauter zu hören, als das Segelboot mit Filippo Mancuso an Bord näher kam.

Die unmittelbar bevorstehende Begegnung mit seinem Sohn bedeutete Leonardo mehr, als er zugeben wollte. Das begriffen alle – bis auf den Inselpolizisten, der sich erst schnäuzte und dann hüstelnd sein bereits verstautes Notizheft wieder hervorzog. Eine winzige Störung nur – und doch der Funke, der die aufgestaute Spannung zur Explosion brachte.

„Was wollen Sie noch hier?" Leonardo Mancuso wirbelte herum. Mit sich überschlagender Stimme ging er auf den Beamten los. „Wir haben mit Ihrer Leiche nichts zu tun, also verschwinden Sie. Verschwinden Sie auf der Stelle!"

Irritiert blickte Ivo Srna um sich. Was ging hier vor? Er verstand überhaupt nichts mehr. Erst ein freundlicher Empfang, wie er der Polizei selten beschert wurde, und dann von einer Sekunde zur anderen ein Hinauswurf. Wofür hielt sich dieser arrogante Italiener eigentlich? Für den Kaiser von China?

Jeder, der Mancuso näher kannte, hätte ihn aufklären können. Der Jähzorn des Industriellen war legendär, seine Wutanfälle legten sich jedoch ebenso rasch, wie sie über ihn kamen. Im Büro übernahm seine Sekretärin die Rolle des Blitzableiters – was ihr neben anderen Benefizien ein überdurchschnittlich hohes

Gehalt eintrug. Als Schmerzensgeld sozusagen. Auch sein Chauffeur bekam an schlechten Tagen einiges ab – und ein Trostpflaster für seine Wunden. Paradox, aber wahr: Je mieser Mancuso seine Angestellten behandelte, desto zufriedener waren sie.

Diesmal hätte sein Ausbruch jeden treffen können, Elena genauso wie Mirko oder Drago. Dass Ivo Srna als Prügelknabe herhalten musste, war reiner Zufall – aber alles andere als ein glücklicher. Die Miene des Beamten, der grußlos das Deck verließ, verhieß nichts Gutes.

„Das wird ein Nachspiel haben", flüsterte Drago Elena zu. „Ich kenn diese Typen. Stur wie die Maulesel. Wenn der will, kann er uns ganz schön schikanieren."

„Psst, darüber reden wir später. Jetzt sei still, sonst sind wir gleich die nächsten Opfer."

„Glaub ich nicht, jedenfalls nicht gleich. Im Moment hat Mancuso andere Sorgen."

Auf der Yacht, die bis auf wenige Meter herangekommen war, plante man offenbar ein Anlegemanöver. Während der Motorsegler immer näher glitt, bugsierten ein langhaariges Mädchen und eine etwa doppelt so alte Frau die Fender über die Bordwand. Gerade noch rechtzeitig, denn kaum hatte sich das Polizeiboot in einer hoch aufspritzenden Fontäne entfernt, lagen die beiden Schiffe Seite an Seite.

„Buon giorno tutti. Der Kapitän der *Penelope* bittet um Erlaubnis, an Bord zu kommen." Lachend warf Filippo Mancuso dem Skipper der *Seacloud* ein Seil zu. „Was ist, Papa? Francesca hat dir doch gesagt, dass ich in der Gegend bin?"

„Nicht Francesca, sondern die Polizei, und das erst vor wenigen Minuten", antwortete Leonardo kurz angebunden, bevor er sich einen Ruck gab und hinzufügte:

„*Benvenuto*. Ich freue mich. Aber das kommt alles ein bisschen plötzlich."

Fragend blickte Filippo zu seiner Schwester.

„Wieso wunderst *du* dich, Bruderherz? *Ich* muss mich wundern. Die Polizei ist mir zuvorgekommen, aber wer rechnet denn mit sowas? Natürlich habe ich Papa nichts verraten. Weil du mir gestern gesagt hast, dass du irgendwo vor der albanischen Küste herumkreuzt. Dabei bist du auf Korčula. Seit wann eigentlich?"

„Es hat sich eben anders ergeben", wich Filippo einer konkreten Antwort aus. „Und jetzt lass dich erst einmal küssen, Francesca. Ah, da ist ja auch Titus. *Salve*, alter Römer, schön, dich zu sehen." Spontan umarmte er seinen zukünftigen Schwager und blickte ihm dabei über die Schulter. Plötzlich verdüsterte sich sein Gesicht.

Yannis Zammit, der sich bisher im Hintergrund gehalten hatte, kam mit einem unergründlichen Lächeln auf Filippo zu.

„Schön dich zu sehen – gilt das auch für mich? Also, sag schon, du freust dich von Herzen, dass ich hier bin und preist dich glücklich ..."

„Lass den Quatsch, Yannis." Filippo hatte sich verblüffend rasch wieder gefangen. „Du bist nun einmal da, und das nehme ich mit aller gebotenen Höflichkeit zur Kenntnis. Zufrieden? Und jetzt entschuldige mich, ich möchte mich mit der Signora bekannt machen."

Fast hätte Elena, die mit Signora gemeint war, applaudiert. Alle Achtung, souveräner konnte man auf eine Provokation nicht reagieren. Diese Runde ging eindeutig an Filippo. Den Jähzorn hatte er jedenfalls nicht von seinem Vater geerbt, leider allerdings auch nicht das markante Aussehen.

Unauffällig musterte Elena den Mann, der sich unbefangen bei ihr untergehakt hatte. Filippo war alles andere als eine jüngere Ausgabe von Leonardo, was nicht allein an seinem zu einer Glatze geschorenen Kopf lag. Auf den ersten Blick unterschieden sich die beiden in nahezu allem: Körperbau, Haltung, Gesichtsschnitt – beim Vater kraftvoll und ausgeprägt, beim Sohn zierlich und weich. Auf ihre Weise sahen beide gut aus, nur dass man sich nach Leonardo umdrehte und nach Filippo nicht.

Yannis war indes verschwunden, aber das fiel der auf dem Badedeck versammelten Familie Mancuso nicht auf. Oder es interessierte sie nicht, denn an der Planung des vor ihnen liegenden Tages würde er ohnedies nicht beteiligt sein.

Leonardo blickte auf sein Handgelenk. „Es ist jetzt kurz vor zehn. Wie sieht das Programm für heute aus, Elena?"

„Inselumrundung mit Badestopps, wo es gefällt. Zu Mittag ein kleiner Imbiss an Bord, am späten Nachmittag eine Führung durch Korčula-Stadt, danach Abendessen in einem Fischrestaurant."

„Können Sie vergessen", platzte Drago heraus. „Ich habe ein wenig herumtelefoniert und jetzt weiß ich endlich, was los ist. Man hat eine Leiche gefunden ..."

„Da sagen Sie uns nichts Neues", unterbrach Leonardo. Deshalb hat uns dieser Inspektor ja belästigt."

„Es war kein Unglücksfall. Der Mann ist nicht ertrunken, er wurde ermordet."

Leonardo runzelte die Stirn. „In Mailand wird jeden Tag jemand ermordet. Nein, unterbrich mich jetzt nicht, Filippo. Das sage ich nicht, weil ich ein herzloser Zyniker bin. Ein Mord – so etwas passiert hier nicht alle Tage, das ist mir schon klar. Aber was geht das uns an? Warum soll ich mir davon den Urlaub verderben lassen ...?“

Diesmal war es Francesca, die ihren Vater nicht ausreden ließ. „Wie wurde er umgebracht, Drago?“

„Auf ihn wurde geschossen. In die Brust und in den Kopf. Von seinem Gesicht soll nicht mehr viel übrig sein. Dann hat man ihn ausgezogen und ins Wasser geworfen. Splitternackt, nicht eine Faser hatte er am Leib ...“

„... was eine Identifizierung erschweren soll, klar. Wo genau hat man ihn denn gefunden?“, fragte Elena.

„In der Aqua-Farm, nur ein paar Buchten von uns entfernt. In dieser Richtung.“ Drago deutete auf das Kap, das die *Penelope* zuvor umrundet hatte.

„Zwischen Austernbänken und Muscheln? Ich dachte, solche Farmen gibt es nur auf der Nachbarinsel.“

„So ist es, Elena. Auf Pelješac hat man sich bisher erfolgreich gegen eine Konkurrenz auf Korčula gewehrt. Dafür züchtet man hier neuerdings Thunfische ...“

„... und denen hat man die Leiche zum Fraß vorgeworfen?“, fragte Francesca entsetzt. „Sagen Sie, dass das nicht wahr ist, Drago!“

„Es ist leider wahr – und auch wieder nicht. In einem Haifischbecken hätte es funktioniert, jemanden auf diese Weise verschwinden zu lassen. Aber nicht mit Thunfischen, die fressen kein Menschenfleisch. Was der oder die Mörder offenbar nicht wussten.“

Betroffenes Schweigen machte sich breit. Der Tod eines Unbekannten war nicht länger ein lästiges, unerwartetes Ärgernis, sondern schaurige Realität. Unbewusst registrierte Elena die zu Masken erstarrten Gesichter: Francescas weit aufgerissene Augen, die zu einem Strich zusammengepressten Lippen Filippos, das nervöse Zucken um Titus’ Mund, Leonardos zu einem Pokerface geglättete Miene. Von einem inneren Aufruhr war ihm nichts anzumerken.

„Holen Sie den Anker ein, Drago", sagte er mit ruhiger Stimme. „Und du, Filippo, machst deine *Penelope* klar. Ich möchte, dass wir Korčula auf der Stelle verlassen. Mit Kurs auf die nächstbeste Insel. Mirko, bring mir die Karte!"

Filippo sprang auf, der Skipper machte hingegen keine Anstalten, dem Befehl nachzukommen

„Was gibt es noch, Drago? Tun Sie, was ich sage."

„An Ihrer Stelle würde ich mir das nochmals überlegen, Signore. Es ist nicht klug, was Sie vorhaben."

Wütend fuhr ihn Leonardo an. „Was erlauben Sie sich ..."

Drago ließ sich von dem bevorstehenden Tobsuchtsanfall nicht einschüchtern. „Ich erlaube mir, Ihnen einen Rat zu geben. Die Polizei kann Sie nicht aufhalten, vorerst zumindest nicht, aber einer Einvernahme werden Sie nicht entgehen. Wenn nicht auf Korčula, dann eben auf Hvar, oder wo auch immer Sie dann sind."

„Woher wollen Sie das wissen? Wir sind Touristen, die mit dem Vorfall nichts zu tun haben."

„Sagen Sie. Aber Ivo Srna wird dem Kommissar vom Morddezernat Dubrovnik etwas ganz anderes weismachen."

„Dieser Inselpolizist? Der ist doch nur ein kleines Würstchen, das nichts zu vermelden hat."

„Irrtum. *Policijski inspektor* Srna ist Leiter der Polizeiwache Korčula-Stadt. Ohne Insider-Informationen kommt ein Außenstehender nicht weit, das weiß man in Dubrovnik ganz genau. Deshalb wird der Kriminalkommissar, der demnächst eintrifft oder vielleicht sogar schon eingetroffen ist, sehr genau zuhören, was

Ivo Srna ihm zu sagen hat. Und das wird über Sie leider nicht das Beste sein."

Leonardo war kurz vor dem Explodieren, aber es gelang ihm, sich zu beherrschen. Ein überstürzter Aufbruch konnte sich tatsächlich als Fehler erweisen. „Nehmen wir einmal an, ich folge Ihrem Rat. Was wird Ihrer Meinung nach als Nächstes geschehen?"

Drago überlegte nicht lange. „In Kürze wird man Sie auffordern, sich umgehend auf dem Revier einzufinden. Nein, ich korrigiere mich, nicht umgehend, sondern zur Siestazeit, wenn es am heißesten ist. Eine kleinkarierte Schikane, genau das Niveau eines Ivo Srna. Ich kenne diese Typen, die haben noch unter den Kommunisten angefangen und ticken alle gleich. Und nicht Sie allein, Signor Mancuso, sondern wir alle werden antanzen müssen. Auf der Wachstube wird man uns warten lassen, um uns dann fünf Minuten lang irgendeinen Unsinn zu fragen – was wir im Schlaf gesehen oder gehört haben zum Beispiel."

„Und damit ist die Sache ausgestanden?"

„Wenn der Commissario ein netter Mann ist – ja. Ist er aber ein Ekel wie dieser Srna, wird er verlangen, dass Sie sich weiterhin zur Verfügung halten. Im Klartext: Sie haben sich täglich bei der nächsten Polizeidienststelle zu melden, egal, wo Sie sind. Persönlich, nicht per Handy."

„Meinen Sie, das gilt auch für mich und meine Leute?", fragte Filippo, der vor Nervosität kaum noch stillhalten konnte. „Zu uns war dieser Chefinspektor sehr freundlich, warum sollte er also ..."

„Sippenhaftung", antwortete Drago wie aus der Pistole geschossen. „Auch Sie heißen Mancuso, das genügt. Abgesehen davon: Man hat der Polizei zugetragen, dass die *Penelope* ganz in der Nähe der Thunfisch-Becken gesichtet wurde."

„Sagt wer?"

„Meine Buschtrommel. Auf die ist Verlass. Daher weiß ich auch, dass Sie am Nachmittag an der Aqua-Farm vorbeigesegelt sind, nicht in der Nacht. Also kein Grund zur Aufregung, Signor Filippo."

Die ganze Situation war Drago zutiefst zuwider. Auch er hätte am liebsten die Segel gesetzt und das Weite gesucht, aber einer musste die Nerven behalten. Filippo schien kurz vor dem Durchdrehen und bei Leonardo, dem allmählich der Geduldfaden riss, musste man jederzeit mit einem weiteren Wutausbruch rechnen.

Hilfesuchend drehte sich Drago nach Elena um. Sie begriff sofort. Es lag jetzt an ihr, die Lage zu beruhigen. Mit einiger Mühe zwang sie sich zu einem Lächeln, bevor sie sich Leonardo zuwandte.

„Außer einem Kaffee haben wir alle noch nichts im Magen. Für ein Frühstück ist es fast schon zu spät und für ein Mittagessen zu früh. Wie wäre es mit einem Brunch?"

„Gute Idee." Leonardo musterte die kleine Runde und nickte zustimmend. „Möchtest du nicht deine Freunde zu uns bitten, Filippo? Wie viele seid ihr?"

„Derzeit sind zwei junge Leute aus Dubrovnik, zwei nicht ganz so junge aus Florenz und ein Amerikaner in meinem Alter an Bord."

„Derzeit?"

„Die *Penelope* ist von Mai bis Oktober im Mittelmeer unterwegs. Mit wechselnder Besatzung. Und bevor du weiterfragst, sage ich es dir lieber gleich. Das Boot gehört mir, aber ich habe es *Blue Sea* zur Verfügung gestellt."

„*Greenpeace, Black Fish* und jetzt auch noch *Blue Sea*. Bald werden euch die Farben ausgehen", spöttelte Leonardo.

„Ob es dir passt oder nicht, Papa, ich bin zum Vizepräsidenten von *Blue Sea* gewählt worden und trage nun Verantwortung."

„Also auch dafür, dass deine Leute nicht verhungern. Machen wir einen Deal. Ich halte mich mit meiner Meinung über euch Öko-Spinner zurück und ihr brecht keine Umweltdiskussion vom Zaun. Einverstanden?"

Francesca seufzte erleichtert auf. Die erste Begegnung der beiden war friedlicher verlaufen, als sie sich erhofft hatte. Vielleicht sind wir alle durch diesen grausigen Mord näher zusammengerückt, dachte sie. Blieb noch das Problem mit Yannis, aber auch dafür würde sich eine Lösung finden.

Dank Francesca und Titus, die ihr bereitwillig zur Hand gingen, blieb die Arbeit nicht allein an Elena hängen. Unglaublich, welche Mengen an Brot und Butter, Schinken, Salami, Käse, Marmelade, Honig, Joghurt und Obst und wie viele Eier ein hungrige Meute verdrücken konnte. Der Brunch, der sich lange hinzog, war jedenfalls ein voller Erfolg. Als alle fürs Erste versorgt waren, stahl sich Elena für einen Augenblick davon. Sie brauchte eine Atempause, im wahrsten Sinne des Wortes.

„Früher hätte ich jetzt auch geraucht", rief sie Drago zu, der ihr gegenüber an der Reling lehnte – eine Marlboro in der einen und ein Glas Bier in der anderen Hand.

„Möchtest du auch ...?"

„Nur allzu gern. Aber ist es heute eine Zigarette, sind es morgen zehn und übermorgen bin ich wieder bei meinen zwei Packungen. Also fange ich erst gar nicht damit an."

„Kluges Kind. Immer beherrscht, immer zurückhaltend. Du verlierst nie die Kontrolle, oder?“ Drago senkte die Lider und sah sie mit einem unergründlichen Ausdruck an.

Elena stutzte. Was sollte dieser Schlafzimmerblick? Hatte er etwa getrunken?

„Nein, es ist nicht so, wie du denkst“, lachte er plötzlich auf. Offenbar hatte er ihre Gedanken gelesen.

„Dann red nicht herum, sondern sag, was los ist.“

„Bisher noch nichts. Bis auf so eine Kleinigkeit wie einen Mord ...“

„... der uns nichts angeht.“

„Bist dir da so sicher?“ Forschend blickte Drago sie an. „Aber selbst wenn du recht hast, du wirst gute Nerven brauchen. Glaub mir, dieser Törn ist alles andere als eine gemütliche Segeltour. Lass dich von dem Gelächter da drin nicht täuschen, das ist die Ruhe vor dem Sturm.“

„Wie kommst du darauf?“

„Spürst du denn die Spannung nicht?“, antwortete Drago mit einer Gegenfrage. „Die Mancusos spielen heile Familie, eine Show, die sie nicht lange durchhalten werden. Was dieser Yannis, der Francesca offenbar besser kennt, als Titus lieb ist, ganz genau weiß. Filippo zu provozieren ist ihm nicht gelungen, aber er hat es versucht. Und er wird es wieder versuchen. Der kommt mir vor wie eine Katze, die vor dem Mauseloch lauert.“

„Ein Vater, der mit seinem Sohn Probleme hat. Oder umgekehrt. Kommt in den besten Familien vor. Die Tochter beziehungsweise Schwester, die zu vermitteln versucht, steht dazwischen. Wie Yannis Zammit, ein Freund des Hauses, der nicht immer weiß, welche Partei er ergreifen soll. Und was diesen unbekannten Toten betrifft ...“

„... der für den einen oder anderen hier vielleicht gar kein Unbekannter ist. Nein, sag jetzt nichts, Elena. Hör mir erst einmal zu. Ich habe einiges über diese Thunfisch-Farm in Erfahrung gebracht. Es heißt, dass Zoran Vukovic dahintersteckt. Der Name kommt dir bekannt vor? Kein Wunder, er steht in deinen Unterlagen. Vukovic ist der Mann, den wir in Split an Bord nehmen werden."

Elena schüttelte den Kopf. „Na und? Mancuso ist reich, dieser Vukovic offenbar auch. Gleich und gleich gesellt sich eben gern, was ist daran Besonderes?"

„Gleich und gleich? Zoran Vukovic geht über Leichen. Er ist ein Oligarch übelster Sorte, der vom Zerfall Jugoslawiens profitiert hat. Seither regiert er über ein internationales Firmengeflecht, das keiner mehr durchschaut. Seine schmutzigen Finger stecken überall drin und seine Beziehungen reichen bis nach ganz oben."

Unwillkürlich schüttelte Elena den Kopf. „Du übertreibst, Drago. Leonardo Mancuso ist nicht irgendwer, sondern ein italienweit bekannter Industrieller. Der gibt sich nicht mit einem Gangster dieses Kalibers ab."

„Hör doch auf! Wer Schwarzgeld investieren will, fragt nicht lang. Auf Korčula wird seit Neuestem gemunkelt, dass sich ein Italiener an der Fischzucht beteiligt hat. Dreimal darfst du raten, wer das wohl sein könnte."

„Leonardo macht diesen Törn nur, um sich unauffällig seine Investitionen auf einer Adria-Insel anzusehen? Dafür braucht er doch keine Yacht zu mieten", wandte Elena ein.

„Vielleicht wollte er auch das Angenehme mit dem Nützlichen verbinden. Für eine kurze Inspektion wäre der Aufwand wirklich zu groß. Aber was, wenn Korčula erst der Anfang eines geplanten Mancuso-Fischimperiums ist?"

„Unsinn. Was kann er von Bord der *Seacloud* aus schon großartig sehen? Kreisrunde Ringe im Wasser, das ist alles."

Erstaunt blickte Drago sie an.

„Da schaust du! Ich bin vor Malta einmal an einer solchen Zuchtanstalt vorbeigesegelt", erklärte Elena mit einem Schmunzeln. „Ist ein paar Jahre her, aber seither weiß ich, dass es diese Becken gibt. Was heißt Becken? Das sind am Meeresboden verankerte Netzkammern, nichts anderes. Aber zurück zu deinen Spekulationen, denen ich immer weniger abgewinnen kann, je länger ich darüber nachdenke."

„Du meinst also, das ist alles reiner Zufall? Ein reicher Yachturlauber befindet sich *zufällig* in unmittelbarer Nähe einer Fischzucht. *Zufällig* besitzt er Anteile an dieser Aqua-Farm, in der *zufällig* wenige Stunden nach seiner Ankunft ein bisher unbekanntes Mordopfer gefunden wird. *Zufällig* ankert unweit auch der Sohn mit seinem Segelboot, aber nicht in Sichtweite, sondern gut verborgen in der Nebenbucht. Weil der Vater von seiner Anwesenheit vorerst nichts wissen soll. Wie klingt das?"

„Ziemlich eigenartig, da muss ich dir recht geben. Du meinst, es steckt dieser Vukovic dahinter? Was hätte der denn davon?"

„Da fallen mir einige Möglichkeiten ein. Er lässt die Muskeln spielen, nur um zu zeigen, wer in Kroatien das Sagen hat. Könnte auch sein, dass er Mancuso gezielt in Misskredit bringen will. Bei Mordverdacht, und sei er noch so vage, bleibt immer etwas hängen. Eindeutig ein Nachteil für einen Geschäftsmann, der einen weiteren Deal plant." Drago nahm einen tiefen Zug aus seiner Zigarette. „Oder Vukovic dreht den Spieß um und spielt den Retter in der Not. Indem er sich bereit erklärt, die Anteile seines in Misskredit geratenen Geschäftspartners aufzukaufen. Aus reiner Gutmütigkeit und zu seinen Konditionen selbstredend. Letztlich läuft es auf dasselbe hinaus, also kannst du es dir aussuchen. Welche Variante gefällt dir besser?"

„Keine. Ich halte nichts von Räuberpistolen. Aber zugegeben, wir stecken in einem ganz schönen Schlamassel", antwortete Elena „So sagt man auf gut Jiddisch zu einem *casotto*", fügte sie hinzu, als Drago sie verständnislos ansah. „In der Bredouille, wenn dir der Ausdruck lieber ist. In einer unangenehmen Lage, aber das ist auch schon alles." Sie schüttelte den Kopf. „Ich glaube, du verrennst dich da in etwas. Deswegen bringt man doch niemanden um. Sowas kann doch keiner ernsthaft glauben."

Mit einem Ruck löste sich Drago von der Reling. „Meinst du? Dann dreh dich einmal um und schau, wer da kommt."

6. Kapitel

„Verdammt, verdammt, verdammt!" Leonardo fluchte lauthals. Bisher hatte er sich einigermaßen beherrscht, in seiner Kabine konnte er sich endlich gehen lassen. Er griff nach dem nächstbesten Gegenstand, der ihm in die Finger kam. Mit einem lauten Knall prallte der Reisewecker gegen die abstrakte Hinterglasmalerei, den einzigen Farbklecks in dem schwarz-weiß gestylten Raum.

Bild und Wecker überstanden die Attacke ohne Kratzer, was Leonardo unsinnigerweise noch mehr erboste. Er wollte etwas kaputt machen, wollte schreien und toben, doch plötzlich überkam ihn eine entsetzliche Müdigkeit. Auch wenn er alles kurz und klein schlug, es würde nichts ändern. Mit einem leisen Stöhnen ließ er die Arme sinken.

Dabei lief doch alles besser als gedacht. Dieser Drago und seine Kassandrarufe! Nicht eine seiner düsteren Prophezeiungen hatte sich erfüllt. Keine Rede mehr von einer Vorladung aufs Revier, keine sinnlosen Befragungen – das Polizeiboot mit dem Mordermittler aus Dubrovnik an Bord war nicht gekommen, um die Besatzung der *Seacloud* abzuholen. Lediglich ihre Handynummern hatte sich der Kommissar notiert, damit war die Sache erledigt gewesen. Zumindest für alle anderen, für ihn fingen die Schwierigkeiten erst an.

Grimmig betrachtete Leonardo das verkrüppelte Bonsai-Bäumchen auf der schmalen, schwarz lackierten Kommode. Unnötiger Zierrat, nicht besser als von ihm verabscheute Nippes auf dem Kaminsims daheim. Um das japanische Flair zu unterstreichen, hätten sich hochbezahlte Designer eigentlich Subtileres einfallen lassen. Jeder wollte heutzutage nur abkassieren, aber keiner wollte dafür wirklich etwas leisten. Dilettanten, alle miteinander! Leonardos Gedanken drehten sich im Kreis, um schließlich zum Ausgangspunkt zurückzukehren. Die Adria war groß genug, weshalb musste die Leiche dieses Unglückseligen ausgerechnet in seiner Aqua-Farm landen? Wofür kassierte der Geschäftsführer sein Gehalt? Dafür, dass jeder x-beliebige Tote in einem seiner Becken entsorgt werden konnte, weil der Security-Chef nicht imstande war, die geringsten Sicherheitsvorkehrungen zu treffen?

Es war sein Geld, das im wahrsten Sinne des Wortes davonzuschwimmen drohte. Auch wenn sein Partner Zoran Vukovic nach außen hin als alleiniger Eigentümer auftrat, Leonardo Mancuso besaß die Mehrheitsanteile an dem Unternehmen. Nicht auszudenken, wenn das italienische Finanzamt Wind davon bekam. Oder sein Sohn, was letztlich aufs Gleiche hinauslief, denn Filippo würde nicht zögern, seinen Vater als gewissenlosen Öko-Profiteur an den Pranger zu stellen, in jedem Interview und in jeder Talk-Show.

Abgesehen davon konnte Mancuso im Moment nichts weniger brauchen, als mit seiner Fischfarm ins Schweinwerferlicht der Öffentlichkeit zu geraten. Nach wie vor waren nämlich nicht alle Bewilligungen unter Dach und Fach. Deshalb könnten die kroatischen Behörden die Anlage von einem Tag auf den anderen schließen, hatten ihn seine Anwälte gewarnt. Eine einzige Anzeige wegen eines geringfügigen Verstoßes – gegen die Hygienebestimmungen beispielsweise – reichte aus, um die Polizei auf den Plan zu rufen.

Und jetzt war die Polizei da.

Leonardo lehnte sich zurück und schloss die Augen. Allzu gut erinnerte er sich an das Telefongespräch vor dem Sommer. Er solle sich keine unnötigen Sorgen machen, hatte ihm sein Partner erklärt. Niemand würde es wagen, einem Zoran Vukovic in die Quere zu kommen. Aber bitte, Mancuso solle sich selbst davon überzeugen, dass alles bestens lief. Korčula sei eine wunderschöne Insel, auch wenn das Hotelangebot seinen Ansprüchen wahrscheinlich nicht genügen werde. Es gebe zwar ein Haus mit fünf Sternen, aber – na ja, wahrscheinlich sei er Luxuriöseres gewöhnt.

Als Leonardo ihn darüber informierte, dass er ohnedies vorhatte, Anfang September mit einer Yacht nach Kroatien zu kommen, zeigte sich Vukovic begeistert. Das sei eine hervorragende Idee, dann könne er sich als gewöhnlicher Tourist auf Korčula umsehen. Nun, vielleicht kein ganz gewöhnlicher, denn ein Mancuso würde sicherlich nicht das nächstbeste Segelboot chartern.

Vukovic hatte herzlich gelacht und danach vorgeschlagen, sich besser nicht gemeinsam auf der Insel blicken zu lassen, denn das würde den Gerüchten nur neue Nahrung geben. Welchen Gerüchten? Nicht so wichtig, wie immer in solchen Fällen seien eben ein paar Geschichten über ihn in Umlauf. Erfundene Schauermärchen, von Einheimischen in die Welt gesetzt, die sich bis zuletzt gegen die Aqua-Farm gewehrt hatten. Ein unvernünftiges Pack, diese Korčulaner, die nicht begriffen, dass neue Arbeitsplätze wichtiger waren als das Schicksal von ein paar hundert Thunfischen. Aber allen Schwierigkeiten zum Trotz, die Geschäfte liefen blendend, wovon sich Mancuso – bitteschön – höchstpersönlich überzeugen sollte.

Natürlich würde er als sein Partner zur Stelle sein. Aber nicht auf Korčula, das wäre, wie gesagt, nicht klug. Ab Split könnte er an Bord kommen, ein idealer Ausgangspunkt, um ihm die Aqua-Kulturen zwischen Šibenik und Zadar zu zeigen. Aus der Distanz natürlich, denn den Zuchtbecken von Kali Tuna durfte man sich seit dem letzten Überfall nicht nähern. Wild gewordene Tierschützer hatten wieder einmal Käfige aus ihren Verankerungen gerissen und Hunderte Fische befreit. Ein Verlust, den ein Unternehmen in der Größenordnung von Kali Tuna gerade noch verkraften konnte.

Mit nur einem Becken hatten australische Investoren die Zucht seinerzeit auf der Insel Ugljan begonnen. Fünfzehn Jahre später unterhielt Kali Tuna sechs Farmen mit etwa vierzig Käfigen – genügend Platz für mehr als 5.000 Tonnen lebendes Thunfischfleisch, das nur darauf wartete, exportiert zu werden, vorwiegend nach Japan.

Vom Schaden der anderen kann man profitieren, hatte Vukovic damals gemeint und den nach dem Vorfall gefeuerten Sicherheitschef vom Fleck weg als neuen Geschäftsführer engagiert. Der Mann, dem man bei Kali Tuna die alleinige Schuld an dem Desaster gegeben hatte, sah sich als Bauernopfer für das Versagen des Managements. Er war verbittert – und er besaß Insider-Wissen, das Newcomern wie Vukovic und Mancuso nützlich sein konnte. Ihn hätte Leonardo auf Korčula treffen sollen, aber das kam nun, nach dem Auffinden der Leiche, natürlich nicht mehr in Frage. Leonardo griff nach seinem Handy. Die Nummer, die er sorgsam notiert hatte, sollte er nur im äußersten Notfall wählen. Dieser Notfall war nun eingetreten.

Dass Gedankenübertragung funktionierte, davon war er schon immer überzeugt gewesen. Dennoch fuhr er zusammen, als ihn Vukovic exakt in diesem Moment anrief. Wie üblich hielt sich der Kroate nicht lange mit Höflichkeitsfloskeln auf.

„Schöne Scheiße, Mancuso. Aber alles halb so wild. Die Polizei war schon bei Ihnen? Der Kommissar aus Dubrovnik? Gut. Damit wäre das einmal erledigt. Wie bitte, wieso ich das weiß? Ganz einfach, weil ich über alles informiert bin, was auf Korčula derzeit vorgeht. Was glauben Sie, wer diesen übereifrigen Polizisten, mit dem Sie sich angelegt haben, zurückgepfiffen hat? Dieser Ivo Srna war ganz wild darauf, Ihnen eins auszuwischen, aber das haben wir ihm rasch ausgeredet. Nein, wer der Tote ist, kann ich Ihnen noch nicht sagen. Betonung auf *noch*, meine Leute sind dran. Wie bitte, ich soll unseren Geschäftsführer hinauswerfen? Den Teufel werde ich tun. Warum? Ich werde es Ihnen erklären – in fünf Minuten. Mein anderes Telefon läutet. Es gibt Neuigkeiten. Ich rufe Sie zurück."

Nicht zu fassen, Vukovic hatte mitten im Gespräch aufgelegt. Leonardo starrte auf sein abrupt verstummtes Handy. Was heißt Gespräch, er war so gut wie gar nicht zu Wort gekommen. Wie es einem stillen Teilhaber zustand. Plötzlich begann er zu lachen. Es war doch wirklich zu komisch, wenn man den Begriff wörtlich nahm. Leonardo lachte und lachte und mit jedem Glucksen, das er unter Tränen hervorstieß, fühlte er sich besser. Als er sich schließlich erschöpft auf das Bett zurückfallen ließ, war ihm klar, dass er knapp an einem hysterischen Anfall vorbeigeschrammt war. Gleichzeitig aber spürte er, wie sich seine Kraftstofftanks allmählich wieder füllten.

Er verschränkte die Arme hinter dem Kopf und dachte nach. Immer wieder ließ er die letzten Stunden Revue passieren – das unerwartete Auftauchen der Polizei, die Auseinandersetzung mit Francesca, die Begegnung mit Filippo, der ihm auf undefinierbare Weise verändert erschien. Souveräner und selbstbewusster – und dann dieses seltsame Aufblitzen in seinen Augen, als das erste Mal das Wort Mord gefallen war ... Für einen Moment nur hatten sich die Züge seines Sohnes verändert, nicht länger als ein Lidschlag und von allen anderen unbemerkt, doch Leonardo kannte ihn gut. Filippo wusste mehr, als er preisgab – oder er hegte zumindest einen Verdacht.

Wie gerne wäre er jetzt ein Vater gewesen, dem sich ein Sohn anvertrauen konnte. Diese Chance war jedoch längst verspielt. Es hatte so kommen müssen, denn mit jeder Million, die er verdiente, war für Frau und Kinder weniger Zeit geblieben. Irgendwann waren aus den Babys Kinder und aus den Kindern Halbwüchsige geworden, die ihm wie Fremde vorkamen, wenn er ihnen auf der Treppe seiner Villa begegnete. Oder sie für eine Homestory um sich scharte, die sein PR-Chef in schöner Regelmäßigkeit in den Medien lancierte. In Wahrheit entsprach sein Privatleben bis ins Detail dem Klischee, das zu einem Mann in seiner Position passte. Hinter der Fassade einer intakten Ehe: Sprachlosigkeit und Leere. Cristina und Leonardo Mancuso waren aus der Mailänder Gesellschaft nicht wegzudenken, sie gehörten zur Stadt wie die glanzvollen Opernpremieren in der Scala oder die Besucherschlangen vor Da Vincis Abendmahl. Dass sie einander längst nichts mehr zu sagen hatten, ging die Öffentlichkeit nichts an. Ebenso wenig wie seine Vorliebe für sehr junge, langhaarige Frauen. Rutschte doch einmal ein Foto, das ihn an der Seite irgendeiner Blondine zeigte, auf die Hochglanzseiten eines Klatsch-und-Tratsch-Magazins, wurde die Indiskretion postwendend geahndet. Die Presse-Abteilung seines Imperiums entzog dem Blatt den zugesagten Werbe-Etat und setzte es bis auf Weiteres auf die Schwarze Liste.

Der Name Mancuso habe auf den Wirtschaftsseiten vorzukommen und sonst nur in Reportagen, zu denen er seinen Sanctus gegeben hatte. Jahrelang hatten es weder Zeitungsverlage noch TV-Sender gewagt, an dieser Maxime zu rütteln. Bis ausgerechnet ein Mancuso selbst das Tabu brach: Filippo, Gründungsmitglied und Pressesprecher der Umweltorganisation *Blue Sea*, suchte die Unterstützung der Medien – und fand begeistertes Echo. Im Schutz des ökologischen Mäntelchens, das man im Namen Filippos über jeden Beitrag warf, war auf einmal alles möglich: Interviews, Reportagen, Analysen, Talkshows – die gesamte journalistische Bandbreite wurde ausgeschöpft, um den Mancuso-Clan nach allen Regeln der Kunst zu durchleuchten.

Seine Lebensgeschichte – ein Märchen, wie maßgeschneidert für eine Leserschaft, die hinter die Tapetentüren der High Society blicken wollte. Mit Schaudern erinnerte er sich an die herzergreifenden Artikel über den unglaublichen Aufstieg eines Einwanderer-Kindes zum Multimillionär. Leonardo kam dabei die Rolle des männlichen Aschenputtels zu, ein *Cenerentolo* sozusagen, und Cristina, die Tochter des Keramik-Königs Lantana, war die edle Prinzessin, die den Liebsten auf ihr Schloss holte.

Die groben Umrisse der Geschichte stimmten. In den frühen 1950er Jahren waren Leonardos Vater Rosario Mancuso aus Sciacca, einem Städtchen an der Westküste Siziliens, und seine junge Frau mit wenig mehr als ein paar Lira in der Tasche nach Mailand gezogen. Für den gelernten Goldschmied und Korallenschnitzer war der Aufbruch ins Ungewisse eine Überlebensfrage. Entweder auswandern oder verhungern, eine dritte Möglichkeit gab es damals nicht.

Rosario hatte es besser getroffen als die meisten aus seinem Dorf, die auf eine glücklichere Zukunft in Amerika oder Australien hofften und nun ein tristes Dasein in den überfüllten Italiener-Ghettos führten. Der junge Einwanderer kratzte jeden Centesimo zusammen, den er bekommen konnte, und eröffnete einen kleinen Juwelierladen, der in Mailand bald als Geheimtipp für kunstvolle Korallenarbeiten galt.

Als sein erster – und einziger – Sohn auf die Welt kam, hatte es das Ehepaar Mancuso bereits zu bescheidenem Wohlstand gebracht. Über den Namen wurde nicht lange diskutiert. Nach San Calogero sollte er benannt werden, dem Schutzpatron ihrer Heimatstadt Sciacca, darüber war sich die Familie einig. Der Priester hatte bereits mit dem Ritual begonnen, als Rosario aufsprang: Mein Sohn ist kein Calogero, er wird nicht wie dieser Heilige in irgendeiner Höhle in Armut sterben. Er wird um einen Platz an der Sonne kämpfen, mit dem Mut eines Löwen. Tauft ihn auf Leonardo!

Dankbar dachte Leonardo, der immer tiefer in seine Erinnerungen versank, an seinen Vater zurück. Ein Calogero, so typisch für Sizilien, trug für immer den Stempel seiner Herkunft, ein Leonardo aber konnte die Welt erobern. Wenn man ihm das entsprechende Rüstzeug mitgab. Rosario Mancuso kannte die Spielregeln, und wieder gönnte er sich nichts, damit sein Sohn es einmal besser haben sollte. Er schickte Leonardo auf die *richtigen* Schulen, damit er die *richtigen* Freunde fand. Sie waren die Eintrittskarte in die *Jeunesse dorée* von Milano, die man nur mit den *richtigen* Kontakten zu den *richtigen* Leuten erwerben konnte.

Manche Aufsteiger schafften es dennoch nie, sie blieben für immer draußen vor der Tür. Leonardo, einem Charmeur und geistreichen Gesprächspartner, fiel es hingegen nicht schwer, in den Kreis der Privilegierten aufgenommen zu werden. Bald gehörte er dazu und war überall dort zu finden, wo man sich sehen lassen musste. Sein Studium blieb dabei auf der Strecke, was ihn nicht weiter kümmerte. Mit einer Reihe flüchtiger Affären bastelte er am Image eines Mannes, dem die große Liebe noch nicht begegnet war. Er wusste genau, was er wollte – und als er sich genügend ausgetobt hatte, machte er sich auf die Suche nach der *richtigen* Frau.

Als die 19-jährige Cristina Lantana ein Kind von Leonardo erwartete, hatte er es geschafft. Auch wenn ihm gutes, altes Geld als Mitgift lieber gewesen wäre als neues. Dass man seinen Schwiegervater, der mit Baumärkten für Badezimmerausstattungen und Sanitärkeramik ein Millionenvermögen gemacht hatte, spöttisch den „Pissoir-König von Mailand" nannte, war ein Wermutstropfen. Sonst jedoch genoss Leonardo sein neues Leben als reicher Mann. Als stinkreicher Mann – ein hässliches, aber passendes Wortspiel, sagte er sich selbstironisch. Aber wer davon profitierte, dass sich Klosettmuscheln und Abflussrohre in Goldgruben verwandeln ließen, durfte nicht heikel sein.

Pecunia non olet – Geld stinkt nicht, das hätte Titus an seiner Stelle gedacht. Dieser Titus! Leonardo wusste nicht wirklich, was er von diesem Burschen halten sollte. Es deutete jedenfalls alles darauf hin, dass Francesca bei ihm hängen blieb – wogegen es nicht wirklich etwas einzuwenden gab. Der Österreicher besaß zwar kein Geld, aber ein Mitgiftjäger dürfte er nicht sein.

Im Zeitraffer ließ Leonardo die Reihe junger Männer Revue passieren, die seine Tochter im Lauf der Jahre angeschleppt hatte. Nichtsnutze allesamt, auf diesem Gebiet kannte er sich aus. Auch wenn es bald dreißig Jahre her war, dass er die unscheinbare Cristina Lantana aus reinem Kalkül in sein Bett gelockt hatte. Leonardo machte sich keine Illusionen über seinen Charakter: Ohne die Millionen ihres Vaters hätte er das schüchterne Mädchen nicht einmal beachtet.

Er schob den Gedanken an Titus beiseite. Was hatte der „alte" Lantana, damals um einiges jünger als er, der „alte" Mancuso, heute, nicht alles versucht, um den unerwünschten Schwiegersohn von der Futterkrippe fernzuhalten. Vergebens, gegen seine bis über beide Ohren verliebte Tochter kam er nicht an. Cristina, die über ein eigenes Vermögen verfügte, weigerte sich, einen Ehevertrag zu unterzeichnen, was ihren Mann zwar nicht auf der Stelle reich, aber kreditwürdig machte.

Ohne zu zögern genehmigte die Hausbank der Lantanas Leonardo ein nicht unerhebliches Startkapital für ein Projekt, das anfangs wenig vielversprechend schien. Zum Erstaunen aller krempelte Leonardo, der zuvor noch nie ernsthaft gearbeitet hatte, die Ärmel hoch. Innerhalb weniger Jahre verwandelte er den bescheidenen Juwelierladen seines Vaters in eine der ersten Adressen der Stadt – und das war erst der Beginn einer Erfolgsgeschichte, die mit Leonardos untrüglichem Gespür für den Zeitgeist begonnen hatte.

1984 – ein Jahr vor seiner Hochzeit – wurde das Washingtoner Artenschutzabkommen in der Europäischen Union rechtskräftig. Abgesehen vom Einfuhr-Verbot für geschützte Korallenarten aus aller Welt war damit einer weiteren Plünderung des Mittelmeeres ein Riegel vorgeschoben worden. Eine löbliche Maßnahme, die im Bewusstsein der meisten bald wieder in Vergessenheit geriet. Leonardo hatte als Einziger erkannt, dass Korallen auf der Liste der Begehrlichkeiten bald ganz oben rangieren würden.

Mit seinem Vater, dem erfahrenen Korallenschnitzer, als Berater an seiner Seite konnte er gerade noch rechtzeitig ein exquisites Lager anlegen. Blau-Korallen, Schwarz-Korallen, Gold-Korallen – noch konnte er sie legal nach Italien einführen, dann fielen die Zollschranken. Bald rissen sich die renommiertesten Schmuck-Designer darum, mit den Materialien, die es kaum noch gab, zu arbeiten. Der Name Mancuso – das Logo ein schlichtes, schnörkelloses M – wurde zum Label für kostbare Kreationen aus dem Meer, zu einem Markenzeichen, das bald in derselben Liga spielte wie Gucci oder Versace. Den zweiten Laden eröffnete er in Rom, den dritten in Florenz, Anfang der 1990er Jahre waren New York und Tokio an der Reihe.

Verbotene Früchte schmeckten nun einmal am besten, und je strenger die Schutzbestimmungen für selten gewordene Korallen und Muscheln wurden, umso größer war die Nachfrage. Eine Hintertüre nach der anderen schloss sich, und selbst die Vorräte des Mancuso-Imperiums drohten zur Neige zu gehen. Doch wenn man etwas zusperren konnte, dann ließ es sich auch wieder öffnen, lautete Leonardos Credo. Dafür gab es Spezialisten, und ein solcher war Yannis Zammit, der eines Tages in Mancusos Büro vorsprach und ihm seine Dienste anbot.

Leonardo hatte gezögert, einen Mann zu engagieren, der damals ganz am Anfang seiner Karriere stand. Andererseits, wie sollte er unter geschätzten 20.000 Lobbyisten, die sich in Brüssel in den Vorzimmern der Macht herumdrückten, den richtigen finden? Einer ist vermutlich so gut wie der andere, sagte er sich schließlich und gab diesem Zammit eine Chance. Für einen Spezialauftrag benötigte er dringend Weiße Korallen aus dem Westpazifik, für die er keine Einfuhrgenehmigung mehr erhielt. Keine zwei Wochen später war eine EU-Bestimmung vom Tisch. Die Aussetzung des Beschlusses – aufgrund eines formalen Fehlers – galt zwar nur für kurze Zeit, aber das Schlupfloch genügte. Mancuso bekam seine Korallen – und Zammit seinen Job.

Das war der Beginn einer, nein, nicht wunderbaren, aber äußerst lukrativen Freundschaft. Als Leonardo auf die Idee verfiel, dem aus der Mode gekommenen Werkstoff Perlmutt zu neuem Glanz zu verhelfen, sorgte Zammit dafür, dass sich an den locker gehandhabten Schutzbestimmungen nichts änderte. Wozu auch? Bei den schillernden Schalen handelte es sich doch bloß um ein „Abfallprodukt", das nach der Entnahme des Muschelfleisches zurück ins Meer geworfen wurde. Die PR-Maschinerie funktionierte perfekt, niemand brauchte ein schlechtes Gewissen haben, dass einige Arten wegen Überfischung ausgerottet werden könnten.

Ungehindert importierte der Mancuso-Konzern die in den Farben des Regenbogens irisierenden Abalone- und Paula-Muscheln aus Westafrika und Neuseeland oder die golden schimmernden Makassar-Muscheln aus der Südsee. Mit Knöpfen aus Silberfisch, der schönsten und seltensten Muschel-Mutation aus Mexiko, die erst seit Kurzem unter Naturschutz stand, erzielte er fantastische Umsätze. Zum größten Erfolgsschlager aber wurden Löffel aus Perlmutt, das sich wie kein anderes Material für den Verzehr von Kaviar eignet, weil es im Gegensatz zu Metall den Geschmack nicht beeinflusst. Die Konkurrenz der Billig-Nachahmer, die bald auf den Plan trat, musste Leonardo nicht fürchten. Sein Kundenkreis war ein anderer: Wer auf der richtigen Seite der Gesellschaft stehen wollte, löffelte seinen Beluga auch weiterhin aus einem Schälchen mit dem Logo des Hauses Mancuso.

Zammit war sein mittlerweile mehr als fürstliches Gehalt wert, keine Frage, und Leonardo verdankte es auch einzig und allein ihm, dass er sich – im wahrsten Sinne des Wortes – in fremde Gewässer gewagt hatte. Mit der Gründung einer Thunfisch-Farm vor der kroatischen Küste, von der er sich sogar noch größere Renditen versprach als von seinem Schmuck-Imperium. Er wusste um die Milliardenbeträge, die jährlich allein aus Japan in die Taschen der Fischzucht-Konzerne flossen. Warum also sollte sich nicht auch ein Mancuso davon ein Scherflein abschneiden?

In Italien befanden sich die Pfründe längst in festen Händen. Wer hier das große Geld mit der Massentierhaltung im Meer machte, musste einem Mann mit sizilianischen Wurzeln nicht lange erklärt werden. Diesen Leuten kam man besser nicht ins Gehege. In Kroatien dagegen, das als Vorleistung für den EU-Beitritt seine strengen Meeresschutz-Bestimmungen zurücknehmen musste, war der Kuchen noch nicht zur Gänze aufgeteilt. Noch. Aber wer mitnaschen wollte, musste rasch handeln.

Wieder einmal war Zammit der Zauberer gewesen, der in Windeseile ein Kaninchen aus dem Zylinder gezogen und Mancuso mit einem Strohmann bekannt gemacht hatte. Mit Zoran Vukovic, der bereit war, im Hintergrund die Fäden zu ziehen. Aber nicht für Geld, davon besaß der kroatische Oligarch selbst genug, sondern für die Hälfte des Firmenanteils. Nach zähem Ringen hatte man sich schließlich auf 40 Prozent geeinigt, von Mancuso zähneknirschend zugestanden. Er sah ein, dass ohne die Verbindungen eines einflussreichen

Partners gar nichts lief – und schon gar nicht jetzt, in dieser prekären Situation.

Wenn Vukovic nicht in den nächsten fünf Minuten zurückrief ... Ja, was dann?, fragte sich Leonardo und sprang auf, um die Klimaanlage, die seine Kabine in eine Eiskammer verwandelt hatte, zurückzudrehen. Fröstelnd wollte er nach einer Decke greifen, als sein Handy klingelte.

„Die Scheiße ist weiter am Dampfen", blaffte es aus dem Hörer. „Unsere Leiche war die Top-Meldung in den Mittagsnachrichten. Saure-Gurken-Zeit, da bringen die alles. Es kommt noch schlimmer, für das Abendprogramm ist ein runder Tisch geplant. Diskussionsthema: Was steckt hinter dem Mord in der Thunfisch-Farm? Ist der Tatort Zufall oder werden Tierschützer immer aggressiver? Begnügen sie sich nicht mehr mit Befreiungsaktionen? Diese Journalisten haben sie doch nicht mehr alle. Wenn es keine Story gibt, saugen sie sich eine aus den Fingern."

„Was sagt die Polizei?", unterbrach Leonardo.

„Offiziell gar nichts, das ist es ja. Dort will man den Fall nicht hochspielen und hat eine Informationssperre verhängt, bis der Obduktionsbefund vorliegt."

„Und inoffiziell?"

„Geht man davon aus, dass es sich bei dem Opfer durchaus um einen Einheimischen handeln könnte. Um ein Eifersuchtsdrama vielleicht oder einen Racheakt. Eine blutig ausgetragene Nachbarschaftsfehde. Sowas kommt vor. Tourist wird jedenfalls keiner vermisst, so viel steht fest."

„Woher wollen Sie das so genau wissen, Vukovic?"

„Weil inzwischen alle Yachten und Boote mit fremder Flagge, die in der fraglichen Nacht vor Korčula geankert haben, überprüft wurden. Die Hotels und

Privatquartiere auch. Ich bin bestens informiert. Da staunen Sie, was? Dabei wollten Sie, dass ich unseren Geschäftsführer auf der Stelle entlasse. Da wäre ich schön blöd gewesen. Er hört und sieht alles. Dagegen kann die Polizei nichts machen. Irgendwer muss sich ja um die Fische kümmern, man kann sie nicht verhungern lassen. Also redet er mit den Arbeitern und die stammen allesamt von der Insel, und auf einer Insel bleibt nichts geheim." Vukovic kicherte. Leonardo konnte sich das selbstzufriedene Grinsen unschwer vorstellen. „Sie ziehen jetzt Ihr Programm durch, Mancuso. Sie wollten doch ein, zwei Tage auf Korčula bleiben? Genau das werden Sie tun. Es macht keinen guten Eindruck, wenn Sie gleich wieder davonsegeln. Sie sind ein ganz gewöhnlicher Tourist, der mit seiner Familie Urlaub macht, verstanden? Wie ich höre, ist nun auch Ihr Sohn mit von der Partie. Lassen Sie ihn und seine Freunde nicht aus den Augen, das ist klüger ... Ich rufe Sie wieder an, wenn es was Neues gibt. *Do videnja*!" Ein letztes Mal kicherte Vukovic, dann brach die Verbindung ab.

Damit hätte ich rechnen müssen, sagte sich Leonardo, den es nicht mehr länger auf dem Bett hielt. Der allwissende Kroate besaß garantiert ein ganzes Dossier über Filippo. Dass sein Sohn bei jeder sich bietenden Gelegenheit gegen die Ausbeutung der Meere wetterte, war kein Geheimnis. Darauf hatte Vukovic nicht angespielt. Dieser verdammte Inselpolizist! Nur von ihm konnte die Information stammen, dass Filippo zur Überraschung seines ahnungslosen Vaters aus der Nebenbucht – und somit aus der unmittelbaren Nähe zur Aqua-Farm – aufgetaucht war.

An den Schluss, den Vukovic daraus zog, wollte Leonardo am liebsten gar nicht denken. Natürlich zählte

Filippo, der engagierte Umweltaktivist und neuerdings auch noch Vizepräsident von *Blue Sea*, a priori zu den Verdächtigen. Er und seine Mitstreiter an Bord, die sich nur gegenseitig ein Alibi geben konnten. Was im Ernstfall leider nicht viel zählte, denn für die Polizei – und Leute wie Vukovic – steckten Öko-Freaks ohnedies alle unter einer Decke.

Normalerweise trank Leonardo vor Sonnenuntergang keine harten Sachen, nun aber öffnete er den kleinen Kühlschrank, der geschickt in die Kommode mit dem unsäglichen Bonsai eingebaut war. Whisky, Wodka oder Gin? Keine große Auswahl, aber es war ihm eigentlich egal, womit er die Bitterkeit, die in seiner Kehle aufstieg, hinunterspülte. Sein Magen spielte wieder einmal verrückt, und ein Drink war mit Sicherheit das Falsche. Aber es gab nun einmal Momente, in denen wollte er nicht vernünftig sein.

Ohne nachzuschauen griff er nach der erstbesten Flasche. Am liebsten hätte er sich jetzt betrunken. Aber nach einem tiefen Schluck wischte er sich mit dem Handrücken über den Mund und stellte den Stolichnaya, den er zufällig erwischt hatte, wieder zurück. Wenn er mit Filippo reden wollte, dann musste er seine Sinne beisammen haben. Am besten, er brachte das unerquickliche Gespräch gleich hinter sich. Leonardo griff nach dem Handy und begann, die Nummer, die er so gut wie nie wählte, in seinem Verzeichnis zu suchen.

Er hatte sie noch nicht gefunden, als ihn ein Klopfen innehalten ließ.

Filippo? Das konnte niemand anderer als Filippo sein! Ungeduldig fummelte Leonardo am Schloss, das sich irgendwie verklemmt hatte. Endlich ließ sich die Tür öffnen, doch es war nicht sein Sohn, der vor der Kabine stand, sondern Zammit.

7. Kapitel

Ein Schnellboot mit Zoran Vukovic am Steuer – eine Schrecksekunde lang war Elena überzeugt, dass der von Drago an die Wand gemalte Teufel direkt auf sie zukam. Als die hoch aufspritzende Gischt die Aufschrift *Policija* nicht mehr verdeckte, seufzte sie erleichtert auf. Es war doch nur wieder dieser Kommissar! Spinnst du eigentlich?, fragte sie sich im nächsten Moment. Du kennst diesen Vukovic gar nicht – und doch ist dir ein Polizist lieber als ein Mann, der – schlechter Ruf hin oder her – immerhin zu Mancusos Freunden zählt. Frag dich lieber, was die Mordkommission schon wieder hier will.

Die können mir bald allesamt den Buckel hinunterrutschen, murmelte sie halblaut vor sich hin. Von der Polizei ließ sie sich doch nicht den Törn, auf den sie sich so sorgfältig vorbereitet hatte, kaputt machen. Schon gar nicht jetzt, wo sich alles ganz anders entwickelte als vorgesehen. Mit dem Auftauchen der *Penelope* hatte sich die Schar der Gäste, um die sie sich kümmern musste, mehr als verdoppelt. Was ihr, wenn sie darüber nachdachte, gar nicht unrecht war, weil es ihre Arbeit eher erleichterte. Mit Spannungen und Empfindlichkeiten in einer Gruppe von einem Dutzend und mehr konnte sie umgehen, das gehörte zum Job eines Reiseleiters. Weit schwieriger war es, vier Personen, die einander sehr gut kannten, bei Laune zu halten. Diese Erfahrung hatte sie bereits beim ersten gemeinsamen Essen in Dubrovnik gemacht.

Kein Zweifel, der unerwünschte Besuch hielt in schnurgerader Linie auf die *Seacloud* zu. Während Elena überlegte, wie sie Leonardo Mancuso das neuerliche Auftauchen der Polizei am schonendsten beibringen sollte, drosselte der Fahrer des Motorboots die Geschwindigkeit, machte einen letzten Schwenk und legte an der abgewandten Seite der *Penelope* an.

Damit war Elena zu weit entfernt, um vom Wortwechsel zwischen Filippo und dem Commissario etwas mitzubekommen. Sie kniff die Augen zusammen. Zu dumm, ihre Sonnenbrille steckte in ihrer Tasche und die lag im Salon. Sah sie richtig? Nein, sie irrte sich nicht, nur vier und nicht sechs Personen blickten von der Reling aus dem abfahrenden Polizeiboot nach. Gegen die schräg einfallenden Strahlen der Nachtmittagssonne konnte sie nur Silhouetten ausmachen, die sich als Schattenriss vom tiefblauen Himmel abhoben.

Wer fehlte? Die zu einem Scherenschnitt aufgereihten Personen ließen sich unschwer erkennen: Filippo am Glatzkopf, Jon an der Stoppelfrisur, Carlo an der rundlichen Figur, Milena an ihrem unübersehbaren Busen. Also hatte die Polizei Sanja und ihren Nikola mitgenommen. Weshalb? Sogleich gab sie sich selbst die Antwort: Mit Studenten konnte man am leichtesten umspringen, wie man wollte, warum sollte das in Kroatien anders sein als in Österreich oder Italien? Doch was erhoffte sich der Commissario davon? Er konnte doch nicht ernsthaft annehmen, dass die jungen Leute in den Mordfall verwickelt waren. Das Einzige, was gegen sie sprach, war ihre Mitgliedschaft bei *Blue Sea,* aber das galt ja für Filippo Mancuso ebenso wie für Milena Pertini und natürlich auch für das andere Paar an Bord der *Penelope*.

Elena überschlug, was sie über die zwei Männer in Erfahrung gebracht hatte. Wie Milena Pertini kamen die beiden aus Florenz. Der US-Amerikaner Jon Moore, vermutlich noch keine dreißig, arbeitete nach seiner

Ausbildung zum Restaurator in den Uffizien, sein um ein paar Jahre älterer Lebensgefährte Carlo Bartoli war alteingesessener Florentiner und Inhaber einer vegetarischen Trattoria mit dem klingenden Namen *Primavera*. Das war alles, was sie bisher wusste. Ein dürres Gerüst aus wenigen Tatsachen, aber sie hatte schließlich Augen im Kopf. Jon Moore, der mit seinem Kurzhaarschnitt und dem dichten Brustpelz aussah wie ein zufriedener Maulwurf – ein Killer? Undenkbar! Der verfressene Carlo – ein Meuchelmörder? Nie im Leben!

Allein schon aus Loyalität zu Leonardo Mancuso – schließlich stand sie in seinen Diensten – musste sie herausfinden, was auf der *Penelope* vor sich ging. Die Stimme in ihrem Inneren sagte freilich etwas ganz anderes: Von wegen Loyalität! Pure Neugier ist es, die in Wahrheit dahintersteckt. Du bist wieder einmal drauf und dran, deine Nase in Dinge zu stecken, die dich nichts angehen.

Doch Elena machte sich keine Illusionen – ihr Kampf gegen sich selbst war bereits verloren. Ohne zu bedenken, dass der Abstand zwischen den beiden Yachten für ihre Beine zu groß sein könnte, sprang sie in einem kühnen Satz auf die *Penelope* hinüber. Filippo griff geistesgegenwärtig nach ihren Händen und hielt sie fest, sonst wäre sie ins Wasser geplumpst.

„Danke, das war knapp." Verlegen löste sie sich aus seinen Armen. „Verzeihen Sie den Überfall, aber ich möchte wissen ..."

„Ich nehme an, mein Vater schickt Sie. Richten Sie ihm aus, dass er jederzeit mit mir sprechen kann, wenn er etwas wissen will. Über Dritte gebe ich prinzipiell keine Auskunft."

Für eine Sekunde verschlug es Elena die Rede. Zugegeben, sie war ohne zu fragen an Bord gekommen, aber wie einen Domestiken ließ sie sich deswegen noch lange nicht behandeln.

„Ihr Vater hat damit nichts zu tun. Er ist in seiner Kabine und weiß vermutlich gar nicht, dass die Polizei schon wieder hier war“, stellte sie klar. „Ich wollte Ihnen nur meine Hilfe anbieten.“

„Und wie soll die aussehen?“, fragte Filippo spöttisch, doch sein Tonfall war nicht mehr ganz so eisig wie zuvor.

„Es stimmt doch, der Commissario hat Sanja und Nikola mitgenommen? Unser Skipper ist, wie Ihnen nicht entgangen sein dürfte, ebenfalls Kroate. Ich habe mir gedacht, dass wir Drago den beiden zu Hilfe schicken könnten. Vielleicht brauchen sie einen Anwalt, darum könnte er sich kümmern ...“

„Das ist nicht nötig, sie werden bald zurück sein. Aber es ist nett von Ihnen, dass Sie sich über uns Gedanken machen.“ Filippo schien mit einem Mal wie ausgewechselt. „Verzeihen Sie den unfreundlichen Empfang, aber es wäre typisch Vater, dass er mich wie einen Schulbuben zu sich zitieren lässt.“

„Sollen wir uns nicht setzen?“, mischte sich Milena ein. „Unser Deck ist nicht ganz so komfortabel, aber wir haben ein Sonnensegel aufgespannt ...“ Offenbar war ihre Frage nur rhetorisch gemeint, denn bevor Filippo sich äußern konnte, drehte sie sich um und ging voraus. Mit den drei Männern im Schlepptau, die sich ihrem Kommando wortlos unterordneten.

Es ist nicht schwer zu erraten, wer hier das Sagen hat, dachte Elena, als sie in einem Liegestuhl Platz nahm und auf den angebotenen Eistee wartete. Über die energiegeladene Frau, die eine Zigarette nach der anderen rauchte, wusste sie verblüffend viel. Milena Pertini, 52 Jahre alt, Single aus Überzeugung, Inhaberin eines Souvenirladens im Zentrum von Florenz, Künstlerin, Vegetarierin, Hundeliebhaberin, Stammgast in Carlo Bartolis Trattoria, Mitglied von *Blue Sea* ... Während des Brunchs hatte sie der neben ihr sitzenden Elena nicht nur die Eckdaten ihres Lebenslaufs erzählt, sondern auch einen Kurzvortrag über Yoga, Raiki und ihre neueste Entdeckung – einen amerikanischen Hirnforscher namens Dispenza – gehalten.

„Lass Elena ja mit deinem esoterischen Kram in Ruhe, deswegen ist sie nicht gekommen", blaffte Filippo Milena an, die mit einem gefüllten Krug und fünf Bechern auftauchte. „Jeden Morgen meditiert sie und deswegen wird sie nicht mehr seekrank. Heilung durch die Kraft der Gedanken, wissenschaftlich erwiesen, damit nervt sie uns alle. Ich sehe ihr an, dass sie gleich wieder mit dem Esoterik-Unfug anfangen wollte."

Eso-Terror, würde Giorgio jetzt lästern, dachte Elena, und sich Zustimmung heischend umblicken. Wie leicht war es doch, einer alleinstehenden Frau mittleren Alters, die sich nicht um den Spott ihrer Umgebung scherte, den Stempel einer Spinnerin aufzudrücken. Sie selbst war für Übersinnliches durchaus empfänglich und hatte sich – zum Entsetzen Giorgios – im Tischrücken versucht und sogar einmal an einer Seance teilgenommen. Ihre Sympathien lagen also eindeutig bei Milena, was sie den Männern auch unter die Nase reiben wollte – aber alles zu seiner Zeit.

„Könnten wir jetzt endlich zur Sache kommen, bevor Vater in unsere Versammlung platzt?", drängte Filippo, dem eine Erklärung der Geschehnisse offenbar auf der Seele brannte. „Ich nehme zurück, was ich zuerst gesagt habe. Über Dritte, die meine Angelegenheiten nichts angehen. Inzwischen habe ich nachgedacht; das alles könnte ein bisschen viel auf einmal für ihn sein. Mein überraschendes Auftauchen, meine neue Position bei *Blue Sea*, der Mord, die Polizei ..."

„Womit wir beim Thema wären. Sie wollen mich also als Puffer einsetzen. Einverstanden. Aber zuvor müssen Sie mir einige Fragen beantworten. Punkt eins: Als Sie gestern mit Francesca telefoniert haben, waren Sie angeblich noch vor der Küste Albaniens, in Wirklichkeit aber längst in Kroatien. Weshalb haben Sie Ihre Schwester angelogen?"

Filippos Gesichtsfarbe verhieß nichts Gutes, als er aufsprang und Elena von oben herab anfunkelte. Doch dann besann er sich: „Was wollen Sie noch wissen?", fragte er mühsam beherrscht.

„Alles über *Blue Sea* und Ihre Aktivitäten. Womit ich bei Punkt zwei bin. Korčula ist groß, meines Wissens sogar die sechstgrößte Insel Kroatiens, und es gibt hier jede Menge Buchten. Ich frage mich, was sich sicherlich auch die Polizei fragt: Warum hat die *Penelope* ausgerechnet ein paar hundert Meter entfernt von der Thunfisch-Farm geankert? Mit sechs Umweltaktivisten an Bord. Das ist doch ein eigenartiger Zufall."

„Mit dem Mord haben wir nichts zu tun", platzte Filippo mit hochrotem Gesicht heraus.

„Womit dann?" Forschend blickte Elena ihr Gegenüber an.

„Vielleicht kann ich es Ihnen erklären", sagte Carlo, der bisher noch kein Wort von sich gegeben hatte. „Es war Jons und meine Idee, früher als geplant hierherzukommen. Sanja hat uns von dieser neuen Farm erzählt. Sie hat Verwandte auf Korčula, die sie auf dem Laufenden halten. Die Einheimischen haben alles versucht, um die Anlage zu verhindern. Umsonst. Aber noch ist es angeblich nicht zu spät. Wenn man nachweisen kann, dass die Aqua-Farm das Meer verschmutzt, müssten die Genehmigungsverfahren neu aufgerollt werden." Carlo holte tief Luft und beeilte sich weiterzusprechen. „Es ging uns darum, Wasserproben in unmittelbarer Nähe der Becken zu entnehmen. Filippo war als Einziger dagegen. Wenn man uns dabei erwischt, dann würde man uns garantiert unterstellen, dass wir einen Anschlag verüben wollten. Die Netze durchschneiden oder herausreißen und die Fische befreien, nach dem Vorbild von *Black Fish* ..."

„Was *Blue Sea* niemals machen würde. Wir kämpfen mit Argumenten, nicht mit Gewalt", unterbrach Filippo.

„Bei euch kann also auch der Vizepräsident kein Machtwort sprechen, sondern muss sich einer demokratischen Entscheidung beugen. Damit wäre der erste Punkt geklärt", stellte Elena fest. „Sie waren wider Willen vor Ort und wollten sich einer Begegnung mit Ihrem Vater erst stellen, wenn die Aktion vorbei war. Und dann kam alles ganz anders. Ihre Leute hatten noch gar nichts unternommen, aber auf einmal war die Polizei da. Sehe ich das richtig?" Elena musterte Filippo, bevor sie weitersprach. „Weil Sie Ihre Anwesenheit ohnedies nicht länger geheim halten konnten, ist Ihnen nichts anderes übrig geblieben, als die Flucht nach vorn anzutreten. *Abradacabra, Padre*, hier bin ich! Richte das Festmahl für den verlorenen Sohn."

Filippo nickte. „Stimmt ziemlich genau, bis auf das biblische Gleichnis. Der Sohn ist nicht verloren gegangen und auch nicht reumütig heimgekehrt. Er hält sich nur an eine glasklare Abmachung. An den Waffenstillstand, den wir zu Weihnachten geschlossen haben. Ich komme meinem Vater nicht mehr in die Quere und er mir nicht, damit können wir beide leben. Glauben Sie, ich hätte mich sonst von Francesca zu diesem Treffen überreden lassen? Soll Papa doch weiterhin seine

Korallen-Geschäfte machen, ich habe eingesehen, dass das nur Peanuts sind gegen die Katastrophen, die sich inzwischen in allen Meeren der Welt abspielen."

Ungewollt verdrehte Elena die Augen. Bitte jetzt keinen Vortrag über die Müll-Mafia und schwimmende Inseln aus Plastikabfällen und auch nichts über Tankerkatastrophen und Ölteppiche. Das war zwar alles schrecklich und auch wahr, aber irgendwie würde sich das schon wieder einrenken – wie beim Waldsterben, davon hörte man auch nichts mehr. Elena gehörte zwar zu jenen, die bei jeder Wahl zur Gewissensberuhigung treu und brav ihr Kreuzchen bei der Grünen Liste machten, sich darüber hinaus aber nur selten mit Umweltfragen beschäftigten.

„Sie haben keine Ahnung, wovon ich spreche. Aber ich werde es Ihnen sagen. Wir von *Blue Sea* werden es jedem sagen, so lange, bis man endlich auf uns hört. Es ist nicht fünf vor zwölf, uns trennen nur noch wenige Augenblicke vom endgültigen Untergang. Unsere Meere liegen bereits im Koma, bald sind sie tot – und dann ist es auch mit uns Menschen vorbei. Was an sich kein Schaden wäre ..."

Um Himmels willen, sie hatte sich getäuscht, stellte Elena mit Entsetzen fest. So redete nur ein Fanatiker – und Fanatikern war alles zuzutrauen. Sogar Mord. Nein, mit solchen Leuten wollte sie nichts zu tun haben. Sie war drauf und dran aufzuspringen, als sie eine Hand spürte, die ihr beruhigend über den Unterarm strich.

„Unser Filippo kann es nicht lassen", flüsterte Milena. „Bei jeder Gelegenheit übt er für seinen nächsten Fernsehauftritt. Diesmal sind Sie das Opfer. Aber hören Sie ihm trotzdem zu. Er hat etwas zu sagen, auch wenn er manchmal schamlos outriert."

Milena zuliebe ließ Elena den Redeschwall nun doch über sich ergehen. Filippos Philippika – ein hübsches Wortspiel, das leider nicht ganz zutraf. Elena, die ihre Fassung wiedergefunden hatte, unterdrückte ein Grinsen. Vielleicht sollte der frischgebackene Vizepräsident es Demosthenes gleichtun und sich erst einmal mit einem Kieselstein im Mund im Reden üben. Seine viel zu helle Stimme überschlug sich, sobald er in Rage geriet, und auch von der Kunst der Rhetorik verstand er offenbar herzlich wenig. Erst die pathetische Einleitung, danach eine Aneinanderreihung von Zahlen und Fakten – ungeschickter konnte man eine Thematik nicht darstellen.

„Weltweit isst jeder Mensch durchschnittlich 17 Kilogramm Fisch pro Jahr und Thunfische gehören zu den beliebtesten Speisefischen. Bald wird es den Roten Thun und den Blauflossen-Thun nicht mehr geben. Das liegt nicht nur an den Fangquoten, die mittlerweile mehr als drei Millionen Tonnen pro Jahr betragen. Weil das Management der weltweiten Thunfischbestände in den Händen internationaler und regionaler Fischereikommissionen liegt, die in Wahrheit niemand kontrolliert. Im Atlantik und im Mittelmeer ist dafür die ICCAT zuständig. Wissen Sie, was sich hinter dem bombastischen Akronym verbirgt? Natürlich nicht, aber damit stehen Sie nicht allein da.“ Filippo beugte sich vor und fixierte Elena. „Wer hat denn von der *International Commission for the Conservation of Atlantic Tuna* jemals gehört? So gut wie keiner. Sie meinen, um Gutes zu tun, braucht es keine Öffentlichkeit? Hauptsache, es geschieht etwas, das meinen Sie doch, Elena? Eine eigene Kommission zum Schutz einer Spezies – zugegeben, das klingt gut, aber es bringt gar nichts! Der Fischbedarf steigt explosionsartig, in den Zuchtanstalten kommt man mit den

Lieferungen kaum noch nach. Also wird weiterhin erbarmungslos Jagd auf die wenigen noch frei lebenden Thunfisch-Schwärme gemacht. Jeder kleine Spießer hält sich heute doch für einen Gourmet, wenn er ein *carpaccio di tonno* bestellt. Aber kaum einer denkt darüber nach, was er da eigentlich auf dem Teller hat.“

Wo er recht hat, hat er recht, gab Elena insgeheim zu. Selbst auf Sizilien gab es kaum noch Fisch zu kaufen, der nicht aus einer Aqua-Farm stammte. Bisher hatte sie das nicht weiter gestört. Weil sie nachplapperte, womit Pseudo-Grüne wie sie seit Jahren ihr Gewissen beruhigten: Thunfisch-Steak, das ist doch die ideale Alternative zu billig produziertem Fleisch. Massentierhaltung in Offshore-Bauernhöfen im Mittelmeer? Unsinn, das konnte man doch nicht vergleichen. Oder doch? Verunsichert hörte Elena mit neu erwachter Aufmerksamkeit zu.

„Glauben Sie mir, die meisten Konsumenten sind ahnungslos und es ist ihnen auch egal, solange der Sushi-Bude um die Ecke die Vorräte nicht ausgehen ...“, setzte Filippo nach, und wieder musste sie ihm zustimmen. Sushi und Sashimi waren in der westlichen Welt längst zum Fast-Food verkommen. Zu einem preiswerten Essen, das inzwischen an jeder Ecke oder gleich in den Kühlregalen der Supermärkte angeboten wurde. Pappiger, mit Essig versetzter Reis, daumendick zusammengepresst, mit einem Streifen rohen Fisch belegt und von einem Gemüsestückchen gekrönt – fertig. Einzig und allein in Japan pflegte man noch die hohe Schule dieser Kochkunst. Sushi-Meister durfte man sich dort erst nach einer 15-jährigen Ausbildungszeit nennen, was Elena ebenso krass erschien.

Während sie noch über die beiden Extreme sinnierte, nahm Filippo den Faden wieder auf: „Der gute

Ruf der Aqua-Farmen kommt nicht von ungefähr, Elena. Die internationalen Food-Konzerne mit ihren undurchschaubaren Firmengeflechten machen mittlerweile auch in Europa ein Milliardengeschäft mit ihren Thunfisch-Anlagen. Und sie können es sich leisten, Millionen für entsprechende Lobbys auszugeben, um Werbung in eigener Sache zu machen. Unter anderem, aber dazu komme ich noch. Aqua-Kulturen – das ist die einzige Lösung, wird getrommelt. Nur mit ökologischer Aufzucht kann der Bedarf gedeckt und gleichzeitig der Bestand in den Weltmeeren bewahrt werden. In einem geschlossenen Zuchtkreislauf, von den Larven bis zu den Jungfischen. Was bei Lachs, Wolfsbarsch oder Dorade funktioniert, wird auch beim Thun klappen. Wenn man den Meeresbiologen nur freie Hand lässt ..."

„Dagegen ist doch nichts einzuwenden", wagte Elena einzuwerfen. „Ich meine, weshalb soll es schlimm sein, wenn seriöse Forscher daran arbeiten ..."

„Woran arbeiten, Elena?", unterbrach Filippo rüde. „Wissen Sie denn überhaupt, worum es geht? Nein? Dann werde ich es Ihnen sagen. Bisher hat man Thunfische noch nicht dazu bringen können, in Gefangenschaft ihre Eier abzulegen. Kein Wunder, als Raubfische sind sie gewohnt, tausende Kilometer zurückzulegen, ehe sie laichen. Und dann stecken sie auf einmal in engen Käfigen mit einem Durchmesser von ein paar Metern. Die Folge: Ihr Organismus schaltet auf Sparflamme, kurzum, die Thunfische verweigern die Fortpflanzung. Was bleibt also anderes übrig, als sich den Nachschub aus freier Wildbahn zu holen. Sobald die Alten abgeschlachtet sind, macht man Jagd auf die Jungen ..."

„... die man unter einer gewissen Größe zurück ins Meer werfen muss. Da sind die Bestimmungen streng und werden auch streng kontrolliert, das weiß ich von

Sizilien ..." Viel weiter kam Elena nicht, denn nun riss Jon, der nicht mehr länger an sich halten konnte, das Gespräch an sich.

„Völlig richtig, nur dass sich dieses Gesetz zum Schutz der Thunfischbestände ins Gegenteil verkehrt hat. Zurück ins Meer, das bedeutet nämlich nicht zurück in die Freiheit. Die Jungfische landen völlig legal in den Becken der Aqua-Farmen ..."

„... die es wahrscheinlich noch nicht gegeben hat, als das Gesetz erlassen wurde. Aber das ließe sich doch mit einer einfachen Novelle reparieren ..."

„Wie naiv sind Sie eigentlich, Elena? Oder andersherum gefragt: Was glauben Sie, wofür Lobbyisten bezahlt werden? Auch in Zukunft wird keiner an dieser pervertierten Schutzbestimmung rütteln."

Entrüstet blickte Elena auf. Sie und naiv? Das hatte ihr noch niemand unterstellt. „Kein Gesetz ist in Stein gemeißelt, also lasst mir bitte meinen Optimismus, dass sich etwas zum Besseren ändern könnte. Abgesehen davon, ihr weicht doch nur aus. Erklärt mir lieber, weshalb ihr die Wissenschaftler verdammt, die das Nachwuchsproblem auf natürliche Weise lösen wollen."

Wie auf Knopfdruck begannen alle vier gleichzeitig zu reden. Elena verstand kein Wort, bis sich zu ihrem Erstaunen Carlos leise, dunkle Stimme durchsetzte.

„Weil die Forscher, zumindest die meisten, nichts anderes als Handlanger der Industrie sind. Wer zahlt, bestimmt – also heißt das Ziel nicht Arten-Erhaltung, sondern Gewinn-Maximierung. Die Fische müssen Eier legen. Um jeden Preis. Da wird an Genen herummanipuliert und mit Chemie-Cocktails im Futter experimentiert. Oder, das ist das Neueste, mit Hormon-Implantaten, die mit Harpunen direkt unter die Haut der Tiere geschossen werden. So viel zum natürlichen Weg ..."

Elena schwirrte der Kopf. Energisch schob sie Milenas Hand beiseite, die noch immer auf ihrem Arm ruhte. „Darüber könnt ihr mir ein andermal mehr erzählen. Im Moment interessiert mich weit mehr, was ihr heute noch vorhabt. Signor Mancuso möchte euch alle zum Abendessen einladen und mein Job ist es, das zu organisieren."

Der Befreiungsschlag gelang zu ihrem Erstaunen beim ersten Anlauf.

„Passt uns gut", antwortete Filippo, nachdem die anderen drei zustimmend genickt hatten. „Wir lesen Sanja und Nikola um acht in der Stadt auf, und danach wollten wir ohnedies essen gehen. Sie brauchen uns nur zu sagen, wo wir uns treffen. Ich gebe Ihnen meine Handynummer."

Erleichtert kehrte Elena zur *Seacloud* zurück. Nobelrestaurant oder rustikales Lokal?, überlegte sie. Leonardo Mancuso konnte sie nicht fragen, von ihm war nach wie vor nichts zu sehen. Genauso wenig wie von Yannis, der sich offenbar ebenfalls in seine Kabine zurückgezogen hatte. Francesca und Titus, die sich auf dem Badedeck sonnten, war es egal. Also lag die Entscheidung bei ihr, und die musste rasch fallen. Einen Tisch im Freien für elf Personen in der Altstadt würde sie nur mit viel Glück noch ergattern können.

Wie sich herausstellen sollte, war die *konoba Komin* eine gute Wahl. Ein reiche Auswahl an Fisch und Meeresfrüchten für den Gastgeber, ein Salatbüffet für die Vegetarier von der *Penelope* – und einen Lammeintopf für Elena.

Ein rosa gebratenes Thunfisch-Steak, wie es Leonardo und Yannis mit Genuss verzehrten, hätte sie an diesem Abend beim besten Willen nicht heruntergebracht.

8. Kapitel

Als Frank aufwachte, war es zehn Uhr vorbei – und Richard längst fort. Wenn er sich richtig erinnerte, war sein Freund kurz nach Sonnenaufgang aufgebrochen, um seine Isabella, oder wie auch immer das Mädchen hieß, abzuholen. Viel Vergnügen in Rovinj, hatte Frank ihm nachgerufen. Ohne Ironie oder Bitterkeit, sondern nur dankbar dafür, dass er nach der Wein- und Fressorgie in der vergangenen Nacht nicht mit von der Partie sein musste, sondern noch eine Runde schlafen konnte.

Aber was nun? Um einen klaren Kopf zu bekommen, ging Frank erst einmal duschen und ließ abwechselnd kaltes und warmes Wasser auf sich prasseln. Allmählich fiel ihm alles wieder ein. Im hellen Mittagslicht sah die Welt ganz anders aus als im Mondschein. Elena gefiel ihm, keine Frage, sie gefiel ihm sogar sehr, auch wenn er seit ihrer Abreise aus London nur selten an sie gedacht hatte. Seit gestern aber bekam er sie nicht mehr aus dem Kopf.

Sie lebte mit Giorgio zusammen, den er wirklich mochte, aber das hieß noch lange nicht, dass sie deswegen für ihn tabu war. Das war die Frau eines anderen für ihn nie, aber hatte er überhaupt eine Chance, bei ihr zu landen? Elena spielte gern mit dem Feuer, wie er sich noch gut erinnern konnte, aber sie war keine leichte Beute. Genau das machte sie für einen erfolgsverwöhnten Mann wie ihn interessant. Als routinierter Eroberer wog Frank seine Aussichten ab. In Elenas Beziehung zu Giorgio stimmte zurzeit einiges nicht, also standen seine Chancen nicht schlecht. Dafür musste er sie aber erst einmal finden, was vermutlich nicht allzu schwierig sein würde. Andererseits, lohnte es sich wirklich, die damit verbundenen Strapazen auf sich zu nehmen? Am besten, er informierte sich erst einmal über die Möglichkeiten, nach Dubrovnik zu gelangen. Frank griff nach seinem Smartphone, als ihm eine bessere Idee kam. Hatte er nicht gestern um diese Zeit ein ausnehmend hübsches Mädchen in der Rezeption erspäht? Warum sollte er sich nicht dort die nötigen Auskünfte einholen, und wer weiß ...?

Britney Spears' Welthit *Womanizer* im Ohr sprang er immer zwei Stufen auf einmal nehmend das Treppenhaus hinunter. Dreißig Minuten später kehrte Frank in sein Zimmer zurück, das er, um es nicht auf der Stelle räumen zu müssen, gleich für eine weitere Nacht gebucht hatte. Mit sich und seiner Entscheidung zufrieden, streckte er sich noch einmal auf dem Bett aus. Wofür auch immer er sich entschließen sollte, er konnte sich Zeit lassen. Er schloss die Augen und rekapitulierte.

40 Minuten Flugzeit, und schon war er in Dubrovnik. Wenn er die Nachmittagsmaschine nahm, konnte er sich sogar schon für heute Abend mit Elena verabreden. Gesetzt den Fall, sie hatte Zeit. Oder überhaupt Lust, ihn zu sehen. Abgesehen davon erschien es ihm wahrscheinlicher, dass sie bereits durch Dalmatiens Inselwelt schipperte. Um das herauszufinden, musste er sie anrufen, womit der Überraschungseffekt beim Teufel wäre. Ein Überfall mit Vorwarnung, nein, das passte ganz und gar nicht in sein Konzept.

Er hätte sich für die knapp 700 Kilometer auch ein Auto mieten können. Aber wollte er in seinem Urlaub tatsächlich stundenlang hinter dem Steuer sitzen? Um dann letztlich vor dem gleichen Problem zu stehen: er in Dubrovnik, Elena schon fort. Die dritte Variante – zwei Stunden Busfahrt nach Rijeka und von dort

24 Stunden auf einer Fähre nach Dubrovnik – schloss er von vornherein aus.

Die Lösung lag auf der Hand: Elena nachzureisen war eine Schnapsidee. Wenn er Giorgio richtig verstanden hatte, endete ihr Törn ohnedies in Triest. Also kam eigentlich sie ihm entgegen und nicht umgekehrt, was Frank durchaus als gutes Omen sah. Wozu also etwas übers Knie brechen? Auf ein paar Tage mehr oder weniger kam es nicht an, sondern auf eine kluge Taktik. Die hohe Schule der Verführung, in dieser Kunst war Frank kein Anfänger. Er sah die Szene förmlich vor sich: Die Yacht mit Elena an Bord lief in einen kleinen, pittoresken Hafen ein – und am Kai stand er, Doktor Frank Ligety aus London, der den weiten Weg gekommen war, um sie hier zu erwarten.

Eine wunderbare Vorstellung. Fast hätte Frank sich selbst applaudiert, aber zuerst musste er noch ein kleines Problem lösen: Wie konnte er Elenas detailliertes Reiseprogramm in Erfahrung bringen, ohne dass sie Lunte roch? Das war nur möglich, wenn er weiterhin mit Giorgio in Kontakt blieb. Nichts einfacher als das, sagte sich Frank. Wozu gibt es Telefone?

Giorgio haderte mit sich und der Welt. Dieses verdammte Handy! Bereits um sieben Uhr früh hatte ihn Elena aus dem Schlaf gerissen und mit der Frage nach seinen Plänen überfallen. Nach der gestrigen Nacht war ihm wahrlich nicht nach einer morgendlichen Plauderei zumute gewesen, was Elena in ihrem Überschwang leider entging. Weder sein unwilliges Gebrumm noch seine wortkargen Antworten konnten sie stoppen. Wenn ihm schon nichts einfiel – sein von höchster

Stelle verordneter Urlaub wäre doch auch eine gute Gelegenheit, um endlich einmal wieder nach Hause zu seinen Eltern zu fahren. Daheim sei er doch seit Ewigkeiten nicht mehr gewesen. Darüber solle er wirklich nachdenken. Im Übrigen, bei ihr laufe alles bestens, die Leute seien nett, aber jetzt müsse sie Schluss machen. *Ciao, un bacio* und bis bald.

Erst als die Verbindung unterbrochen war, kam Giorgio halbwegs zu sich. Nach Hause fahren? Was meinte Elena damit? Sein Zuhause, das war für ihn längst nicht mehr Trapani, sondern Taormina. Dort war er daheim, seit er seine Zelte in Westsizilien abgebrochen hatte. Ihretwegen. Oder betrachtete sie ihn mittlerweile als einen Gast, der seinen Aufenthalt über Gebühr ausdehnte? Nein, gab er sich gleich selbst die Antwort. Er hatte einen Kater und er sah Gespenster. Elena war viel zu geradlinig, um ihm auf diese Weise beizubringen, dass ihr Haus nicht länger auch das seine war.

Dennoch konnte es zwischen ihnen nicht so weitergehen. Auch wenn sie auf Außenstehende nach wie vor wie ein perfektes Paar wirkten, das keine Zankereien und keine Eifersüchteleien kannte. Was an sich stimmte, aber Harmonie war nun einmal nicht allein seligmachend und ein reinigendes Gewitter würde vielleicht guttun. Irgendwie hatte sich mit dem Alltag ein stummes Nebeneinander breitgemacht – und das war der Anfang vom Ende jeder Beziehung, wie Giorgio aus seiner gescheiterten Ehe allzu gut wusste. Was war bloß aus ihrem überschäumenden Miteinander geworden, aus ihren stundenlangen Gesprächen und Diskussionen? Wo war ihre Freude an Wortspielen geblieben, wo ihr gemeinsames Lachen?

Eine Aussprache, und sei sie noch so schmerzhaft, war längst überfällig. Oder doch nicht? Würden sie damit nicht auch das noch zerreden, was ihnen geblieben war? Und damit der Krise, wie sie bei allen Paaren einmal vorkam, einen Stellenwert geben, der alles noch schlimmer machte? Noch waren sie nicht am Ende, denn es gab gar nicht so wenig, was sie auf der Habenseite verbuchen konnten. Vertrauen zueinander, Fairness im Umgang miteinander, Respekt voreinander – an den Grundfesten ihrer Beziehung hatte sich nichts geändert.

Was aber war von ihrer Verliebtheit geblieben? Irgendwann war es entschwunden, dieses himmelhochjauchzende, weltumarmende Verrücktvorglück-Gefühl. War daraus Liebe geworden? Wenn es darauf ankam, würden sie einander nie im Stich lassen, daran zweifelte Giorgio keine Sekunde. Aber war das allein schon genug, um es Liebe zu nennen?

Gedankenverloren blickte er auf sein Handy. Ein Tastendruck genügte, und schon konnte er Elenas Stimme hören. Ihre raue, dunkle Stimme, die zu ihr gehörte wie die Grübchen in ihren Wangen und die Lachfalten um ihre Augen. Diese Fältchen, die von Lebenserfahrung und Humor erzählten, waren ihm als Erstes an ihr aufgefallen. Mit Mitte vierzig hatte er sich zum ersten Mal in seinem Leben richtig verliebt – mit der Intensität einer Kinderkrankheit, wenn sie einen Erwachsenen überkommt. Die Erinnerung an ihre erste Begegnung, Giorgio hütete sie wie einen Schatz.

Er musste Elena sagen, dass er sie liebte. Nicht irgendwann später, sondern jetzt, in diesem Moment – und dann war alles wieder gut. Giorgio drückte die Taste, aber niemand meldete sich am anderen Ende der Leitung. Typisch Elena! Sie „verlegte" ihr Handy, sobald sie es beruflich nicht brauchte. Eine Angewohnheit, die ihn zur Weißglut trieb, wenn sie wieder einmal nirgendwo aufzufinden war. Schon vergessen, nur Dienstboten müssen ständig erreichbar sein. Damit pflegte sie seine Vorwürfe mit einem Lachen abzuschmettern. Punkt – Satz – Sieg für Elena, was sollte er einem solchen Argument schon entgegenhalten?

Dann eben nicht, dachte Giorgio trotzig und griff nach seinen Zigaretten. Sich nochmals niederzulegen, machte wenig Sinn. Wenn er schon auf war, konnte er genauso gut gleich auf einen Kaffee gehen. Giorgio duschte nur kurz, die Rasur verschob er auf später. Er war im Urlaub, also durfte er es sich leisten, stoppelbärtig herumzulaufen. Vielleicht würde er sich überhaupt erst morgen oder übermorgen rasieren, überlegte er, als er in der nächstbesten Bar um die Ecke seinen ersten Espresso schlürfte. Ein Drei-Tage-Bart stand ihm gut, wie er wusste, und Elena konnte sich über seine kratzigen Wangen derzeit ja nicht beschweren.

Zwei *caffè* und drei Zigaretten später beschloss Giorgio, das Tourismusbüro an der Piazza dell'Unità d'Italia aufzusuchen, um sich einen Stadtplan zu besorgen. Nur ein paar Schritte entfernt hatte er gestern mit Frank und Richard einen Gin Tonic getrunken. Die beiden müssten jetzt eigentlich unterwegs nach Rovinj sein. Vielleicht hätte ich mich ihnen anschließen sollen, dachte er, als ihm klar wurde, dass Sonntag war. Der langweiligste Tag in jeder Stadt, die, ihrer Funktionen beraubt, mit geschlossenen Läden und entvölkerten Gassen vor sich hindämmerte. Zu spät, die zwei waren fort und ihm blieb nichts anderes übrig, als sich wie alle anderen Touristen auch von Sehenswürdigkeit zu Sehenswürdigkeit zu schleppen.

Ziellos schlenderte er die Uferpromenade entlang, bis er vor dem alles andere als großen Canal Grande stand. Gerade einmal drei Häuserblocks war er lang, der bescheidene Rest eines ehrgeizigen Projekts, das unter Österreichs Kaiserin Maria Theresia ein ganzes Netz aus Kanälen vorgesehen hatte. Was sollte er hier? Unter der Woche fand auf der Piazza Ponterosso ein Obst- und Gemüsemarkt statt, doch heute – nichts als gähnende Leere bis auf ein paar Tauben, die rund um die Fontana del Giovanin flatterten.

Giorgio wollte eben kehrtmachen, als sein Blick auf das Straßenschild Via Genova fiel. Wenn ihn nicht alles täuschte, befand sich hier die lokale T.P.C.-Dienststelle. Die Triestiner Niederlassung der italienischen Kunstfahnder gab es erst seit wenigen Monaten. Aus eigener Erfahrung wusste er, mit welchen Startproblemen ein neuer Abteilungschef der ältesten Kunstpolizei der Welt zu kämpfen hatte: Zu wenig Personal und ein zu kleines Budget waren nicht das Schlimmste. Die meisten Schwierigkeiten kamen aus den eigenen Reihen. Die Beamten der *Polizia di Stato* ließen keine Gelegenheit aus, den ihrer Ansicht nach überschätzten *Carabinieri* Prügel zwischen die Füße zu werfen. Dabei war in einer Grenzstadt eine Zusammenarbeit der beiden Polizeieinheiten sogar noch um einiges wichtiger als anderswo. Nur wenn man geeint auftrat und gemeinsam an einem Strang zog, durfte man auf Unterstützung aus den Nachbarstaaten hoffen. Im konkreten Fall auf die Hilfe der kroatischen Kollegen. Ohne ihre Mitarbeit gab es kaum eine Chance, das Rätsel um die Herkunft des antiken Bronze-Fußes zu lösen, den Giorgio zurück nach Triest gebracht und noch am Flughafen einem Tenente der T.P.C. übergeben hatte.

Urlaub hin oder her – Giorgio beschloss, den Kollegen, die sich zum Einstand mit einem nahezu hoffnungslosen Unterfangen herumschlagen mussten, zumindest einen Besuch abzustatten. Die Hausnummer wusste er nicht und er hatte sie auch nicht im Handy gespeichert, doch bereits beim dritten Hauseingang wurde er fündig. Dass ein T.P.C.-Büro an einem Sonntag gar nicht besetzt war, bedachte er erst, als er bereits auf die Klingel der Gegensprechanlage drückte. Er wollte sich eben umwenden, als das kunstvoll verzierte Tor des barocken Palazzo zu seinem Erstaunen aufsprang.

„Lass dich umarmen! Wie schön, dass du dageblieben bist. Dich schickt wirklich der Himmel." Für einen Moment hatte Giorgio vergessen, dass Triest nicht Catania oder Taormina war. Auf einer sizilianischen Piazza waren zwei Freunde, die einander schulterklopfend um den Hals fielen, ein alltäglicher Anblick. Nicht aber auf der Piazza San Giovanni am Rand des Theresianischen Viertels, wie die Gesichter der Männer bewiesen, die auf den wenigen Stühlen vor der „Gran Bar Malabar" saßen und ihren Wein tranken. Ihre Mienen spiegelten eine Mischung aus Amüsement und Ablehnung, was Frank, dem die Situation eindeutig peinlich war, nicht entging.

„Du meinst, ich übertreibe. Oh nein! Glaube mir, ich habe mich selten so gefreut, jemand wiederzusehen", rief Giorgio, bevor er den widerstrebenden Engländer noch fester an sich drückte.

„Freut mich, dass du dich freust, aber jetzt lass mich los." Nur mit Mühe gelang es Frank, sich aus der Umklammerung zu befreien. „Lass uns hineingehen, sonst fallen denen da noch die Augen aus dem Kopf."

Erst im Inneren des winzigen Lokals begriff Giorgio. „Die sollen denken, was sie wollen. Das kann uns doch egal sein."

„Womit wir bereits beim Thema sind", antwortete Frank, „ich glaube, es gibt da einiges aufzuklären."

„Du hast mit Richard gestritten, er ist ohne dich losgefahren und jetzt tut es dir leid. Habe ich richtig geraten?"

„Nicht ganz. Er ist auf dem Weg nach Rovinj, aber nicht allein. Aber deswegen hatten wir keinen Streit, im Gegenteil. Ich habe ihm viel Glück mit seiner Isabella gewünscht."

Nun kannte Giorgio sich überhaupt nicht mehr aus. Wer um alles in der Welt war Isabella?

„Vielleicht heißt sie auch Elvira, ich habe nicht so genau zugehört. Jedenfalls soll sie hübsch und nett sein und Richard ist hingerissen von ihr. Also liegt nun Isabella-Elvira in meinem Bett in Rovinj ..."

„Du bist gar nicht ...? Ich meine, Richard und du, ihr seid ...", stotterte Giorgio.

„Nein, wir sind kein Paar und werden auch nie eines sein. Genauso wenig wie du und ich. Aber bevor wir weiterreden, sollten wir erst einmal bestellen."

Gemeinsam beugten sie sich über die Karte. Ein Wein aus dem Karst sollte es sein, aber welcher? Sie konnten sich nicht einigen, deshalb überließen sie die Wahl dem Kellner, der in Windeseile nicht nur zwei Gläser, sondern auch ein Körbchen mit duftendem, ofenwarmem Brot vor sie hinstellte.

Richard hatte die Unterbrechung genützt, um seine Gedanken zu ordnen. „Machen wir einen Kassensturz unserer Lage: Wir sind zwei Singles auf Urlaub, die nicht wissen, was sie allein mit sich anfangen sollen. Alter, Bildungsstand und Interessen passen zusammen, und so richtig unsympathisch sind wir uns auch nicht. Was liegt also näher, als gemeinsame Sache zu machen. Das Risiko ist gleich null, denn wenn es nicht klappt, können wir ja jederzeit getrennte Wege gehen. Also, was ist, versuchen wir es miteinander?“

Das kam für Giorgio nun doch ziemlich überraschend. „Gibst du mir Bedenkzeit?“, fragte er. „Ich meine, bis wann muss ich mich entscheiden?“

„Wo liegt das Problem?“ Frank wunderte sich. Nach der euphorischen Begrüßung hatte er eigentlich angenommen, dass sein Freund auf der Stelle zusagen würde.

„Das ist nicht in ein, zwei Sätzen erklärt“, druckste Giorgio herum. „Vor einer Stunde hätte ich sofort ja gesagt, aber jetzt ...“

Nach einigem Hin und Her wusste Frank Bescheid. Der Besuch bei den Kollegen war für Giorgio alles andere als angenehm verlaufen. Zu Giorgios Überraschung hatte er im T.P.C.-Büro nicht einen Journaldienst, sondern den Chef höchstpersönlich angetroffen. Er war diesem Tenente Colonnello, der denselben Dienstrang bekleidete wie er, nie zuvor begegnet, deswegen begriff er auch nicht gleich, was der Mann gegen ihn hatte. Fazit aber war: Giorgios Angebot, bei der Suche nach der verschollenen Statue zu helfen, war schroff und ohne eine Erklärung abgelehnt worden.

„Ein paar Minuten später bin ich schon wieder auf der Straße gestanden“, empörte sich Giorgio. „Wie ein Bittsteller, den man hinausgeworfen hat. Deswegen war ich über deinen Anruf auch so glücklich. Wenigstens einer, der mich mag.“

„Polizist und Mimose, das passt irgendwie nicht zusammen“, lachte Frank. „Du bist doch sonst nicht so empfindlich.“

„Das verstehst du nicht", antwortete Giorgio. „Dieser Kerl lehnt mich nur ab, weil ich Sizilianer bin. Einer von diesen bornierten Norditalienern, für die alle südlich von Rom keine Landsleute sind, sondern bloßfüßige Analphabeten."

„Übertreibst du da nicht ein wenig?"

„Meinst du? Schau dir doch einmal das Wahlprogramm der Lega Nord an. Ich übersetze es dir gern. Aber diesem arroganten Hund werde ich es schon zeigen. Nur mit Hilfe der Analysen aus Rom wird er die Statue nie finden. Auch wenn die Ablagerungen darauf hindeuten, dass man in den Kornaten suchen sollte. Du weißt schon, das ist dieser Archipel südlich von Zadar. Dort irgendwo, auf dem Meeresboden zwischen 150 Inselchen und Riffen, hat jemand diesen Bronzefuß aufgeklaubt."

„Sieht für deinen Kollegen ziemlich aussichtslos aus. Sei doch froh, dass du den Fall los bist ..."

„Aber es gibt eine Chance", widersprach Giorgio. „Und deshalb will ich nicht einfach mit dir ins Blaue fahren. Ich mach mich auf eigene Faust auf die Suche. Und das wird mit Sicherheit kein Badeurlaub."

„Na und? Das letzte Mal sind wir gemeinsam auf Mörderjagd gegangen. Diesmal ist zur Abwechslung ein Schatz dran." Frank grinste von einem Ohr bis zum andern. „Also sag schon, womit fangen wir an?"

„Mit den Schmugglern", antwortete Giorgio wie aus der Pistole geschossen. „Das heißt, wenn du wirklich mitmachen willst. Bist du sicher? Gut, dann hör zu. Krüge, Vasen, Öllampen aus der Römerzeit, damit macht man zwar nicht das große Geld, aber sie sind ein gutes Geschäft."

„Und warum unternimmt die Polizei nichts dagegen?"

„Zu wenig Beamte und ein viel zu kleines Budget. Das Übliche halt. Außerdem lohnt es den Aufwand meist ohnedies nicht. Dass man das Boot mit dem Bronze-Fuß abgefangen hat, war Zufall."

„Und die Schmuggler ..."

„... haben Strafe gezahlt oder sind vielleicht auch ein paar Wochen gesessen. So genau weiß ich das nicht, aber sie sind garantiert wieder auf freiem Fuß. Also können wir sie aufstöbern und mit ihnen reden. Weil sie die Einzigen sind, die uns einen Hinweis geben können, woher sie ihre Ware haben." Grinsend rieb Giorgio Daumen und Zeigefinger seiner rechten Hand aneinander.

„Wenn gute Worte allein nichts nützen. Ich verstehe", antwortete Frank. „Aber dazu musst du diese Herren erst einmal ausfindig machen."

„Dürfte nicht allzu schwierig sein. Vergiss nicht, ich kenne nicht nur die Gutachten, sondern den ganzen Akt. Und ich erinnere mich genau, welche Strecke unsere Schmuggler genommen haben. Laut den Kollegen vom Zoll eine bewährte Route. Als die Preisunterschiede noch enorm waren, hat man auf diesem Weg jugoslawische Zigaretten nach Italien gebracht. Rentiert sich längst nicht mehr, also haben die sich nach neuen Einnahmequellen umsehen müssen."

„Sir Alfred Ernest Ramsey", murmelte Frank.

Mit diesem Namen konnte Giorgio, der auf seine Allgemeinbildung ziemlich stolz war, beim besten Willen nichts anfangen.

„Muss dir nichts sagen, das war nur ein Fußballer, den unsere Königin zum Ritter geschlagen hat. Ein lebensgroßes Denkmal für ihn gibt es auch, in Ipswich. Von Sir Alf stammt der Ausspruch: *Never change a winning team*. Passt doch. Neue Zeiten, neue Waren, aber dieselben alten Schmuggler. Und es passt auch auf uns. Wir waren doch schon einmal das Gewinner-Team."

Die spinnen, diese Briten, dachte Giorgio, den seit seinem London-Besuch kaum noch etwas wunderte. Fußballer oder Pop-Stars in den Adelsstand zu erheben, das bringen auch nur die Engländer fertig. Andererseits, haben nicht auch die Griechen ihre Olympioniken und Sänger wie Halbgötter verehrt?

Es war durchaus denkbar, dass der rätselhafte Fuß gar nicht zu einer Skulptur des Zeus oder Apoll gehörte. Vielleicht suchte er auch nach dem Abbild eines umjubelten Olympiasiegers, eines Ringkämpfers oder Boxers wie Milon von Kroton oder Diagoras von Rhodos? Elena würde sich darüber königlich amüsieren und auf einen Sänger tippen, dachte er mit einem Anflug von Wehmut. Der berühmte Ibykos aus dem Schiller-Gedicht oder Arion von Lesbos, der sogar die Tiere des Meeres mit seinem Gesang bezaubern konnte, wären vermutlich ihre erste Wahl gewesen. Eine halbe Nacht lang hätten sie früher geblödelt und die verrücktesten Geschichten gesponnen, wer der große Unbekannte wohl sein mochte.

Giorgios Mund verzog sich zu einem bitteren Lächeln. Den appetitlichen Imbiss, den ihr fürsorglicher Kellner mit einem neuen Glas Wein vor sie hingestellt hatte, bemerkte er erst, als Frank ihm auffordernd zuprostete. Zart-süßer Schinken aus San Daniele, würziger Montasio-Käse, goldgelb gereift, und dazu ein dunkelroter Terrano aus dem Karst – seine Laune hob sich schlagartig.

„Können wir nicht doch noch ein paar Tage in Triest bleiben?", fragte Frank, der sich wie im Schlaraffenland fühlte, mit vollem Mund. „Wir haben doch keine Eile. Ich meine, nur weil du dich über diesen Kollegen geärgert hast ..."

„... werde ich noch heute aufbrechen, mein Lieber. Trotz Schinken, Käse und Ristorante Scabar. Mir ist schon klar, warum du nicht gleich fort möchtest, aber ich lasse mich nicht verführen. Für dich mag diese Schatzsuche, wie du es nennst, nur ein Spiel sein. Aber für mich ist es eine berufliche Herausforderung."

„Verstehe, verstehe. Ich bin mit allem einverstanden, was du vorschlägst", gab Frank sofort nach. „Du bist der Boss und ich bin dein Assistent, du weißt schon, Holmes und Watson." Er glaubte zwar keine Sekunde daran, dass sie den „Schatz" tatsächlich heben könnten, aber schon der Versuch allein versprach ein Abenteuer – und dafür war der unternehmungslustige Mediziner immer zu haben. Seinen Plan, Elena aufzustöbern, musste er deswegen ja nicht aufgeben. Im Gegenteil, Giorgio würde ihn auf dem Laufenden halten. Er musste nur möglichst unauffällig nach ihr fragen – und am besten, er fing gleich damit an. „Was wird eigentlich Elena dazu sagen? Ich meine, sie könnte doch glauben, dass deine Suche nur ein Vorwand ist, um ihr nachzureisen." Frank versuchte, echte Besorgnis in seine Stimme zu legen, was ihm offenbar gelang. Bei seinen letzten Worten verdüsterte sich Giorgios Gesicht.

„Könnte durchaus sein, dass sie das glaubt", antwortete er nach einer Weile. „Aber irgendwann wird sie schon merken, dass sich nicht immer alles um sie dreht. Abgesehen davon, wir sind nicht verheiratet und ich bin ihr keine Rechenschaft schuldig."

Interessant, was Giorgio über die Ehe denkt. Ihm bedeutet eine Heirat offenbar recht viel. Das Thema sollten wir demnächst vertiefen, dachte Frank. Im Augenblick aber wollte er wissen, was ihn heute noch erwartete. „Organisierst du den Leihwagen oder soll ich mich darum kümmern? Wann geht es los? Und vor allem, wohin?“

Je ungeduldiger Frank herumzappelte, umso genussvoller ließ sich Giorgio Zeit. Erst schnappte er sich den letzten Käsewürfel, der sich zwischen zwei Oliven versteckt hatte, dann nahm er einen Schluck Wein, bevor er sich zu einer Antwort bequemte.

„Nur mit der Ruhe, wir haben es nicht weit. Geschätzte hundert Kilometer, plus minus zehn. Logischerweise beginnen wir mit unseren Recherchen dort, wo unsere Schmuggler herkommen. Ahnst du denn nicht, welcher Ort das sein könnte? Ein Städtchen, in dem noch immer eine Tabakfabrik steht ...“

„Ich habe keine Ahnung. Aber ich schwöre dir, ich erwürge dich auf der Stelle, wenn du es mir nicht sofort sagst.“

Giorgio holte noch einmal tief Luft, bevor er herausplatzte: „Wir fahren nach Rovinj.“

9. Kapitel

„Stabiles Hoch über der Adria, mäßiger Südostwind, Sichtweite 20 Kilometer, Meer 0 bis 1, also spiegelglatt, aber das seht ihr ja selbst“, verkündete Leonardo, als er beim Morgenkaffee den aktuellen Seewetterbericht studierte. „Das wird ein Bilderbuch-Tag. Was ist, wollt ihr nur baden und faulenzen oder machen wir erst einmal den Landausflug, den Elena vorgeschlagen hat?“

Yannis, leger, aber korrekt gekleidet, deutete mit einem fast unmerklichen Kopfnicken auf Titus, der in Shorts und T-Shirt zum Frühstück erschienen war, und auf Francesca, die unter einem durchscheinenden Oberteil bereits ihren Bikini trug.

Unwillig runzelte Leonardo die Stirn. „Keine Antwort ist auch eine. Ihr reißt euch also nicht um den Ausflug. Vielleicht habe ich auf der *Penelope* mehr Glück.“ Auch dort nahm man den Vorschlag mit geteilter Begeisterung auf. Erst nach einer Diskussion von Reling zu Reling kristallisierte sich allmählich heraus, dass die Mehrheit doch für eine Rundfahrt war.

„Keine Ausrede, meine liebe Tochter, ihr kommt mit“, bestimmte Leonardo, dem schlagartig bewusst wurde, in welcher Gesellschaft er sich befand. Bis auf Francesco, Titus, Yannis und Elena waren alle, die er so leichtfertig eingeladen hatte, engagierte Umweltaktivisten. Aber einen Rückzieher konnte er nun auch nicht mehr machen, also wollte er wenigstens seine Tochter und ihren Freund an seiner Seite wissen.

„Wir sind vollzählig“, rief er Elena zu, die darüber alles andere als glücklich war. Diese verdammten Kreuzfahrtschiffe, fluchte sie im Stillen. Nicht nur eines, sondern gleich zwei waren pünktlich zu Sonnenaufgang vor Korčula eingetroffen. Mit ein paar tausend Passagieren, die sich wie eine Springflut über die Insel ausbreiteten. Der Großteil ließ sich in Busse verfrachten, doch es gab immer auch welche, die aus der Herde ausbrachen und alle verfügbaren Fahrzeuge in Beschlag nahmen. Und nun sollte sie für elf Personen Taxis herbeizaubern! Wie es aussah, waren zwei das Maximum, das sie auftreiben konnte.

Francesca und Titus witterten ihre Chance. Wenn sie als Wächter an Bord blieben, sei alles viel einfacher, meinten sie. Die Platzfrage in den Autos und überhaupt! Dann könnten doch Drago und Mirko gemeinsam losziehen, um die Kühlschränke aufzufüllen. Eine hervorragende Idee, fand Elena. Der Einkauf war für einen allein eine ganz schöne Schlepperei, zu zweit aber keine große Sache. Brot, Eier, Wurst, Käse, Obst, Mineralwasser, Wein – außer einer Kiste Champagner und ein paar Dosen Kaviar, die sie vorsorglich zur Seite geräumt hatte, gab es kaum noch Essbares an Bord, seit Filippo und seine Freunde wie Heuschrecken über ihre Vorräte hergefallen waren.

Elf minus zwei – schon besser, aber immer noch um eine Person zuviel! Während Elena überlegte, wen sie am unauffälligsten zum Bleiben überreden konnte, löste sich das Problem von selbst. „Sanja sollte dabei sein, sie kennt sich aus und kann Ihnen helfen, aber ich muss wirklich nicht mit“, bot sich Nikola an. Dem jungen Kroaten mit den verstrubbelten dunkelblonden Haaren, mit dem Elena bisher kaum ein Wort gewechselt hatte, fiel der Verzicht auf einen Gruppenausflug sichtlich nicht allzu schwer. „Von der Insel habe ich gestern genug gesehen“, erklärte er. „Auf der Polizei waren wir nur kurz, dann sind wir gleich weiter zu Sanjas Tante in Smokvica und danach nach Vela Luka ...“

„Was ist, Elena, die zwei Taxis sind da, also worauf warten Sie noch?“, drängte Leonardo, der zuvor nicht mitgezählt hatte. „Wir sind zu acht, das passt doch genau. Filippo, wir nehmen den Fiat, der ist bequemer, Carlo und Jon, ihr steigt mit Sanja und Milena in den Ford ...“

„Zu spät“, sagte Yannis und öffnete die Beifahrertür des Escort. „Ich sitze am liebsten vorne, genau wie du. Und da du mich kaum auf deinen Schoss nehmen wirst ...“ In Wahrheit war ihm das Auto völlig egal, er wollte lediglich einer Auseinandersetzung aus dem Weg gehen. Mit Filippo ein paar Stunden auf engstem Raum zusammengequetscht zu sein, konnte nur Probleme bringen. Abgesehen davon bot sich auf diese Weise die Gelegenheit, ein wenig mehr über diese *Blue-Sea*-Leute herauszufinden. In der Kunst, Leichen im Keller aufzustöbern, hatte er es schließlich zur Meisterschaft gebracht. Ein Puppenspieler zu sein, der, unsichtbar für das Publikum, die Fäden zog – das war die Rolle, in der sich Yannis am besten gefiel.

Die Mancusos konnten warten, die hatte er ohnedies alle drei in der Hand. Den Alten, seit er ihn zu dem Abenteuer einer noch nicht ganz legalen Fisch-Farm in Kroatien verführt hatte, und die Geschwister sowieso. Yannis wusste nicht nur um das dunkelste Kapitel in Filippos Vergangenheit, er besaß auch die Beweise dazu. Noch aber war der Zeitpunkt nicht gekommen, um Kapital daraus zu schlagen. Ein offener Konflikt, bei dem sein Opfer die Nerven verlor, passte im Moment ganz und gar nicht in sein Konzept.

Bei Filippo durfte man die Daumenschrauben nicht allzu fest anziehen, sonst drehte er durch. Seine Schwester war um einiges robuster. Bei ihr kam es auf die richtige Dosierung von Zuckerbrot und Peitsche an. In letzter Zeit hatte er bei Francesca die Leine zu locker gelassen, aber das würde er ändern. Wenn ihm nicht wieder dieser Titus dazwischenfunkte. Den hatte er unterschätzt. Ein Fehler, aber keiner, der sich nicht korrigieren ließ. Auch gegen den jungen Mann, der aus einfachsten Verhältnissen stammte, würde er früher oder später etwas Brauchbares zu Tage fördern.

Es ist schon erstaunlich, was man mit einer simplen Bemerkung erreichen kann, dachte Yannis, während die wenig spektakuläre Landschaft an ihm vorbeiglitt. Ein gemurmeltes „Ich weiß alles“ oder „Ihr Geheimnis ist bei mir sicher“ genügte nicht selten, um ein zukünftiges Opfer aus der Reserve zu locken. Mal sehen, was der heutige Tag brachte. Er drehte den Kopf und lächelte die drei auf dem Rücksitz an. Mit dem Pärchen Carlo und Jon konnte er sich später noch befassen, jetzt interessierte ihn erst einmal, was Sanja hinter ihrer hübschen Stirn verbarg. Da gab es etwas, sonst wäre sie nicht gestern als Einzige einvernommen worden. Die Polizei konnte sie vielleicht hinters Licht führen, nicht aber einen Yannis Zammit. Seine Methoden waren subtiler ...

Von dem weißen Ford Escort war nichts mehr zu sehen, als Leonardo immer noch zürnte. Was nahm sich dieser Yannis eigentlich heraus? Wer wo zu sitzen hat, bestimmte immer noch er! Am liebsten hätte er das ganze Unternehmen auf der Stelle abgeblasen, aber dafür war es zu spät. Der Tag, der mit dem Telefonat aus Split schlimm genug angefangen hatte, wäre endgültig im Eimer, wenn er seine schlechte Laune jetzt an den anderen ausließ. An Elena, die geduldig auf seine Anweisungen wartete, oder an dieser Milena, die wie bestellt und nicht abgeholt dem abfahrenden Taxi nachstarrte. Die beiden Frauen konnten ebenso wenig dafür wie Filippo, dass er sich über eine Kleinigkeit dermaßen aufregte. Wenn einer schuld an seinem Zorn war, dann Yannis, dem er diesen unsäglichen Vukovic verdankte!

Leonardo machte sich keine Illusionen mehr. Was hatte ihm sein Geschäftspartner nicht alles versprochen, wie hatte er mit seinen angeblichen Verbindungen „nach ganz oben" geprotzt! Reine Schaumschlägerei! Wenn sich der mysteriöse Todesfall auf Korčula nicht rasch aufklärte, konnte er seine Farm – und damit einen Haufen Geld – vergessen. Von wegen bürokratische Bagatellen! Früher oder später musste ein Journalist über die noch ausständigen Genehmigungen stolpern, und dann blieb den Behörden gar nichts anderes übrig, als mit einer Schließung der Anlage zu reagieren.

Sein sogenannter Partner – er konnte gar nicht schnell genug auf Distanz zu Leonardo gehen. Er war nichts anderes als eine Ratte, die das sinkende Schiff verließ. Die Einladung zu einem Törn auf der *Seacloud* – nein danke, das könne Mancuso vorerst vergessen, hatte Vukovic ihm unverblümt ins Gesicht gesagt. Nicht einmal ein Treffen in Split komme derzeit in Frage. Das sei doch nur Futter für die Medien-Meute, die bei jedem Vorfall in einer Aqua-Farm ohnedies sofort einen Skandal witterte. Das Thema sei brisanter denn je, erst vor Kurzem hätten Tierschützer Tausende Forellen in Schweden und Hunderte Thunfische in Spanien befreit. Und auf Korčula gehe es nicht nur um herausgerissene Netze, sondern um einen Mord! Besser, man vermeide jeglichen Kontakt zueinander, bis sich die Angelegenheit geklärt und die Aufregung gelegt hatte.

Leonardo wäre an seiner Antwort fast erstickt. Bevor er auch nur ein Wort herausbrachte, war die

Verbindung abrupt abgebrochen. Irgendwann würde er mit diesem Vukovic abrechnen, das schwor er sich, aber im Moment waren ihm die Hände gebunden. Dabei hatte sein Adria-Abenteuer so vielversprechend angefangen. Mit einem Geschäftsmodell, das sich von der Konkurrenz der massenproduzierenden Farmen unterschied. Wenn es glückliche Hühner gab, warum nicht auch glückliche Fische, hatte Leonardo überlegt. Der Name Mancuso stand für Qualitätsprodukte aus dem Meer – und in Zukunft für artgerecht gehaltene Thunfische, um die sich die Spitzengastronomie reißen würde. Zu entsprechenden Preisen natürlich, aber die waren die Konsumenten mittlerweile zu zahlen bereit. „Tonno felice" hatte er seine Farm ursprünglich nennen wollen, aber das verstanden nur die Italiener. „Happy Tune" kam auch nicht in Frage, das klang nach fischelndem Fast-Food. Doch dann hatte sich die Glücksgöttin höchstpersönlich seiner erbarmt: „ForTuna" – ein genialer Markenname für eine brillante Idee.

Nun aber hatte ihn Fortuna im Stich gelassen. Leonardo erinnerte sich dunkel, dass sie auch für das Schicksal der Sterblichen zuständig war. Für die glücklichen, aber auch für die unglücklichen Fügungen des Zufalls. Das kam davon, wenn man sich auf die Götter verließ! Er lachte bitter auf, was ihm einen erstaunten Seitenblick des Chauffeurs eintrug. Schluss mit dem Selbstmitleid, befahl er sich. Das Scheitern von „ForTuna" wäre nicht sein erster geschäftlicher Rückschlag, und bisher hatte er sich aus allen Tiefs und Niederlagen erfolgreich wieder herausgestrampelt. Leonardo gab sich einen Ruck und wandte sich seinen Mitreisenden zu. Es gab Wichtigeres im Leben, diese Erkenntnis überraschte ihn, als sein Blick auf Filippo fiel.

In stillem Einverständnis hatten beide bisher alle heiklen Themen erfolgreich umschifft. Leonardo fragte nicht nach den Aktivitäten seines Sohnes, und der wiederum vermied es, seinen Vater mit seiner Weltanschauung zu nerven. Ihre Krise war vorerst überstanden, zumindest sah es so aus, und es könnte auch so bleiben, wenn sie weiterhin behutsam miteinander umgingen.

Leonardo war überzeugt, dass Filippo nicht ahnte, dass Mancuso-Geld in der Aqua-Farm auf Korčula steckte. Und selbst wenn, darüber musste er sich wohl keine Sorgen machen. Gegen den geplanten Bio-Betrieb konnte doch nicht einmal Filippo ernsthaft etwas einzuwenden haben.

„Was wollte die Polizei eigentlich von deiner Freundin?“ Mittlerweile hatten sie das andere Taxi eingeholt und die Frage ging Leonardo durch den Kopf, als er Sanjas lange, blonde Haare im Rückfenster sah. „Ich meine, es muss doch einen Grund geben, wenn man sie zu einer Einvernahme eigens abholt.“

„Nichts Besonderes. Sanja hat ihre Kindheit auf Korčula verbracht. Während des Krieges, als ihr Vater eingerückt war. Aber darüber kann sie dir selbst mehr erzählen. Sagen Sie, Elena, was bekommen wir heute alles zu sehen? Wir sind jetzt hier bei Pupnat, wenn ich die Straßenkarte richtig lese, und fahren weiter über Cara ...“

„Lenk nicht ab“, pfauchte Leonardo in alter Gewohnheit seinen Sohn an. „Seit gestern versuche ich, eine Auskunft zu bekommen, aber du bist mir immer ausgewichen.“

„Also gut, wenn du es unbedingt hören willst, Papa. Sanja ist das, was man bei der Polizei aktenkundig nennt. Das heißt, sie wurde mehrmals bei Demonstrationen in Dubrovnik festgenommen. Außerdem ist sie quasi eine Einheimische, und die sind, wie du vielleicht weißt, gegen diesen Thunfisch-Wahnsinn auf die Barrikaden gestiegen. Also gehört sie automatisch zu jenen, die man unter die Lupe nehmen muss. Auch wenn es völlig absurd ist, sie in diesen Fall hineinzuziehen. Und das hat der Kommissar, der übrigens ein recht verständiger Mann zu sein scheint, auch ziemlich bald eingesehen. Zufrieden?“

„Wieso Thunfisch-Wahnsinn? Soviel ich weiß, ist das eine ganz normale Zuchtfarm, wie es im Mittelmeer Dutzende gibt.“

„Willst du wirklich ernsthaft mit mir darüber diskutieren? Francesca hat mich darum gebeten, diese Frage nicht anzuschneiden. Des lieben Friedens willen. Also überleg es dir gut. Wenn ich damit einmal anfange, höre ich nicht so bald wieder auf.“

„Gut, vertagen wir das auf später. Dann möchte ich aber hören, was du in Griechenland getrieben hast. Von dort kommst du doch her.“

„Das ist rasch erzählt. Wir haben uns einen Überblick verschafft, wie viele dieser Aqua-Farmen es mittlerweile in der Ägäis gibt. Von der EU bekommt man nämlich keine konkreten Zahlen und auch sonst kaum eine Auskunft. Brüssel hält alles unter der Decke, was mit der systematischen Ausplünderung des Mittelmeeres zu tun hat, wie dir der gute Yannis sicherlich bestätigen kann. Er und seinesgleichen, also alle Lobbyisten, die für die großen Seafood-Konzerne arbeiten, kennen die Fakten. Die wissen genau, wo man den Hebel ansetzen muss, damit dieser Irrsinn – gesetzlich gedeckt – ungehindert weitergeht. Womit wir wieder beim Thema wären. Aber das wollten wir ja auf später verschieben. Außer du möchtest lieber gleich ...“

Besser nicht, dachte Elena. Filippo bewegte sich auf hauchdünnem Eis. Sie überlegte fieberhaft, wie sie ihn ablenken konnte, als der Wagen unvermutet anhielt.

„Fotopause", radebrechte der Fahrer und deutete auf das tief unten glitzernde Meer. „Schöne Aussicht. Am schönsten vom Grab." Erst jetzt bemerkte Elena den schmalen Fußweg, der schon nach wenigen Metern in einem Dorffriedhof endete.

Leonardo verweigerte Fotoapparate, und er hasste Friedhöfe. Da aber alle anderen bereits ausgestiegen waren, blieb auch ihm nichts anderes übrig, als aus dem Wagen zu klettern. Missmutig blickte er sich um.

„Was machen Sie denn für ein Gesicht, Signor Mancuso? Atmen Sie tief ein. Es duftet nach Pinienharz und wildem Thymian, ist das nicht herrlich?" Während der Fahrt war Milena nicht ein einziges Mal zu Wort gekommen, ein fast unerträglicher Zustand für jemanden, der so gern redete wie sie. Bevor Leonardo begriff, wie ihm geschah, hatte sie ihn untergehakt und zu einer kleinen Bank unter einem Holunderbusch geschleppt.

„Gleich zeigt sie ihm, wie man meditiert", stellte Filippo, der die Szene beobachtet hatte, mit breitem Grinsen fest.

„Meinen Sie nicht, wir sollten Ihren Vater ..."

„Wenn Sie glauben, Elena, dass Sie ihn unbedingt retten müssen, nur zu. Aber das ist Ihr Job, nicht meiner. Und vergessen Sie nicht – *ommmmmmm!*" Vergnügt wie ein junger Hund sprang Filippo den anderen in großen Sätzen hinterher.

„Ommm", äffte sie ihn nach, sobald er sie nicht mehr hören konnte. Das sollte angeblich beruhigen, weil der ganze Körper vibrierte, wenn das „mmmmmm" entsprechend laut und inbrünstig genug über die Lippen kam. Bei Leonardo, der zumindest aus der Distanz kei-

nen unglücklichen Eindruck machte, schien es jedenfalls zu wirken, stellte sie amüsiert fest. Kurz überlegte Elena, ob sie den anderen folgen sollte, und entschied sich dagegen. Als junges Mädchen war sie stundenlang zwischen Gräbern herumspaziert, hatte die Inschriften entziffert und Geschichten zu den Namen der Toten gesponnen. Seit sie Paul begraben hatte, besuchte sie Friedhöfe nur noch, wenn es sich nicht vermeiden ließ. „Wir waren wie ihr und ihr werdet sein wie wir"– nun überlief es sie kalt, wenn sie an diese Worte dachte, die sie so oft an einem Eingang zum Reich der Toten gelesen hatte. Genau das besagte wohl auch die kroatische Inschrift über dem schmiedeeisernen Gittertor, hinter dem nun auch Filippo verschwunden war.

So rasch sie konnte, verließ Elena den Pfad, auf den die Sonne unbarmherzig herunterbrannte. Sie konnte genauso gut im Schatten des Wäldchens unweit der Straße auf die anderen warten. Er lag nur ein paar Schritte entfernt, und doch vermeinte sie sich mit einem Mal in eine andere Welt versetzt, als sie sich an den knorrigen Stamm eines Olivenbaumes lehnte. In der vor Hitze flirrenden Luft verschwammen die Konturen der fernen Bauernhäuser, die sich mit ihren ziegelroten Dächern vom Grün des Hügellandes abhoben. Irgendwo in der Ferne brüllte ein Esel. Als seine Klageschreie aufhörten, war nur noch der eintönige Gesang der Zikaden zu hören. Bald würden auch sie verstummen und Siesta halten, um erst am späten Nachmittag wieder aufzuwachen und bis tief in die Nacht hinein ihr ewiges Lied zu zirpen.

Elena schloss genüsslich die Augen, als ihr der Geruch der umliegenden Macchia in die Nase stieg. Sie liebte dieses herb-süße Potpourri aus Ginster und Lavendel, Myrte und Zistrosen, Thymian, Rosmarin und Lorbeer. Nur ungern dachte sie daran, dass dieser Duft in Wahrheit nichts anderes als ein trauriges Mahnmal für Kurzsichtigkeit und Gier der Menschen war. Der Buschwald aus widerstandsfähigen Wildpflanzen, er fand sich ausschließlich dort, wo man der Natur übel mitgespielt hatte. Wie an so vielen Küsten und Inseln des Mittelmeers waren auch Korčulas dichte Wälder für den Schiffsbau abgeholzt worden, skrupellos geopfert für Kriegszüge und Handelsflotten. Ungehindert konnten Wind und Wetter sich austoben, und das einstmals fruchtbare Bauernland mit seinen Weizen- und Gemüsefeldern verkam. Sich selbst überlassen, fasste die Pflanzenwelt mit undurchdringlichem Buschwerk Fuß, das sich jedem Eindringling zäh entgegenstellte. Ein paar Weingärten und Olivenhaine, mehr ließ sich die Macchia nicht mehr abringen. Die Sünden der Alten, vor Jahrhunderten begangen – unter ihnen litten ihre Nachfahren bis heute.

Und was haben wir daraus gelernt? Nichts. Die Erkenntnis überkam Elena schlagartig. Nichts anderes tun wir heute dem Meer an. Selbst wenn nur ein Bruchteil davon stimmt, was Filippo und seine Freunde als Menetekel an die Wand malen.

Aber darüber konnte sie jetzt nicht nachdenken. Elena sah auf die Uhr. Kurz vor zwölf, das hieß, dass sie innerhalb der nächsten Stunde ein passendes Lokal finden musste. Sie hatte sich einige Adressen aus ihren Unterlagen notiert, doch es erschien ihr klüger, sich erst einmal bei den Taxi-Fahrern schlau zu machen.

Gesagt, getan. Gleich hier im Ort gab es eine *gostionica* mit einem schattigen Gastgarten, in der man beste Hausmannskost bekam. Um sich später nicht zu blamieren, zog sie zur Sicherheit nochmals die Straßenkarte zu Rate.

„Wir sind ziemlich genau in der Mitte der Insel. Sehen Sie, hier, oberhalb von Smokvica."

Erschrocken fuhr Elena herum. „Sanja, was machen Sie hier? Wieso sind Sie nicht bei den anderen? Oder kommen die etwa auch schon?"

„Nein. Besser gesagt, ich weiß es nicht, ich bin ja nicht mitgegangen."

„Und warum nicht? Mögen Sie keine Friedhöfe? Da sind Sie nicht die Einzige. Schauen Sie, dort drüben sitzt Signor Mancuso mit Milena."

Über das Gesicht des jungen Mädchens huschte ein flüchtiges Lächeln, das ebenso rasch wieder verschwand. „Ich war erst gestern hier. Auf diesem Friedhof. Um das Grab meines Cousins zu besuchen. Ivica war nur drei Jahre älter als ich. Wir sind zusammen aufgewachsen. Meine Tante hat ihn am Samstag begraben. Ein paar Stunden, bevor wir nach Korčula gekommen sind. Dieser Idiot! Herumgerast ist er mit seinem verfluchten Motorrad. Ohne Sturzhelm natürlich, wer braucht denn schon sowas? Nach der Disco ist es passiert, Donnerstagnacht. Nein, eigentlich war es schon Freitagfrüh. Er hat sich das Genick gebrochen und war sofort tot." Sanja wischte sich über die Augen, bevor sie leise hinzufügte: „Ich habe ihn lieb gehabt." Ohne ein weiteres Wort wandte sie sich ab.

Betroffen blickte Elena der zarten Gestalt nach. Es war wirklich zu dumm. Von allen Friedhöfen der Insel mussten sie sich ausgerechnet den hier aussuchen. Die arme Kleine!

Dieses halbe Kind spielte niemandem etwas vor, davon ließ sich Elena nicht abbringen – auch später nicht, als sie außer Nikola die Einzige war, die Sanjas Beteuerungen glaubte.

Der Nachmittag verging wie im Flug. Die Stimmung war bestens, der Ausflug insgesamt ein voller Erfolg gewesen. Eigentlich hätte Elena am Ende dieses Tages rundum zufrieden sein müssen, aus ihr unerklärlichen Gründen aber zog es sie fort, und sie war froh, dass Drago bei Sonnenaufgang die Anker lichten sollte. Woher kam dieses Unbehagen? Was hatte sie bloß gegen Korčula? Ganz und gar nichts, stellte sie nach längerem Nachdenken fest. Die Insel besaß alles, wovon ein Urlauberherz träumte: Gepflegte Strände, einsame Buchten, malerische Dörfer und eine hinreißend schöne Hauptstadt, in der angeblich die Wiege von keinem geringeren als Marco Polo gestanden war.

Vielleicht war sie auch nur zur falschen Zeit am falschen Ort gewesen, überlegte sie. Wie in Wien an einem tristen Jännertag oder auf dem Corso von Taormina im August. Oder eben auf Korčula mit einem unbekannten Toten und einem unfreundlichen Polizisten zur Begrüßung.

Irgendwo hier lauerte das Böse, dieses Gefühl konnte sie einfach nicht abschütteln. Aber würden sie es hinter sich lassen, wenn sie morgen aufbrachen? Oder war es gar mit an Bord und verfolgte sie, wo immer sie hinsegelten? Wie sehr hatte sie sich auf diesen Törn gefreut – und jetzt, nach nur drei Tagen, konnte sie kaum erwarten, dass er zu Ende ging. War das eine Vorahnung, oder fing sie einfach an zu spinnen?

Giorgio! Sie wollte ihn auf der Stelle anrufen und von dem Mord, den sie ihm bisher verschwiegen hatte, erzählen. Aber wozu? Was sollte er schon dazu sagen? Dass bei der Reiseleiterin Elena Martell eine Leiche mittlerweile zum Programm gehörte? Egal, sollte er ruhig spotten. Sie sehnte sich dennoch nach seiner Stimme und nach seinem klaren Kopf, der den ihren zurechtrücken würde. Ihr Verstand sagte ihr ja auch, dass sie in diesem Fall Gespenster sah.

Auf der *Seacloud* befand sich kein Mörder, das konnte sie beschwören, und auf der *Penelope* auch nicht, es sei denn, die sechs steckten alle unter einer Decke, was mehr als unwahrscheinlich war.

Elena griff nach ihrem Handy, doch so oft sie an diesem Abend Giorgios Nummer auch wählte, sein *cellulare* war zwar eingeschaltet, aber er hob nicht ab.

10. Kapitel

Die *Seacloud* glitt nahezu lautlos dahin. Außer dem leisen Knarren der Balken und dem metallischen Klicken eines Karabiners, der gegen einen Masten schlug, war nichts zu hören. Als Drago und Mirko die Segel setzten, stand der Morgenstern als letzter Bote der Nacht noch am Himmel, während am Firmament ein Wechselspiel der Farben begann. Zartes Rosa und Seidenblau verwandelten sich in lichtes Grün und Orange – die Nuancen änderten sich von Sekunde zu Sekunde. Bis die Bühne endlich bereit war für den Augenblick, in dem die Welt neu geboren wurde. Umgeben von einer goldschimmernden Korona tauchte die Sonne aus dem Meer auf, ein glutroter Feuerball, der rasch höher und höher stieg und Myriaden glitzernder Diamanten auf die gekräuselte Oberfläche des Wassers zauberte.

Es waren Momente wie dieser, für die Elena ihr bequemes Bett in der Kabine gegen eine Schaumstoffmatte an Deck eintauschte. Dieses magische Schauspiel – es währte nur kurz, doch sie genoss jede Sekunde der Vorstellung. In immer helleren Strahlen brach sich das Licht auf dem glänzenden Spiegel des Meeres, und erst als es in ihren Augen schmerzte, wandte sie sich ab.

Mit der Hand an der Stirn versuchte sie, sich zu orientieren. Wie sie schemenhaft erkennen konnte, segelten sie eben an der tief eingeschnittenen Bucht Vela Luka vorbei. Jetzt mussten sie nur noch die zerklüftete Halbinsel Privala passieren, ein militärisches Sperrgebiet an der Westspitze der Insel, dann lag Korčula endgültig hinter ihnen. Hochzufrieden, dass sie ausnahmsweise einmal genau wusste, wo sie war, strampelte sich Elena aus dem Schlafsack. Ihr Orientierungssinn war katastrophal, was für eine Reiseleiterin ein ziemliches Handicap darstellte, aber zumindest mit den Himmelsrichtungen stand sie nicht auf Kriegsfuß. Da die Sonne rechts von ihr aufging, nahmen sie also Kurs nach Norden, konstatierte sie, bevor sie ihre Siebensachen zusammenpackte und für die Morgentoilette unter Deck schlich.

Sie liefen die Insel Hvar an, soviel hatte sie gestern Abend noch mitbekommen, bevor sie sich ausnahmsweise einmal früher als alle anderen zurückgezogen hatte. Wozu also die Eile?, fragte sie sich, als sie außer Drago, der ihr vom Führerstand aus zuwinkte, nach wie vor keine Menschenseele erblickte. Selbst bei einer leichten Brise war das ein Törn von wenigen Stunden.

„Windstärke vier, meine ich", rief sie dem Skipper zu.

„Gut geschätzt", lobte Drago. „Noch halten wir bei drei bis vier und machen etwa fünf Knoten. Aber schau einmal auf die weißen Schaumkronen. Es ist eine Bora in Anzug."

Na bravo, der gefürchtete Fallwind, der im Extremfall mit Böen von 250 Stundenkilometern daherkam, hatte Elena gerade noch gefehlt.

„Bleib ganz ruhig, noch gibt es keine Sturmwarnung und ich rechne auch nicht mit einer", fuhr er fort. „Es wird nur bald etwas turbulenter zugehen, das ist alles. Aber in zwei Stunden sind wir ohnedies vor Šćedro. Dort finden wir jede Menge geschützter Buchten. Und gute Ankerplätze. Genau das bedeutet nämlich der kroatische Inselname, der sich vom altslawischen Wort *stedri* ableitet. Sag ich dir nur, damit du gleich etwas zu erzählen hast, falls deine Schäfchen sich fürchten. Und jetzt überlasse ich das Steuerruder Mirko. Mir ist nach einem Kaffee. Dann können wir die Segel immer noch einholen."

Während die *Seacloud* leicht zu schlingern begann, strebte Drago in aller Ruhe der Espressomaschine zu.

„Deswegen sind wir also noch vor Sonnenaufgang aufgebrochen", stellte Elena fest. „Und was ist mit der *Penelope?* Ich kann sie weit und breit nicht sehen."

„Die waren noch schneller weg als wir." Drago verzog den Mund zu einem breiten Grinsen. „Filippo muss mit einem Ohr auf dem Radio geschlafen haben, um den aktuellen Seebericht nicht zu versäumen. Um vier Uhr früh hat er das Wort Bora gehört und mich sofort aufgeweckt. Bevor ich bis drei zählen konnte, war er schon unterwegs."

„Und wieso Šćedro und nicht Hvar? Oder gleich Brač? Von dort ist es nur ein Katzensprung bis Split, wo wir morgen diesen Vukovic und seine Frau an Bord nehmen sollen. Aber vielleicht macht uns ja die Bora einen Strich durch die Rechnung ...", meinte Elena hoffnungsvoll.

„Du meinst, dass uns der Sturm festnagelt, bis es ihm zu blöd wird, auf uns zu warten? Möglich, aber nicht sehr wahrscheinlich. Wenn's nach dir ginge, sollte Vukovic am besten gar nicht kommen, stimmt's? Weil du fürchtest, dass er sich verplappert. Und Filippo dann mehr über die kroatischen Geschäfte seines Herrn Papa erfährt, als ihm guttut ..." Drago lachte auf, bevor er sich den letzten Bissen seines Croissants in den Mund stopfte.

„Ich weiß nicht, was daran komisch sein soll", fauchte Elena.

„Dass du dir unnötig Sorgen machst. Vukovic hat abgesagt. Das hat mir Signor Mancuso gestern mitgeteilt. Bei unserer Routenbesprechung ..."

„Und du hast es nicht nötig gefunden, mich dazuzuholen! Oder mich zu informieren, wenn ein Gast seine Pläne ändert. Und zwar auf der Stelle." Mit einem Klirren ließ Elena ihre Mokkaschale auf die Untertasse fallen.

„Wozu? Ich sag's dir eben jetzt, und das ist immer noch früh genug. Aber um auf Šćedro zurückzukommen: Das war meine Idee. Ich finde, dieses Inselchen ist ein letztes Stück altes Dalmatien, wenn du verstehst, was ich meine. Winzige Weingärten, ein paar Feigen- und Olivenbäume, dazu drei Dutzend Schafe und Hühner für zwei Dutzend Fischer und Bauern – so war es früher fast überall auf den Inseln, und so ist es auf Šćedro noch heute."

„Du meinst, dort leben keine dreißig Einwohner? Bist du sicher? Aber es wäre auch kein Wunder. Wer will heute noch so leben?"

„Im Winter weniger als zehn. Kaum noch jemand will das ganze Jahr über hier ausharren. Es gibt nur noch verwaiste Dörfer, die Ruinen eines Klosters und eine verlassene Gipsmine. Die ganze Insel ist ja nur etwa acht Quadratkilometer groß, grob geschätzt. In einer Stunde hast du sie jedenfalls der Länge nach durchquert und in einer halben an der breitesten Stelle."

„Schön und gut. Und was machen wir dann? Auf Hvar könnte ich eine Führung ..."

„Vergiss es, Elena. Lass die Leute endlich einmal ihren Urlaub genießen! Weißt du, was sie wollen? Baden, in der Sonne liegen und gut essen. Das können sie hier besser als sonst irgendwo."

Die goldenen Tage von Šćedro – sie wurden zu einer zeitlosen Zeit, in der sich alle Sehnsüchte nach Sommer und Meer erfüllten. Von der Bora war in der weißen Bucht, in der bei ihrer Ankunft bereits die *Penelope* ankerte, bald nichts mehr zu merken. Ebenso rasch, wie der Sturm aufgekommen war, hatte er sich gelegt und die Sonne schien wieder von einem wolkenlosen Himmel. Sie sprangen in das glasklare Wasser, das sich in sanften Wellen an menschenleeren Stränden brach, und ließen sich auf dem Rücken treiben, um einer einsamen Möwe zuzusehen, die heiser schreiend ihre Kreise zog.

Als sie Hunger bekamen, segelten sie weiter bis zu einer kleinen *konoba*, in der sie die einzigen Gäste waren. Ohne erst lange zu fragen, stellte der Wirt einen Krug mit selbstgekeltertem Wein auf den Tisch und dazu einen Korb mit noch ofenwarmem Brot. Wenig später brutzelten Fische, die sich noch wenige Stunden zuvor im Meer getummelt hatten, auf dem Grill.

Am Abend kamen sie wieder und auch am nächsten Tag. Nach und nach lernten sie alle Mitglieder der Familie kennen, die seit dem Ende des Zweiten Weltkriegs das ganze Jahr über auf Šćedro lebte. Mittlerweile waren es drei Generationen, die auf den von Steinmauern geschützten Feldern gleich hinter ihrem Haus Gemüse anbauten und die bescheidenen Wein- und Olivengärten bewirtschafteten. Ein kleines Zubrot brachten die Gaststätte und das Vermieten von ein paar Zimmern, doch die Saison dauerte nur kurz.

Die perfekte Idylle, wenn man nicht an die langen Herbst- und Wintermonate dachte, sobald die Bora über die Insel hinwegfegte und sich das Meer brüllend an den Klippen brach. Ein Paradies vor dem Sündenfall – aber das konnte nur eine Illusion sein. Elena spürte als

Erste die Schatten, die sich unmerklich näherten. Es war Zeit, die Segel zu setzen, aber mit welcher Begründung? Wie sollte sie Leonardo dazu überreden, wenn sie es sich nicht einmal selbst erklären konnte, weshalb es sie mit einem Mal zum Aufbruch drängte?

Von Drago konnte sie sich keine Unterstützung erwarten. Unwillig hatte er den Blick von dem dicken Wälzer gehoben, in dem er schmökerte, und sie über den Rand der Brille gemustert. Ganz der gestrenge Herr Professor, der er ja war.

„Vergiss dein Programm und sei ein bisschen flexibler. Warum genießt du nicht einfach? Für mich kommt der Aufenthalt wie gerufen. Wenn ein Lehrer die Schule schwänzt, muss er danach wenigstens gut vorbereitet zum Unterricht erscheinen", erklärte er ihr. „Ich sollte seit Anfang September in der Klasse stehen, aber auf diesen Törn wollte ich einfach nicht verzichten ..."

„Ist mir klar, aber ich möchte von Šćedro weg. Am liebsten gleich morgen Früh. Weil man immer dann aufhören sollte, wenn's am Schönsten ist ..."

„Sagt wer?"

Elena zuckte nur mit den Schultern. Sie war mit diesem Spruch aufgewachsen. Und auch wenn sie sich selbst nur selten daran gehalten hatte, etwas Wahres war dran.

„Jetzt sei nicht gleich beleidigt. Aber ich verstehe dich nicht. Fällt dir nicht auf, wie gut sich alle auf einmal verstehen? Unsere Pärchen – die wahren Turteltauben. Vor allem der alte Mancuso und die vollbusige Milena. Hätte nie gedacht, dass die sein Typ ist. Er steht doch sonst eher auf junge, flachbrüstige Models ..."

Da schau her, dachte Elena. Der Herr Professor unterrichtet nicht nur Italienisch, er studiert offenbar auch italienische Klatschmagazine.

„Wenn du schon so gut informiert bist, was weißt du eigentlich über Filippo?“, fragte sie mit einem süffisanten Lächeln.

„Filippo Mancuso, der millionenschwere Umweltaktivist und Vizepräsident von *Blue Sea*, hat sich von seiner langjährigen Begleiterin getrennt. So stand es kürzlich in einem Artikel über die Mailänder Society. Falls du dich jetzt über meine Freizeitlektüre lustig machen willst, das kannst du dir sparen. Ja, ich lese gerne hochgeistige Presseerzeugnisse wie *Gente* oder *Chi*. Foto war keines dabei, also kann ich dir leider nichts über Filippos Geschmack sagen. Warum interessiert dich das eigentlich auf einmal?“ Diesmal war es Drago, der vielsagend grinste.

„Sicher nicht aus dem Grund, den du mir unterstellen willst“, schnappte Elena. „Viel mehr als Filippo interessiert mich dieser Yannis. Und bevor du wieder eine dumme Anspielung machst: Der Mann ist mir nicht ganz geheuer. Ist dir nicht aufgefallen, dass er wie eine Katze herumschleicht und gleichzeitig überall und nirgends ist?“

„Seine Passdaten kennst du genauso gut wie ich. Er ist derselbe Jahrgang wie du, liebe Elena. Maltesischer Staatsbürger, wohnhaft in Brüssel. Das ist auch schon alles. Aber ich gebe dir recht, irgendetwas stört an ihm. Zu mir ist er immer ausgesucht höflich, aber er kann auch anders. Erst gestern hat er sich mit Signorina Francesca gestritten. Sie ist heulend davongestürzt, daraufhin ist Titus wie ein wilder Stier angestürmt gekommen. Ich hab schon geglaubt, die beiden prügeln sich.“ Als wollte er die Szene nachstellen, ballte Drago unbewusst die Fäuste.

„Und was ist dann passiert? Lass dir doch nicht alles aus der Nase ziehen ...“

„Dann ist plötzlich der alte Mancuso aufgetaucht. Ahnungslos, was da vor sich geht. Ich glaube nicht, dass er etwas mitbekommen hat. Yannis und Titus sind sofort verstummt und haben getan, als wäre nichts, aber wenn Blicke töten könnten ...“

„Mal den Teufel nicht an die Wand, mir genügt eine Leiche. Apropos, hast du etwas Neues aus Korčula gehört?“

„Nur dass der Obduktionsbefund aus Dubrovnik seit heute vorliegt und die Polizei ein großes Geheimnis darum macht. Identifiziert ist der Tote jedenfalls noch immer nicht. Heute ist doch Mittwoch?“

„Ja. Und unser zweiter Tag auf Šćedro. Ich wiederhole mich, aber meinst du nicht, dass das lange genug ist? Wenn die Leute nichts zu tun haben, kommen sie nur auf dumme Gedanken. Oder fangen an zu streiten.“

„Also, was soll ich Signor Mancuso vorschlagen? Darauf willst du doch hinaus.“

„Dass wir Hvar links liegen lassen und uns erst einmal Split ansehen. Danach sehen wir weiter. Und dann schwärmst du ihm von Trogir vor ...“

„Und wenn er Kultur Kultur sein lassen und statt Champagner nur noch naturbelassenen Inselwein trinken will?“

„Dann locken wir ihn mit den Kornaten. Ich wette, dass du dort auch ein paar Paradiese kennst.“

„Wette gewonnen. Ich rede mit Mancuso. Und werde den Malteser im Auge behalten. Zufrieden?“

Bevor Drago begriff, wie ihm geschah, fiel Elena ihm strahlend um den Hals. Auf die Idee, dass jemand sie dabei beobachten konnte, kam sie nicht. Und selbst wenn, was war schon dabei? Eine Umarmung und ein harmloser Kuss auf die Wange, das konnte niemand missverstehen.

Auf den Fotos, die nun auf einer Digitalkamera gespeichert waren, sah die Szene freilich ganz anders aus.

Bequemer ging es nicht. Elena war ganz in ihrem Element, als die bestellten Wasser-Taxis in der Marina von Split auf sie warteten. Von der Anlegestelle waren es nur ein paar Schritte bis zur Uferpromenade vor der Altstadt.

„Fragen Sie mich jetzt nicht, wie weit es von hier bis zum Kaiserpalast ist. Wir gehen durch das Bronzetor gleich gegenüber und sind bereits mittendrin." Über mangelnde Aufmerksamkeit konnte sich Elena, der ihre Truppe eher widerwillig von Bord gefolgt war, nicht mehr beklagen. „Diokletian, der einzige römische Kaiser, der jemals freiwillig aus dem Amt geschieden ist, hat seinen Ruhestand strategisch geplant", setzte sie fort. „Zehn Jahre haben die Bauarbeiten gedauert, dann konnte er den Alterssitz unweit seines Geburtsortes beziehen. Einen Palast von 35.000 Quadratmetern, verkleidet mit edelstem Marmor und geschmückt mit Gold und Edelsteinen."

„Kluger Mann. Hat seinen Hut genommen und ist gegangen, statt sich in Rom umbringen zu lassen. Wie viele Jahre waren dem pensionierten Kaiser dann noch vergönnt?", wollte Leonardo wissen.

„Sieben", antwortete Elena, ohne einen Blick in ihre Unterlagen zu werfen. Die Zeit auf Šćedro hatte sie genützt, um sich gründlich vorzubereiten. Wenn sie gewollt hätte, hätte sie jetzt eine Stunde ohne Punkt und Komma referieren können, aber das hätte ihre Zuhörer gelangweilt. Statt Jahreszahlen und Daten herunterzubeten ging sie schnurstracks voraus und machte erst vor einem von Säulenreihen umgebenen Platz halt.

„Nach der Römerzeit wurde der Diokletianpalast in eine bewohnte Festung umgewandelt. Nichts anderes ist bis heute die Innenstadt von Split. Der Palast eines Kaisers. Sehen Sie da drüben das Café Luxor? Hier standen einst drei kleine Tempel. Und dort drüben befanden sich die Eingänge zu den kaiserlichen Gemächern."

Francesca drehte sich um die eigene Achse und deutete auf die Kathedrale, die Säulen und das Winkelwerk der umliegenden Gassen. „Wenn ich Sie richtig verstehe, war das alles hier ein einziger Palastkomplex? Errichtet für nur einen Mann und sein Gefolge? Unglaublich!"

„Und wenn schon! Dafür brutzelt er jetzt in der Hölle. Der mit den letzten ganz schlimmen Christenverfolgungen, das war doch Diokletian, oder?" Ausnahmsweise äußerte sich Titus nicht auf Latein.

„Das klärst du am besten mit Elena, wenn wir weg sind", unterbrach Leonardo und hakte sich bei Milena unter. „Ich möchte, dass sie uns noch die Kathedrale zeigt, und dann macht jeder, was er will. Rudel-Fütterung gibt es erst am Abend wieder. Vergesst nicht, um 15 Uhr warten die Wasser-Taxis."

Ein Teil der Gruppe stand noch immer unschlüssig herum, als er bereits vor den steinernen Löwen am Kirchenportal für ein Foto posierte. Dass sich Milena mit der Kamera alles andere als geschickt anstellte, störte ihn offenbar nicht.

Diese Frau hat der Himmel geschickt, dachte Elena, als sie den beiden am Ende ihrer Stadtführung nachblickte. Irgendwie war Milena das Wunder gelungen, eine launenhafte Wildkatze in einen schmuseweichen

Kater zu verwandeln. In ihren Händen brüllte der Löwe Leonardo nicht, er schnurrte.

Schneller als vermutet hatte sich die kleine Schar in alle Windrichtungen zerstreut. Elena sah sich damit bestätigt. Zwei Tage *splendid isolation* auf Šćedro, das war mehr als genug! Wie gut, dass sich nun alle wieder für ein paar Stunden aus dem Weg gehen konnten. Was sich allerdings als nicht ganz einfach erwies. Selbst im weitläufigsten Palast begegnet man sich früher oder später, und so dauerte es keine zehn Minuten, bis Elena Filippos attraktiven Glatzkopf neben Jons Stoppelfrisur erkannte. Der dritte im Bunde konnte nur Carlo sein, der ihr mit seinen mausbraunen Haaren ohne seine Begleiter nicht aufgefallen wäre.

Bevor die drei sie entdeckten, huschte Elena in den erstbesten Laden, was weiter kein Problem war. Jedes zweite Geschäft verkaufte Souvenirs und anderen Krimskrams. Sie erstand ein paar Ansichtskarten. Als sie wieder auf die Straße trat, war das Trio verschwunden.

Vor der nächsten Begegnung rettete sie eine Taube. Ihr Abscheu vor den fliegenden Ratten hatte sie nicht selten in unangenehme Situationen gebracht, doch diesmal bewahrte sie ihre Flucht davor, in Yannis Zammit hineinzulaufen. Hinter einer Gruppe asiatischer Touristen, die ihr den Weg freimachten, erblickte sie den Malteser gerade noch rechtzeitig.

Was will der hier?, fragte sie sich, als er hinter dem Eingangstor eines anmutigen Renaissancepalais verschwand. Unauffällig wechselte sie die Straßenseite und postierte sich im Schatten einer Hauseinfahrt genau gegenüber. Ihr Warten wurde belohnt. Wenige Minuten später tauchte der Malteser wieder auf, begleitet von einem Mann, der ihr seltsam bekannt vorkam.

Die beiden schüttelten einander die Hände, danach verstaute Yannis ein Kuvert in seiner Jackentasche und ging davon, während ihm der Unbekannte noch eine Weile nachblickte.

Kaum war auch er nicht mehr zu sehen, pirschte sich Elena an das Tor heran, doch zu ihrer Enttäuschung gab es nicht den geringsten Hinweis, wer oder was sich hinter der offenbar erst vor Kurzem renovierten Fassade verbarg. So leicht gab sie sich nicht geschlagen. Was auch immer Yannis hier gewollt hatte, sie würde es herausbekommen. Nach einigem Herumkramen in ihrer Tasche fand sie ihr Handy.

Drago meldete sich bereits nach dem dritten Freizeichen.

„Wie sieht Vukovic aus?", platzte Elena heraus. „Ich meine, *salve*, ich bin es. Alles bestens, auch bei dir? Sag, du kannst mir den Mann doch sicher beschreiben?"

„Wer könnte das nicht? Mediengeil wie er ist. Aber was ist los? Warum willst du das wissen?"

„Erklär ich dir später. Ich hab's eilig, also mach's bitte kurz."

„Wie Berlusconi vor der Haartransplantation. Könnte sein jüngerer Bruder sein. Oder auch sein Sohn. Vukovic ist um die fünfzig. Sieht aber fast so alt aus wie euer *Cavaliere*. Hat sich noch nicht liften lassen und wird schon mit sechzig keine Haare mehr haben. Aber sonst, der gleiche schmierige Typ, klein, untersetzt, quirlig. Die schauen sich wirklich ähnlich."

Deswegen war er ihr also so bekannt vorgekommen. Und mit ihrer plötzlichen Eingebung lag sie ebenfalls goldrichtig. Yannis hatte Vukovic getroffen, und davon sollte niemand etwas wissen, weil irgendeine krumme Sache am Laufen war. Darauf würde sie ihre Seele verwetten.

„*Ciao, amore.*“ Bevor Drago protestieren konnte, unterbrach sie die Verbindung. Vielleicht besorgte Yannis nur etwas und kam noch einmal zurück. In jedem Fall war es klüger, sich schleunigst von hier zu entfernen. Unauffällig mischte sie sich unter die nächsten Touristen und ließ sich mit der Gruppe zum Goldenen Tor treiben. Nebenbei bekam sie die Ausführungen einer gestressten Stadtführerin mit, die sich mit der Erklärung der überlebensgroßen Statue des Grgur Ninski abplagte.

An ihrer Stelle hätte sie die übereifrigen Chinesen, die Elenas bedauernswerte Kollegin schnatternd umringten, den Namen des einstigen Kanzlers des kroatischen Königreichs nachsprechen lassen. Dann wäre rasch Ruhe, dachte Elena mit einem boshaften Lächeln. *Glgul*, so ähnlich müsste das klingen, und wer dann noch immer eine unnötige Frage stellte, dem würde sie die deutsche Version – Gregor – als nächsten Zungenbrecher verordnen.

Ein Eiskaffee und dazu etwas Süßes zum Knabbern, genau danach stand ihr der Sinn. Von Drago war ihr die *Slastičarnica Tradicija* empfohlen worden, ein Familienbetrieb, wo man die köstlichsten hausgemachten Torten, Plätzchen und Strudel bekam. Ein Tipp für Naschkatzen, den sie bereitwillig weitergegeben hatte. Leider, wie sie allzu bald feststellen musste. Als wären sie verabredet, traf sie ihre Schar nahezu vollzählig in der kleinen Konditorei unweit vom Eisernen Tor. Alle bis auf Leonardo und Milena tröpfelten nach und nach ein. Auch Yannis, der sich mit bestem Appetit über eine *kremsnite* hermachte und vor Begeisterung gleich eine zweite bestellte, was Elena ein mildes Lächeln entlockte. Für einen Malteser mochte eine simple Cremeschnitte ein exotisches Dessert sein, aber für eine Wienerin?

Yannis war beschäftigt, und so wagte es Elena, unauffällig an seiner Jacke zu streifen, die über der Sessellehne hing. Wenn sie nicht alles täuschte, steckte das Kuvert noch immer in der linken Seitentasche, aber wie um alles in der Welt konnte sie einen Blick darauf werfen? Zu riskant, entschied sie, als ihr zum zweiten Mal an diesem Tag der Zufall zu Hilfe kam. Ein Klacks Vanillecreme landete auf Yannis' Hose, an einer Stelle, an der ein Fleck äußerst peinlich war. Herumreiben konnte er dort auch schlecht, also blieb ihm gar nichts anderes übrig, als die Toilette aufzusuchen.

Prompt vergaß er auf sein Sakko, was Elena sich sofort zunutze machte. Das Kuvert hervorzuziehen wagte sie nicht, also begnügte sie sich mit einem Griff in die Tasche. Das Päckchen war ziemlich steif und um einiges dicker, als sie vermutet hatte, viel mehr konnte sie in der Eile nicht ertasten. Zusammengefaltete Papiere oder Fotoabzüge, irgend so etwas musste es sein. Keinesfalls ein Bündel Banknoten, aber das wäre auch zu schön gewesen!

Vielleicht sah sie Gespenster. Yannis könnte diesen Vukovic durchaus im Auftrag von Leonardo getroffen haben, doch das glaubte sie nicht. Nein, die Körpersprache des Maltesers hatte etwas ganz anderes erzählt. Sogar jetzt haftete ihm etwas Verschwörerisches an, wenn er sich mit dem einen oder anderen aus der Gruppe absonderte.

Diesmal war es Jon, den Yannis nach dem gemeinsamen Aufbruch aus der Konditorei unterhakte und in ein Gespräch verwickelte. In kein angenehmes, wie die grimmige Miene des Amerikaners unschwer erkennen ließ. Worüber konnten sich ein Lobbyist aus Brüssel und ein Restaurator aus Arizona in die Haare geraten?

Darüber rätselte Elena noch immer, als alle längst wieder zurück an Bord waren und Kurs auf Zadar nahmen.

Erst später, sehr viel später, als das Unheil längst geschehen war, fügten sich viele kleine Szenen wie die Teile eines Puzzles zu einem Bild zusammen. Ein Gespräch, das abrupt abbrach, sobald sich ein Dritter näherte, eine verstohlene Geste, die nur für eine Person bestimmt war, ein Lachen, zu grell, um echt zu sein – im Augenblick des Geschehens waren das nur Momentaufnahmen gewesen, die nichts besagten. Im Rückblick bekamen alltägliche Episoden eine neue Bedeutung.

11. Kapitel

Niemand beachtete den Mann mit dem Allerweltsgesicht, der auf der Insel Ugljan als einer der Letzten von Bord der Fähre aus Zadar ging. Nicht aufzufallen war Yannis Zammit zur zweiten Natur geworden und er beherrschte die Kunst, sich nahezu unsichtbar zu machen, perfekt. Viel brauchte es dazu freilich nicht, wenn man aussah wie er: Weder jung noch alt, weder groß noch klein, weder dick noch dünn, nicht attraktiv, aber auch nicht hässlich – ein Durchschnittstyp in jeder Hinsicht, auf den kaum jemand einen zweiten Blick verschwendete. Nicht einmal die Taxifahrer, die am Hafen von Preko nach Kunden Ausschau hielten.

Yannis legte seine Hand bereits an den Türgriff des ersten Wagens, als ihn der Chauffeur endlich bemerkte. Mit einem zufriedenen Seufzer ließ er sich auf den Rücksitz des funkelnagelneuen Mercedes fallen. Als der Wagen nahezu geräuschlos anfuhr, dachte er an die klapprigen Rostschüsseln auf seiner Heimatinsel Malta.

Von den Kroaten konnten sich seine Landsleute einiges abschneiden, stellte er nicht zum ersten Mal fest, und die Italiener sowieso. Unglaublich, was man in Dalmatien noch zu Preisen bekam, von denen man auf der anderen Seite der Adria nur träumen konnte. Genauso wie von gepflegten Stränden und einem glasklaren Meer, sofern nicht Urlauber aus Italien sich benahmen wie daheim und ihren Mist überall fallen ließen, wo sie lagen, saßen oder standen.

Selbst Ugljan, das sich mit Wochenendhäuschen, Apartments und Campingplätzen zu einer Art Vorgarten für Zadar entwickelt hatte, bewältigte den Bauboom souverän. Geschickt verbargen sich die Siedlungen, die bis zu den kleinen Kies- und Felsbuchten hinunterkletterten und eine atemberaubende Aussicht hinüber zum Festland boten, im Grün der Eichen und Zypressen. In der rasch fortschreitenden Dämmerung konnte Yannis im Inselinneren gerade noch die karstige Hügelkette erkennen, die mit ihren scharfen Zacken wie der Rücken eines auf der Lauer liegenden Drachens aussah.

Während das Taxi auf der einzigen Straße dahinschnurrte, die von einem Ende der lang gestreckten Insel zum anderen führte, stimmte er sich auf die bevorstehende Konfrontation ein. Seit gestern wusste Yannis nicht nur, was es mit dem Toten auf Korčula auf sich hatte, er konnte es nun auch Schwarz auf Weiß beweisen.

Es war nicht schwer gewesen, im einstmals italienischen Zara einen Dolmetscher zu finden. Automatisch tastete er nach dem Kuvert, in dem sich die Übersetzung des auf Kroatisch verfassten Berichtes befand, den Vukovic ihm in Split übergeben hatte. Eine unglaubliche Geschichte, raffiniert geplant und einfach durchzuführen. Von einem Mastermind mit einer Menge an krimineller Energie ersonnen, die sich mit seiner eigenen durchaus messen konnte.

Über die Identität des wahren Schuldigen tappte die Polizei weiterhin im Dunkeln, Yannis hingegen brauchte nur zwei und zwei zusammenzählen. Was dabei herauskam, war eine Rechnung, die er noch heute präsentieren wollte. Eine flüchtig hingeworfene Bemerkung beim Abendessen, die nur dem Betroffenen etwas sagte, als Ouvertüre und dann, nach weiteren Anspielungen, um die Spannung zu erhöhen, eine ins Ohr geflüsterte Verabredung. Für morgen oder übermorgen, denn für heute hatte er bereits eine getroffen. Ein zynisches Lächeln umspielte seinen Mund, als er an die bevorstehende Begegnung dachte. In finsterer Nacht am dunklen Ende der Mole – passender könnten Ort und Zeitpunkt nicht sein!

Ein gnadenloser Bösewicht zu sein, vor dem alle erzitterten, in keiner Rolle gefiel sich Yannis besser, das war schon immer so gewesen. Bereits als Kind hatte ihn das Unglück anderer magisch angezogen. Stellte es sich nicht von selbst ein, dann half er eben ein wenig nach, und seine Methoden wurden von Mal zu Mal ausgefeimter. Bis auf seinen Großvater, den er als Einzigen nicht hinters Licht führen konnte, ahnte niemand etwas von seinem wahren Charakter – seine Großmutter und seine Eltern schon gar nicht, aber auch nicht seine Lehrer und Förderer. Keiner traute dem netten Buben, der nach dem Selbstmord seines besten Freundes weinend am Grab stand, irgendeine Gemeinheit zu.

Dabei hatte Yannis bereits im Kindergartenalter erkannt, dass er alle anderen austricksen konnte, wenn er nur schlau genug vorging. Bei einem Intelligenzquotient von 132 war es für ihn kein Problem, jeden Konkurrenten mit den schmutzigsten Tricks auszuschalten, ohne dass der Verdacht auf ihn fiel. Mit untrüglichem Instinkt spürte er die Schwächen der anderen auf, um zum richtigen Zeitpunkt zuzuschlagen. Selbstdisziplin, darauf kam es an, wenn man mit einer sorgfältig eingefädelten Intrige erfolgreich sein wollte, und nicht selten musste er sich lange in Geduld fassen. Doch er konnte warten, damals wie heute.

Gut und Böse, für ihn existierten diese Gegensätze in umgekehrter Wertigkeit. Irgendwann war ihm klar geworden, dass er anders war als die anderen. Vorbilder, Idealisten, Weltverbesserer, Gutmenschen – damit konnte und wollte er nichts anfangen. Ihn sollte man nicht lieben, sondern fürchten. Daraus strickte er sich sehr früh seine eigene Moral, über das dazu passende

Zitat stolperte er erst Jahre später. Kein geringerer als Plato hatte die Lebensphilosophie eines Yannis Zammit auf den Punkt gebracht: „Der Tugendhafte begnügt sich damit, von dem zu träumen, was der Böse im Leben verwirklicht.“ Goldene Worte für einen Mann, dem ein Schurke mehr galt als zehn Heilige.

Vom Klosterschüler in La Valetta bis zu einem der erfolgreichsten Lobbyisten in Brüssel war es ein weiter Weg gewesen. Stufe für Stufe hatte er die Karriereleiter erklettert und war höher hinauf gekommen, als er es sich je hatte träumen lassen. Aber was nun? Mit nicht einmal fünfzig langweilte es ihn, noch mehr Geld und Besitz anzuhäufen, als er ohnedies bereits besaß. Im Vergleich zur Oberliga der Reichen waren es zwar nur Peanuts, aber ihm genügten ein Wohnsitz in Brüssel, ein Apartment in Manhattan und ein gut gefülltes Konto auf den Cayman Islands vollauf.

Er hatte keine Frau, keine Kinder, keine Freunde, was er keineswegs bedauerte. Das, was man Liebe nannte, existierte seiner Ansicht nach nicht, also wozu Zeit und Energie an eine Illusion verschwenden? Das einzig Reale auf dieser Welt war Macht, und nur danach gelüstete es ihn. Immer, überall und jederzeit, auch auf diesem Törn.

Sorgsam hatte er zusammengetragen, was es über jeden Einzelnen zu wissen gab. Das Netz seiner Informanten war eng geflochten, ein paar Anrufe bei den Detekteien, die für ihn arbeiteten – und schon wusste er genug für seine Zwecke. Unbewusst tastete er erneut nach den Papieren in seiner Sakkotasche, die er in Kürze zu den anderen Unterlagen in den Safe seiner Kabine legen wollte.

Die blaue Stunde war eben angebrochen, als er im Hafen von Plako aus dem Taxi stieg. Vom Kai waren es nur ein paar Schritte bis zu den beiden Yachten, die nebeneinander an der Mole lagen, fest vertäut und mit ausgeklappten Verbindungsstegen. Diesmal musste man für einen Landgang nicht erst ins Beiboot klettern oder über die Reling balancieren. Eine Chance, die Milena und Sanja genützt hatten, um ihre obligaten Jeans und Flip-Flops gegen bunte Sommerfummel und hohe Absätze einzutauschen. Lachend kamen sie Yannis entgegen, gefolgt Jon und Carlo, herausgeputzt in pastellfarbenen Hosen und darauf abgestimmten Blazern. Er blickte hinüber zu der kleinen Pizzeria, der die vier zustrebten. Dafür hätten sie sich nicht fein machen müssen, wunderte er sich. Dann aber erinnerte er sich dunkel, dass nach dem Essen ein Disco-Besuch geplant war.

Egal, sein Programm für den späteren Abend sah anders aus. Jetzt aber sollte er sich besser beeilen. Leonardo, der stets die Rechnung für alle beglich, legte Wert auf pünktliches Erscheinen. Yannis warf sein verdrücktes Sakko aufs Bett und riss die Schranktüre auf. Er überlegte nicht lange und griff nach der dunkelgrauen Leinenjacke, die er noch nie getragen hatte. Dazu ein weißes Hemd und anthrazitfarbene Jeans – perfekt! Am liebsten hätte er sich noch rasch rasiert, doch während er unter der Dusche stand, riefen die Kirchenglocken bereits zur Acht-Uhr-Messe. Prüfend fuhr er sich übers Kinn. Nur ein paar Stoppeln, die kaum zu sehen waren – die konnten warten bis morgen Früh.

Ein Morgen sollte es für Yannis Zammit allerdings nicht mehr geben. Als der letzte Glockenschlag verklungen war, hatte er exakt noch fünf Stunden und vier Minuten zu leben.

Elena blieb noch etwas Zeit. Beim Aperitif brauchte sie nicht unbedingt dabei zu sein, also konnte sie genauso gut an Bord auf Giorgios Anruf warten. Irgendwann musste er doch die *secretaria telefonica* seines *cellulare* abhören. Seit ihrer Ankunft auf Ugljan am frühen Nachmittag hatte sie x-mal versucht, ihn zu erreichen, und jedes Mal um Rückruf gebeten. Weil sie endlich einmal in Ruhe mit ihm reden wollte. Ein ausführliches Gespräch war längst überfällig, was einzig und allein an ihr lag, wie sie sich ehrlicherweise eingestand.

In den letzten Tagen hatte er sie allerdings immer zum denkbar ungünstigsten Zeitpunkt erwischt. Entweder sie war tropfnass aus dem Bad gekommen und musste gleich weg, oder sie steckte mitten in einer Führung oder in Preisverhandlungen mit einem Taxichauffeur – kurzum, sie war jedes Mal zu beschäftigt gewesen, um mit Giorgio mehr als nur ein paar Worte zu wechseln. Zugegeben, es hatte auch die vielen müßigen Stunden an Bord gegeben, aber da lag ihr Handy zumeist vergessen in ihrer Kabine. Aber er kannte sie doch, deshalb konnte er wohl nicht böse auf sie sein?

Offenbar schon. Oder er verlor allmählich die Lust, mit einer anonymen Tonbandstimme zu kommunizieren. Früher hatte Giorgio ganze Liebeserklärungen auf Band gesprochen, neuerdings hinterließ er bestenfalls eine kurze Nachricht. Gestern Früh hatte sie zuletzt mit ihm telefoniert. Unmittelbar vor ihrer Ankunft in der Marina von Split. Seither gab es von ihm kein Lebenszeichen. Totale Funkstille, das war noch nie vorgekommen. Plötzlich sehnte sie sich danach, dass zwischen ihnen alles wieder so wie früher war. Ohne die ungute Spannung, ohne die unausgesprochenen Vorwürfe, die seit Monaten ihren Alltag vergifteten.

Wo steckte er bloß? Nicht in Taormina oder zumindest nicht zuhause, denn auf dem Festnetzanschluss meldete sich genauso wie auf seinem Handy der Anrufbeantworter. Vielleicht war er nun doch zu seinen Eltern nach Trapani gefahren? Sollte sie versuchen, ihn dort zu erreichen? Besser nicht! Wozu die beiden in unnötige Aufregung versetzen, falls er nicht bei ihnen war, sondern sich weiß Gott wo herumtrieb.

Mit jeder Minute, die sie auf ihr stummes Handy starrte, verwandelte sich ihre versöhnliche Stimmung mehr und mehr in Trotz. Wie spät war es eigentlich? Gleich acht! Kein Wunder, dass ihr Magen knurrte. Eine Viertelstunde gestand sie Giorgio noch zu! Das gemeinsame Abendessen konnte sie nicht schwänzen, es war schließlich ihr Job, die Gäste zu betreuen. Auch wenn Leonardo sie sicherlich entschuldigt hätte, denn in der Pizzeria gleich gegenüber kam man auch ohne sie zurecht. Aber sie war hungrig, und so konnte sie genauso gut mit von der Partie sein.

Auf die Yachten aufpassen musste man in dem Fischerdorf nicht, also hatten Drago und Mirko für heute Abend frei bekommen. Sich ihnen anzuschließen, wäre auch eine Möglichkeit gewesen, aber ihr Skipper und Freund hatte nur den Kopf geschüttelt und ihr unmissverständlich klar gemacht, dass Frauen bei der geplanten Pokerpartie nicht erwünscht waren.

Diese Männer! Wenn man sie ließe, dann würde sie es den kroatischen Machos schon zeigen! Ob mit Würfeln oder Karten, seit jeher spielte Elena leidenschaftlich gern, und pokern konnte sie wie ein Profi. Zuletzt hatte sie Giorgio und zwei seiner Kollegen ein erkleckliches Sümmchen abgenommen, erinnerte sie sich vergnügt. Drei Polizisten beim illegalen Glückspiel wie Weihnachtsgänse auszunehmen – das sollte ihr Drago erst einmal nachmachen. Ein Lächeln umspielte noch immer ihren Mund, als das Handy in ihrer Hand vibrierte.

„Giorgio, endlich! In der Sekunde habe ich an dich gedacht! Nein, ehrlich, es ist wahr, ich schwindle nicht." In welchem Zusammenhang, kann er zum Glück nicht erraten, dachte sie. „Wie geht's dir? Was hast du heute gemacht? Ist alles in Ordnung?"

„Halt, *carissima,* halt. Du sprudelst wie ein Wasserfall, *tesoro,* aber das liebe ich an dir. Erst einmal *un bacio,* es ist schön, deine Stimme zu hören. Und um gleich deine erste Frage zu beantworten. Es geht mir natürlich schlecht. Weil du nicht bei mir bist, *amore mio.*"

Ein Timbre zum Steinerweichen und ein Dialog wie aus einer Seifenoper. Giorgio sollte sich als Synchronsprecher bewerben, stellte sie mit einem Anflug von Humor fest, bevor sie erst einmal schluckte. Wenn Männer aus heiterem Himmel anfingen, Süßholz zu raspeln, schrillten bei Elena die Alarmglocken. So wie bei einem Blumenstrauß ohne Anlass. Oder einem viel zu teuren Schmuckstück zu Weihnachten. Giorgio hatte eindeutig ein schlechtes Gewissen, aber weshalb? War vielleicht ihrem Hund etwas zugestoßen?

„Ercole ist doch nichts passiert?", platzte sie heraus.

Auf die Frage nach Elenas heißgeliebtem Jagdhundmischling, den in ihrer Abwesenheit Freunde in Taormina versorgten, war Giorgio nicht vorbereitet. „Alles bestens", sagte er nach einer Schrecksekunde. „Uns geht es gut." Wenn es um ihren Vierbeiner ging, kannte Elena kein Pardon – sie verließ sich darauf, dass er sich um den Hund kümmerte. Ercole fehlte es garantiert an nichts, aber zur Sicherheit würde er sich noch heute davon überzeugen.

Zu Giorgios Glück begannen in diesem Moment die Kirchenglocken von Plako mit ihrem Gebimmel, sodass

Elena sein kurzes Zögern nicht bemerkte. Eigentlich wollte er ihr ja endlich gestehen, dass er seine freien Tage nicht daheim in Sizilien, sondern gemeinsam mit Frank Ligety verbrachte. Warum musste sie ihm auch zuvorkommen und nach Ercole fragen? Dieser vermaledeite Köter! Ein Eingeständnis seiner Notlüge würde alles nur verschlimmern. Zu dumm, dass er geschwindelt hatte, aber im Nachhinein war man immer klüger. Im Moment konnte er nur versuchen, das Beste aus der Situation zu machen. Wie gut, dass das Geläute im Hintergrund noch immer anhielt.

„Soll ich später anrufen? Das ist ja nicht auszuhalten. Wo bist du denn?"

„Reg dich nicht auf, das dauert nicht mehr lang. Und bleib bitte dran, ich muss in fünf Minuten weg. Hörst du? Ist schon vorbei. Ich bin auf Ugljan, das ist die Insel gegenüber von Zadar. In Plako, einem winzigen Ort mit einer ebenso winzigen Kirche."

Das durfte doch nicht wahr sein! Vor Überraschung hielt Giorgio die Luft an und erstickte fast am Rauch seiner Zigarette. Ausnahmsweise verkniff sich Elena eine Bemerkung und wartete geduldig ab, bis sein Hustenanfall vorbei war.

„Der Pfarrer hat das elektronische Glockenwerk offenbar auf volle Lautstärke geschaltet", setzte sie munter fort. „Ich kann nur hoffen, dass er kein Frühaufsteher ist, denn heute wird es spät werden. Hier gibt es die einzige Disco weit und breit und außerdem ist Freitag. Also wird einiges los sein, und mein Jungvolk will mitmachen. Jetzt aber zu dir. Was treibst du den ganzen Tag?"

„Nichts besonderes, *cara*. Lesen, faulenzen ...", log er. Es war ja kaum zu glauben, schon morgen könnte er ihr beim Telefonieren zuwinken, denn dann waren sie lediglich durch einen schmalen Meeresarm voneinander getrennt. Die Spur der Schmuggler führte in die Kornaten, deshalb planten Frank und er, ihr Quartier in Zadar aufzuschlagen, um Näheres in Erfahrung zu bringen.

„Spürst du es nicht? Ich bin dir sehr, sehr nahe", versuchte sich Giorgio vorzutasten. Rovinj war schließlich auch nicht allzu weit entfernt. Er wünschte sich mehr denn je, Elena reinen Wein einzuschenken, doch ihre Reaktion belehrte ihn eines Besseren.

„Nein. Für mich bist du ganz weit weg. Du kannst ja die Luftlinie zwischen Taormina und Zadar googeln. Aber glaub mir, ich wäre mehr als glücklich, dich bei mir zu haben." Kaum war ihr der letzte Satz herausgerutscht, hätte sie ihn am liebsten zurückgenommen. Irgendetwas stimmte nicht, war sich Elena nach wie vor sicher. Aber was konnte er ihr schon groß verschweigen? Ercole war okay, andernfalls hätte er es ihr gesagt. Eine andere Frau? Möglich, aber darüber wollte sie jetzt nicht nachdenken. In jedem Fall verbarg Giorgio etwas vor ihr – und früher oder später würde sie dahinterkommen.

Bis auf Weiteres würde sie ihm jedenfalls nichts von dem mysteriösen Mordfall auf Korčula erzählen, beschloss Elena trotzig. Um ihn nicht zu beunruhigen, hatte sie bisher kein Wort über den unbekannten Toten verloren, und jetzt würde sie erst recht nicht darüber reden. Wahrscheinlich war es ohnedies besser so. Wie sollte sie ihm auch am Telefon das Unbehagen erklären, das sie nicht losließ und ihr wie eine Vorahnung von etwas Bösem erschien?

„In einer Woche bin ich wieder bei euch", sagte sie in jenem seichten Plauderton, in den man sich flüchtete, wenn einem nichts Besseres als ein Allgemeinplatz einfiel. „Du weißt ja, der Teufel schläft nicht, also pass gut auf Ercole und dich auf", plapperte sie weiter. Doch dann stellte sich Elena sein Gesicht vor – und musste lachen. „Fehlt nur noch, dass wir über das Wetter plaudern, meinst du nicht? Im Small Talk bringen wir es bald zur Meisterschaft. Sag mir lieber, dass du heilfroh bist, das Bett einmal für dich allein zu haben. Und wie sehr du es genießt, dass keiner neben dir schnarcht. Dann weiß ich, dass du mich wirklich vermisst."

Giorgio seufzte erleichtert auf. Das klang endlich wieder nach der Frau, die er liebte. Er war knapp davor, ihr die Wahrheit zu sagen, aber sie jetzt damit zu überfahren, erschien ihm alles andere als klug. Nicht nach all seiner Schwindelei. Abgesehen davon, allein schon der Verdacht, er könnte ihr nur nachreisen, um sie zu kontrollieren, würde Elena auf die Barrikaden treiben.

Er durfte sich keinen Illusionen hingeben. Auch wenn sie im Moment liebevoll miteinander umgingen, ihre Beziehungskrise war längst nicht ausgestanden. *Non svegliare il can che dorme* – schlafende Hunde sollte man besser nicht wecken. Nicht nur, wenn sie Ercole hießen. Giorgio verstand genug von Frauen, um zu wissen, dass auch seine Elena eine Schulter zum Ausweinen im Moment durchaus zu schätzen wusste. Und für seinen Geschmack hatte ihr Frank bereits in London allzu gut gefallen!

So fühlt man sich also, wenn man zum alten Eisen gehört! Gedankenverloren ließ Elena die Eiswürfel in ihrem Gin Tonic kreisen. Ihr zweiter schmeckte ihr ebenso wenig wie der erste. Mit ein paar Drinks ließ sich die bittere Erkenntnis, dass sie für den Besuch einer Diskothek nicht mehr jung genug war, nicht hinunterspülen. Kritisch betrachtete sie ihr Abbild hinter den Gläsern und Flaschen in der verspiegelten Bar.

Keine Frage, schummrige Beleuchtung stand ihr besser zu Gesicht als die grellen Disco-Lichtblitze, die für Sekundenbruchteile unbarmherzig jeden Schönheitsfehler offenbarten. Pickel sind auch nicht schöner als Falten, tröstete sie sich, und die Zeitspanne, in der man weder unter dem einen noch dem anderen leidet, währt nur kurz. Aber das glaubte man erst, wenn die Jahre zu galoppieren anfingen.

Noch immer spürte sie die erstaunten Blicke der jungen Leute vor dem Eingang des Lokals. Kein Zweifel, auf der falschen Seite der dreißig zählte man für das Jungvolk bereits zu den Gruftis – oder wie auch immer das in der Jugendsprache derzeit heißen mochte. Was man ihr auf Kroatisch zugerufen hatte, konnte Elena zum Glück nicht verstehen, es genügte ihr, dass Sanja und Nikola verlegen zu Boden blickten. Auch die Mienen von Filippo, Francesca, Titus, Carlo und Jon sprachen Bände. Ihr wurde klar, dass nur ein sofortiger Rückzug die Situation retten konnte.

„Viel Spaß“, hatte sie den drei Paaren zugerufen und auf dem Absatz kehrtgemacht, um Leonardo und Milena einzuholen. Die beiden „Senioren“ waren auf dem Weg zu dem einzigen 5-Sterne-Hotel auf Ugljan, das im oberen Ortsteil von Plako unweit der Kirche thronte und eine grandiose Aussicht über die hufeisenförmige Hafenbucht bot. Eine beeindruckende Kulisse mit dem dunklen Pinienhain, in dem sich die Disco verbarg, zu Füßen und den funkelnden Lichtern von Zadar im Hintergrund.

Als der Pianospieler die letzten Takte eines Frank-Sinatra-Songs ausklingen ließ, wanderte Elenas Blick hinüber zur Tanzfläche. Selbstvergessen hielten Leonardo und Milena einander umschlungen. Dass die Musik verstummt war, schienen sie nicht zu bemerken.

„Was hältst du von unserem Märchenprinzen und seinem Aschenputtel?“, raunte ihr eine wohlbekannte Stimme zu. Die ist auch das Beste an ihm, dachte Elena, bevor sie sich zu einem Lächeln zwang. Dass Yannis, der nach dem gemeinsamen Essen verschwunden war, jetzt hier auftauchte, hatte ihr gerade noch gefehlt.

„Dann glauben Sie, dass Milena vor Mitternacht davonläuft? Sieht mir nicht danach aus“, erwiderte sie geistesgegenwärtig. „So steht es ja auch nur bei den Brüdern Grimm.“

„Wir waren doch längst schon beim Du, schöne Elena. Vergessen? Oder möchtest du, dass wir den Bruderschaftskuss wiederholen?“

Wie peinlich, denn mit dem Du-Wort hatte Yannis natürlich recht. Aber weil sie ihn nicht mochte, war sie automatisch auf Distanz gegangen. Jetzt fehlte nur noch, dass er sie zum Tanzen aufforderte. Elena überlegte fieberhaft, wie sie den befürchteten Avancen ohne weiteren Affront entgehen könnte.

„Du musst verzeihen, aber ich bin schon ziemlich müde“, antwortete sie. Das klang ziemlich lahm, aber etwas Besseres fiel ihr nicht ein.

„Schade. Dabei bin ich nur deinetwegen hierhergekommen. Plüschige Piano-Bars sind nämlich nicht ganz mein Fall.“

„Doch wohl eher als eine Disco.“ Elena nützte die Chance, Yannis daran zu erinnern, dass auch er nicht mehr der Jüngste war. Außer Filippo waren sie beide die einzigen Singles, die noch dazu altersmäßig zusammenpassten. Wenn sie den Malteser nicht ein für alle Mal abwimmelte, hatte sie ihn für den Rest der Reise am Hals.

„Ich meine, in unserem Alter …“

„… kann ein kleines Abenteuer sehr schön sein, wie du am Beispiel unseres Chefs siehst.“ Spöttisch verzog Yannis die Mundwinkel. „Das solltest du doch am besten wissen.“ Was meinte er bloß damit? „Gelegenheit macht Liebe, oder etwa nicht?“, setzte er mit anzüglichem Grinsen fort.

Plötzlich fiel es Elena wie Schuppen von den Augen. Der einzige Mann, den sie auf dieser Reise umarmt hatte, war Drago. Eine völlig harmlose Sache, aber ein Außenstehender wie Yannis, der sie dabei beobachtet haben musste, sah das offenbar anders. Entrüstet fuhr sie auf, doch im letzten Moment überlegte sie es sich. Etwas Besseres konnte ihr nicht passieren. Statt zu dementieren würde sie den Malteser weiterhin im Glauben lassen, dass sie mit dem feschen Skipper etwas hatte.

„Also doch“, konstatierte Yannis, als Elena nicht antwortete. Demonstrativ blickte er auf seine Uhr. „Bald schlägt es zwölf. Pass auf den Märchenprinzen gut auf, falls ihm sein Aschenputtel demnächst abhandenkommt. Ich habe da so eine Ahnung, dass das demnächst passieren könnte.“ Mit einer arroganten Geste schnippte Yannis nach dem Barkeeper, um seine Rechnung zu begleichen. „Nur damit die nicht doppelt kassieren, deine Drinks sind bezahlt. Auch der nächste Gin Tonic, den du gleich bekommen wirst. Und über die andere Sache, du weißt schon, reden wir ein andermal weiter.“

Was bildete sich dieser Kerl eigentlich ein! Elena, die nur selten eine Antwort schuldig blieb, hatte es buchstäblich die Rede verschlagen. Als ihr endlich eine passende Grobheit einfiel, war der Malteser in die Dunkelheit des Hotelparks eingetaucht. Sie sprang auf und lief ihm nach, doch mehr als den Schemen eines Mannes, der sich von der hellen Steintreppe abhob, konnte sie nicht ausmachen.

Danach wurde Yannis in dieser Nacht von niemandem mehr gesehen.

12. Kapitel

Woran es lag, wusste niemand zu sagen, aber auf der dicht bewachsenen Halbinsel von Plako wucherte die *bella della notte* üppiger als anderswo. *Mirabilis*, tagsüber ein schlappblättriges, unscheinbares Gewächs, das sich unter dem Sternenhimmel in eine Schönheit der Nacht verwandelt. Erst in der Abenddämmerung öffnen sich ihre pinkfarbenen, gelben oder weißen Blüten und verströmen einen betörenden Duft. Ein schweres, süßes Parfum, das ein wenig an Orangen und Jasmin erinnert.

Als ihm ein Pärchen entgegenkam, verbarg Yannis sich reflexartig hinter einem Strauch. Den Zauber der Wunderblumen bemerkte er nicht einmal. Er war in Gedanken bereits bei dem Rendezvous mit seinem Opfer, das er für Punkt eins vereinbart hatte. Nicht auf der Halbinsel, auf der sich um diese Zeit frühe Disco-Besucher und späte Hotelgäste herumtrieben, sondern am Ende der T-förmigen Mole, die in völliger Dunkelheit lag. Dorthin verirrte sich zu dieser Stunde vermutlich niemand – und falls doch, war das nicht weiter schlimm. Vom letzten Poller aus sah man jeden herannahen, bevor man selbst gesehen wurde, und belauscht werden konnte man auch nicht. Yannis blickte auf die Uhr. Perfekt. An der von Tamarisken gesäumten Hafenpromenade waren die Lokale entweder bereits geschlossen oder gerade beim Zusperren. Keiner beachtete den einsamen Spaziergänger, der an den Fischerbooten und den beiden Yachten vorbei über die Mole schlenderte.

Eine letzte Lichtpfütze, die eine Straßenlaterne auf den hellen Beton warf, ein Meter noch – und seine Silhouette verschmolz mit der Schwärze der Nacht.

Unwillkürlich tastete Yannis nach dem handlichen Fischmesser, das er vorsorglich eingesteckt hatte. Er nahm zwar nicht an, dass es zu Handgreiflichkeiten kommen würde, aber er war für alle Eventualitäten gerüstet.

Mit dem schlampig zusammengerollten Tau, über das er im nächsten Moment stürzte, hatte er allerdings nicht gerechnet. Leise vor sich hinfluchend tastete er die zerrissene Hose ab und wischte das Blut von seinem aufgeschürften Knie. Noch im Sitzen betrachtete Yannis den Himmel. Ein kräftiger Wind war aufgekommen und hatte ein dichtes Wolkenband vor den Mond geschoben. Auch Sterne waren kaum mehr zu sehen. Ächzend erhob er sich und spähte mit zusammengekniffenen Augen in die Dunkelheit. Nein, dort hinten wartete noch niemand.

Wie gut, dass er ein paar Minuten früher als geplant eingetroffen war. Ein Erpresser, der auf allen Vieren daherkroch – diesen Anblick hätte er nur ungern geboten. Aus irgendeinem Winkel seines Gedächtnisses tauchten die Bruchstücke eines Zitats auf. „Es ist nicht weiter schlimm, ein Bösewicht zu sein. Aber lächerlich machen darf man sich nicht.“ Molière, wenn ihn nicht alles täuschte.

Das verletzte Bein schmerzte höllisch. Um es zu entlasten, lehnte sich Yannis an den Poller am Ende der Mole. Ob die Wunde noch blutete, konnte er im Finstern nicht erkennen. Vielleicht sollte er ein feuchtes Taschentuch um sein Knie wickeln? Herrschte Flut oder Ebbe? Er trat an den Rand und beugte sich vor. Mit etwas Geschick konnte er die Wellen, die an die Betonwand schlugen, mit der Hand erreichen. Aber nur, wenn er sich in die Hocke begab, und das würde ihm sein Knie garantiert übel nehmen.

Die neue Hose war ohnedies ruiniert, also kam es auf ein paar Blutflecken nicht an, sagte er sich und wollte sich eben von der Kante zurückziehen, als jemand seinen Namen rief. Yannis fuhr herum und starrte in Richtung Kai. Aus seiner Position konnte er die gesamte Mole überblicken – und da war weit und breit niemand zu sehen.

„Hier bin ich! Direkt vor deiner Nase, im Wasser. Dreh dich wieder um und schau nach unten, wenn du mit mir reden willst."

Was für ein irrwitziger Einfall. Yannis hatte schon einige dramatische Auftritte seiner Opfer erlebt, aber dass jemand mitten in der Nacht angeschwommen kam, war sogar für ihn neu.

„Lass den Unsinn und komm sofort zu mir herauf."

„Wenn du mir deine Hand reichst …"

Widerwillig bückte er sich. Sein Knie spürte er dabei nicht, denn der Schmerz, der ihn im selben Augenblick durchfuhr, überlagerte jede andere Empfindung. Ein Schrei stieg in seiner Kehle auf – und verebbte zu einem Röcheln, als sich das Geschoss einer Harpune mit unglaublicher Wucht in seine Brust bohrte und grässliche Wunden riss. Ein paar Sekunden lang hielt sein Herz noch durch. Bis zu seinem letzten Schlag sprudelte ein dunkler Blutstrahl auf die weißen Schaumkronen der anbrandenden Wellen. Wie durch einen Schleier bekam Yannis mit, dass er kopfüber ins Meer stürzte – dann wurde es dunkel um ihn.

Die Widerhaken des Dreizacks hielten, wie ein kräftiger Ruck zeigte. Es war somit ein Kinderspiel, die Leiche hinter sich herzuziehen, bis sie von der Strömung erfasst und hinaus ins offene Meer getrieben werden konnte. Die Chance, dass sie unterging, war allerdings gering. Sobald die Sonne aufgegangen war, würde der Ermordete wahrscheinlich von Fischern entdeckt werden.

Ein kurzes Zeitfenster nur, aber lang genug, um die exakte Todesstunde zu verschleiern. Die Polizei sollte es bei ihren Ermittlungen so schwer wie möglich haben, und mit ein wenig Glück konnte selbst ein löchriges Alibi unter diesen Umständen halten.

Es war reiner Zufall, dass man Yannis Zammit erst am Nachmittag fand. Das Seil der Harpune hatte sich am äußersten Rand der Bucht verfangen. An einem der scharfzackigen Felsen, die bei Ebbe von den Einheimischen weitläufig umschifft wurden. Als die Flut einsetzte, wagten sich ein paar Surfer in die Nähe der Untiefe – und erlitten den Schock ihres Lebens.

Wie eine zerbrochene Puppe, die man achtlos weggeworfen hatte, trieb eine Leiche bäuchlings vor ihnen. Oder eher das, was Brandung und Meeresgetier von ihr übrig gelassen hatten. In der Bugwelle eines vorbeirasenden Motorbootes drehte sich der Tote auf den Rücken. Aus seiner Brust, die ein zerrissenes Hemd nur notdürftig bedeckte, ragte ein metallen glänzender Schaft.

13. Kapitel

„Dass er sang- und klanglos verschwindet, ganz ohne Nachricht, das sieht ihm gar nicht ähnlich." Leonardo Mancuso runzelte die Stirn. Auch wenn er es nur ungern eingestand, mittlerweile machte er sich ernsthaft Sorgen um Yannis, der weder an Bord noch in einem der beiden Hafen-Cafés aufzufinden war.

„Wahrscheinlich ist er gestern versackt und schläft seinen Rausch jetzt bei irgendeiner Dame aus." Filippos anzügliches Grinsen ließ keinen Zweifel, dass es für ihn nicht den geringsten Grund zur Beunruhigung gab. Im Gegenteil, es schien ihm mehr als recht zu sein, den Malteser bei ihrem heutigen Ausflug, zu dem er auf die *Penelope* eingeladen hatte, nicht dabei zu haben. Geplant war, die kleine Inselwelt zwischen Ugljan und Dugi Otok zu erkunden, und ein Mittagessen an Bord, zubereitet von Carlo und Milena. „Wir waren bei den Letzten in der Disco und die hat um vier zugemacht", fügte er hinzu. „Da hat ihn keiner von uns gesehen, oder?" Fragend blickte Filippo sich um. „Also nein. Und Sie haben auch nichts bemerkt, Elena? Sie sind doch unser nächtlicher Wachhund an Deck?"

„Diesmal habe ich ausnahmsweise in meiner Kabine geschlafen. Ich war schon kurz nach Mitternacht zurück und wollte nicht wach werden, wenn ihr nach Hause kommt. Drago weiß auch nichts, er hat mir erzählt, dass er und Mirko etwa um drei von ihrer Kartenrunde zurückgekehrt sind. Da war es totenstill auf beiden Booten."

„Hat Yannis die Nacht in seiner Kabine verbracht oder nicht? Kann man das nicht feststellen? Elena, Sie haben doch nachgesehen", insistierte Leonardo.

„Das ist schwer zu beurteilen. Sein Bett sieht ziemlich ordentlich aus, aber so kann er es auch nach dem Aufstehen zurückgelassen haben. Apropos, es gibt heute frische Leintücher und Überzüge. Und Hand- und Badetücher natürlich auch. Die Putzfrauen sind schon da, ich muss ihnen nur noch ein paar Anweisungen geben, aber dann bin ich so weit ..."

„Wir gestehen Yannis noch eine Viertelstunde zu, dann segeln wir ohne ihn los. Ich lasse mir doch von ihm nicht den Tag verderben", verkündete Leonardo mit verdächtig leiser Stimme. Die Vorzeichen waren untrüglich: Er stand kurz vor einem Wutanfall.

„Und wenn doch etwas passiert ist?", wandte Milena ein und legte wie zufällig ihre Hand auf Leonardos Unterarm. „Vielleicht sollte irgendwer bei der Polizei nachfragen, ob es heute Nacht einen Unfall gegeben hat?"

„Gute Idee. Darum soll Drago sich kümmern. Sagen Sie ihm bitte Bescheid, Elena. Und auch, dass wir am späteren Nachmittag zurück sein werden."

„Sie haben Drago heute frei gegeben, Signor Mancuso, und er ist längst unterwegs. Ich kann ihn natürlich per Handy zurückbeordern", antwortete Elena. „An Bord ist nur Mirko, meine Ablöse als Wachhund für untertags sozusagen." Den Seitenhieb auf Filippo hatte sie sich nicht verkneifen können.

„Wo ist das Problem? Soll eben Mirko mit der Polizei reden."

„Das kann er sicher. Aber was soll er machen, wenn Yannis tatsächlich verunglückt ist und im Spital liegt? Auf der Insel, wenn es denn hier eines gibt, oder gar in Zadar", gab Milena zu bedenken. „Abgesehen davon, willst du Drago wirklich um seinen einzigen freien Tag bringen? Er hat sich für heute sicherlich einiges vorgenommen, sonst wäre er nicht schon weg."

Elena konsultierte in Windeseile ihr Smartphone. „Nur wenige kroatische Inseln haben Krankenhäuser. Ugljan gehört nicht dazu."

„Dann bleiben eben Sie hier", beschloss Leonardo. „Und Sie rufen mich sofort an, wenn Yannis auftaucht. Wir werden jedenfalls nicht länger warten." Mit einem Lächeln wandte er sich an seinen Sohn. „Ich freu mich schon darauf, mich von dir herumschippern zu lassen."

Von dieser Frau kann man lernen, dachte Elena, als sie der *Penelope* nachblickte, die mit gesetzten Segeln Kurs nach Norden nahm. Einen Mann so weit zu bringen, dass er den eigenen Wunsch für seinen Einfall hält und genau das macht, was man möchte – Respekt. Ein diplomatisches Meisterstück! Milena wollte heute offenbar als Gastgeberin und Köchin brillieren und Leonardo ein köstliches Essen vorsetzen. Ohne zynische Kommentare von Yannis und auch ohne Elena, mit der sie sich das Lob teilen müsste. Carlo, der Profi, war keine Konkurrenz. Dass Milena ihm bloß die Rolle einer Küchenhilfe zugestehen würde, daran zweifelte Elena nach diesem Auftritt keine Sekunde.

Ihr konnte der unverhoffte freie Tag jedenfalls nur recht sein. Dankbar betrachtete sie die Brigade, die Drago aufgetrieben hatte. Drei Frauen, bewehrt mit Besen, Kübeln und einem Sortiment an Putzmitteln, machten sich daran, die *Seacloud* auf Hochglanz zu bringen. Frische Bettwäsche hatte sie bereits herausgelegt, also konnte sie sich mit ruhigem Gewissen auf das Sonnendeck zurückziehen und ihren Krimi zu Ende lesen.

Um Yannis machte sich Elena keine Gedanken, nachdem sie, unterstützt von Mirko, die Wachstube auf Ugljan sowie die Notfall-Ambulanz und das Spital in Zadar angerufen hatte. Negativ, nirgendwo war ein Yannis Zammit registriert. Ihretwegen konnte er nach der gestrigen Szene in der Bar ja ruhig bleiben, wo der Pfeffer wächst. Aber letztlich verdankte sie ihm die geschenkte Freizeit. Genussvoll räkelte sie sich auf ihrer Liege. Ein paar Stunden Alleinsein waren etwas Kostbares in diesem Job.

Dass es sich dabei um die Ruhe vor dem Sturm handelte, auf diese Idee kam Elena nicht.

„240 Euro pro Tag, du spinnst ja. Ein Privatquartier um 55 Euro tut es auch – und die Differenz verfressen wir", erklärte Giorgio, der sich erfolgreich gegen Franks Absicht, sich im ersten Hotel am Platz einzuquartieren, durchgesetzt hatte. Zufrieden blickte er sich in dem geräumigen Apartment um. „Wir wohnen mitten in der Altstadt von Zadar, frühstücken können wir im Café gegenüber und für das Auto brauchen wir keine sündteure Garage. 20 Euro für 24 Stunden, die sind ja verrückt."

Frank brummte Unverständliches.

„Du meinst, auf einem unbewachten Parkplatz wird man uns den Wagen stehlen? Kann uns doch egal sein, das Leihauto ist versichert. Viel Vergnügen, lieber Dieb. Dann sparen wir uns wenigstens die Parkgebühren, die sich ganz schön summieren werden. Gratis gibt es hier nämlich gar nichts."

„Sagt ausgerechnet der Herr Kommissar. Schäm dich! Aber lassen wir das, ich habe Hunger, du nicht?"

„Schon, aber jetzt werden wir kaum etwas Anständiges bekommen. Drei Uhr nachmittags, um diese Zeit kredenzt man uns bestenfalls Kaffee und Kuchen. Oder ein Eis."

„Besser als gar nichts. Die vier Stunden Fahrt stecken mir noch in den Knochen. Ich habe geglaubt, von Rovinj bis Zadar ist es nur ein Katzensprung."

„Luftlinie ja. Oder übers Meer. Aber der Landweg zieht sich, wie wir jetzt wissen. Also, was ist? Ich gehe ins Kaffeehaus und anschließend ins Polizeihauptquartier. Ist zwar Samstag, aber irgendwer, der uns weiterhelfen kann, wird schon da sein."

Die hausgemachte Torte im Café Lovre war zwar nicht gerade ein Meisterwerk der Konditorkunst, aber die Espressomaschine produzierte einen tadellosen Cappuccino. Während Frank noch überlegte, was er als Nächstes konsumieren könnte, stand Giorgio bereits auf und ging an die Theke.

„Der Kellner sagt, wir müssen schnurgerade durch die Jurja Barakovica weitergehen. Nach ein paar hundert Metern sehen wird dann die Fußgängerbrücke. Am anderen Ufer sollen wir am besten nochmals fragen", erklärte Giorgio, der das Polizeihauptquartier auf seinem Stadtplan nicht gefunden hatte. „Also los, worauf wartest du?"

„Auf einen zweiten Kaffee. Oder besser noch: auf einen Eisbecher mit Maraschino. Soll eine Spezialität von hier sein." Als Giorgio darauf nicht antwortete, schlug Frank den Reiseführer zu und folgte seinem Freund, der, ohne sich noch einmal umzusehen, über das wie poliert schimmernde Pflaster davoneilte. Hatte er etwas Falsches gesagt? Frank war sich keiner Schuld bewusst, und doch zuckte er zusammen, als Giorgio abrupt innehielt und sich mit einem seltsam starren Blick umwandte.

„Da hast du deinen Maraschino. Dort drüben an der Hafenpromenade, das große, helle Gebäude. Das ist die Fabrik Maraska, gegründet von Girolamo Luxardo aus Genua. 1821, wenn ich mich nicht täusche. Weil seine Frau den besten *Rosolio maraschino* weit und breit gemacht hat. Nach Landesart, aus den Maraska-Kirschen, die hier wachsen. Ein uraltes Rezept, aber vor Luxardo ist keiner auf die Idee gekommen, den Likör in großem Stil zu produzieren. Der Erfolg war unglaublich, die Luxardos erhielten ein Privileg vom österreichischen Kaiser und wurden nach dem Zusammenbruch der Donaumonarchie zum königlich italienischen Hoflieferanten." Giorgio holte tief Atem, bevor er weitersprach. „Hier hat mein Großvater gearbeitet, als Hausmeister und Mann für alles. Gewohnt hat er auch in dem Fabrikgebäude, in zwei Zimmern an der Rückseite im Erdgeschoss. Bis 1943 Titos Partisanen gekommen sind und alle umgebracht haben. Fast alle. Meine Großmutter – sie war damals gerade einmal 22 Jahre alt – hat man vergewaltigt und erschlagen. Großvater war auf einem Botengang, und als er zurückkam, waren alle tot. Seine junge Frau, die Arbeiter in der Brennerei, die Chefs. Nicoló Luxardo, seine Gattin Bianca, sein Bruder Piero, niedergemetzelt von einem wild gewordenen Mob. Das war der Beginn des Genozids an der italienischen Bevölkerung in Dalmatien und Istrien. Aber davon hört man in der Schule heute nichts mehr. Nicht in Italien und wahrscheinlich schon gar nicht in England."

„Du sagst es. Was sich in Zadar abgespielt hat, weiß ich nicht, bloß von den Foibe-Massakern. Und das auch nur, weil ich mich vor der Reise mit der Geschichte von Triest beschäftigt habe", unterbrach Frank. „Und wer gegen wen gekämpft hat, ist mir immer noch unklar."

„Dass ausgerechnet die ultranationalistische kroatische Ustascha bei der Besetzung Dalmatiens mit Mussolini kollaboriert hat, klingt wie ein Hohn der Geschichte.

Es kam, wie es kommen musste: Der gesamte Küstenstrich war in den Partisanenkrieg zwischen Ustascha, italienischen Faschisten, deutscher Wehrmacht und Tito-Anhängern verstrickt. Und die Opfer hauptsächlich Zivilisten, deren Leichen man zu Abertausenden in die Karsthöhlen, die Foibe, geworfen hat."

„Eigentlich wollte ich in Triest einen Ausflug in den Karst machen. Zu einer der Gedenkstätten ...", wandte Frank ein.

„Und wozu? Davon werden 30.000 Tote auch nicht mehr lebendig. Vielleicht waren es auch 20.000. Oder gar nur 5.000, wie manche Historiker, die gegen einen *unzulässigen Opfermythos* auftreten, gerne behaupten. Nein, versteh mich nicht falsch, ich finde es völlig richtig, dass man diese Gräueltaten nicht in Vergessenheit geraten lässt. Und jeder, der sich mit diesem Kapitel Zeitgeschichte beschäftigt, ist vielleicht ein Pazifist mehr auf dieser Welt. Aber manchmal frage ich mich, ob nicht nur diejenigen diese Mahnmale aufsuchen, die ohnedies jede Art von Gewalt und Blutvergießen verabscheuen. Und die anderen, die, auf die es ankommt, scheren sich einen Dreck darum."

Das Tuckern eines Ausflugsbootes mit einer Horde fröhlich winkender Touristen an Bord zerriss die Stille.

„Was ist mit deinem Großvater geschehen? Oder möchtest du nicht darüber reden?", fragte Frank leise.

„Er hat nur einmal mit mir darüber gesprochen. Als er damals heimgekommen ist, hat seine kleine Tochter weinend an den Stäben ihres Gitterbetts gerüttelt. Maria muss geschlafen haben, als die Mörder kamen. Wäre sie aufgewacht ..."

„Das Kind, das überlebt hat, ist deine Mutter. Hat sie irgendetwas mitbekommen? Wie alt war sie, als das passiert ist?"

„Knapp zwei Jahre. Und nein, sie erinnert sich an nichts. Zum Glück. Irgendwie hat Großvater mit ihr die Flucht übers Meer geschafft. Nicht einfach für einen 25-Jährigen, der kein Geld hat. Zuerst ist er in ein Flüchtlingslager bei Triest gekommen, dann nach Bergamo. Irgendwann ist er schließlich bei weitschichtigen Verwandten in Sizilien gelandet. In Trapani, im äußersten Westen der Insel. Der Rest ist eine ganz normale Familiengeschichte ..."

„... die mich interessiert. Dein Großvater war ja blutjung, als er Witwer wurde. Hat er wieder geheiratet?"

„Ja, deshalb hat meine Mutter eine fünf Jahre jüngere Halbschwester. Editta. Sie war es auch, die mich auf die Idee gebracht hat, in der alten Heimat ihres Vaters – also meines Großvaters – auf Spurensuche zu gehen. Zia Editta hat mich mit so viel zeitgeschichtlichem Material eingedeckt, dass ich eine Vorlesungsreihe halten könnte."

„Du wolltest in jedem Fall nach Zadar, sehe ich das richtig?", stellte Frank lakonisch fest. „Die Jagd nach den Schmugglern interessiert dich nur nebenbei."

„Du brauchst gar nicht so enttäuscht dreinzuschauen", lachte Giorgio. „Mehr als die Likörfabrik, die mittlerweile unter Denkmalschutz steht, kann mir das Zadar von heute nicht bieten. Vielleicht gibt es die kleine Wohnung meiner Großeltern noch, aber was soll ich dort? An sie oder das, was geschehen ist, wird kaum noch etwas erinnern." Schweigend gingen die beiden über die Brücke, die zu jenem Stadtteil führte, in dem sich das Hauptquartier der Polizei befand. „Was ich eigentlich wollte, lässt sich nur schwer in Worte fassen. Vielleicht auf irgendeine Weise die Atmosphäre des italienischen Zara aufspüren, aber auch das wird mir kaum gelingen. Die eleganten Palazzi sind noch da, doch der Lebensstil, von dem sie erzählen, ist für immer dahin."

„Also willst du weiterhin nach der verschollenen Statue suchen?" Frank sah Giorgio erwartungsvoll an.

„Worauf du dich verlassen kannst. Die Spur führt in die Kornaten. Ich habe mich schlau gemacht. Die 89 Inseln und Felsen, auf denen heute keiner mehr wohnt, wurden 1980 zum Nationalpark erklärt. Noch in den 70er Jahren war das anders, da lebten einige Familien in dem Archipel. Vom Fischfang und dem, was ihre mit Zisternenwasser mühsam bewirtschafteten Gärten hergaben. Oliven, Feigen und Weinstöcke, dazu ein paar Ziegen und Schafe, wir können uns gar nicht vorstellen, wie arm die Leute waren. Das ganze Gebiet eine einzige Karstlandschaft. Karg ist dafür nur ein Hilfsausdruck. Andererseits ist das Meer blitzsauber und so fischreich wie sonst nirgendwo in der Adria. Und irgendwo liegt da unten auf dem Meeresboden das, was wir finden wollen."

„Die berühmte Stecknadel im Heuhaufen. Haben wir überhaupt eine Chance?"

„Das wird sich weisen, ganz hoffnungslos ist es jedenfalls nicht", erklärte Giorgio, der sich eine Analyse der auf dem Bronzefuß gefundenen Ablagerungen besorgt hatte. „Unter anderem hat man zwischen den Zehen Spuren von verkrustetem Korallensand gefunden. Was ein Hinweis auf das sogenannte goldene Zlarin sein könnte, das einst für seine Korallenschleifer berühmt war. Das Inselchen liegt bei Šibenik, ziemlich nah an der Küste, quasi vor der Haustür der Kornaten. Dort werden wir jedenfalls beginnen. Aber erst einmal möchte ich mich mit den Kollegen beraten. Hier sind wir schon."

Policijska Uprava, las Frank und brach sich dabei fast die Zunge. „Heißt das *Police Department*?"

„Was sonst? Die Adresse stimmt, also nichts wie hinein.“

Der diensthabende Beamte, der in einem gläsernen Kabäuschen vor sich hindämmerte, schien alles andere als erfreut, als die beiden die Eingangshalle betraten. Skeptisch musterte er den Polizeiausweis, den Giorgio vor die Scheibe hielt, bevor er sich dazu bequemte, den Telefonhörer in die Hand zu nehmen.

„Pričekajte, molim Vas“, beschied er die unerwünschten Besucher und deutete auf eine Reihe unbequemer Schalensitze aus rotem Hartplastik, wie man sie weltweit in veralteten Warteräumen von Ämtern und Spitälern findet.

„*Molim* ist einfach, das bedeutet bitte, also heißt das wahrscheinlich *bitte niedersetzen* oder *bitte warten*“, rätselte Giorgio.

„Gut geraten, Kompliment. Kann ich etwas für Sie tun, meine Herren?“ Wie aus dem Nichts tauchte im Hintergrund eine zierliche Blondine auf. Ihr Englisch war nahezu akzentfrei. „Ich fürchte nur, Sie sind an der falschen Adresse. Das ist das Polizeihauptquartier. Hier nehmen wir keine Diebstahls-Anzeigen auf. Dazu müssen Sie auf eine Wachstube.“

Automatisch straffte Giorgio beim Anblick der Beamtin die Schultern. Erst auf den zweiten Blick erkannte er, dass die Frau keine Uniform, sondern eine dunkle Jacke über einer weißen Bluse trug. Ihr kurzer Rock endete knapp über dem Knie. Wohlgeformte Beine, hübsches Gesicht, gute Figur, etwa Mitte dreißig – eine Sekretärin vermutlich, mutmaßte er. Ihr hervorragendes Englisch überraschte ihn nicht. Wie er mittlerweile wusste, beherrschte in Kroatien jede kleine Verkäuferin zumindest eine Fremdsprache.

Ohne die beiden Männer weiter zu beachten, warf sie ein paar Münzen in einen etwas antiquiert aussehenden Automaten und drückte eine Taste. „Verflixt, der ist noch immer kaputt. Versuchen Sie es erst gar nicht! Der gibt das Geld, das er einmal gefressen hat, nicht wieder her. Sollte längst repariert sein", erklärte sie mit einem schiefen Lächeln, bevor sie sich an den Kollegen in seinem Glaskobel wandte und ein Stakkato auf Kroatisch losließ.

„Die putzt den armen Kerl ganz schön herunter", stellte Frank leise fest. „Ich versteh zwar kein Wort, aber nach seinem Gesichtsausdruck zu schließen ..."

„Sie wollen einen Espresso? Wir auch. Dürfen wir Sie einladen?", fragte Giorgio. Dass er in seine Muttersprache gewechselt war, fiel ihm erst auf, als ihm die vermeintliche Sekretärin auf Italienisch antwortete.

„*Grazie, signori. Perche no*?"

„Donnerwetter", flüsterte er Frank zu. „Da habe ich mich ja gründlich geirrt. So benimmt sich keine Untergebene. Die Dame ist eine Chefin. Fragt sich nur, in welcher Abteilung."

Das Lokal mit den einladenden Sonnenschirmen, die dunkle Schatten auf das hell schimmernde Pflaster warfen, lag unmittelbar an der Marina. Es war heiß geworden, doch eine leichte Brise sorgte für ein wenig Abkühlung und ließ die vor Anker liegenden Boote und Yachten tanzen.

„Es gehört nicht zu meinen Gewohnheiten, mit Fremden Kaffee trinken zu gehen. Aber Sie beide haben mich neugierig gemacht. Ein Italiener und ein Engländer, die an einem Samstag in der Polizeidirektion auftauchen, das ist mir noch nicht untergekommen. Meinen Sie nicht, dass es an der Zeit ist, damit herauszurücken, was Sie wollen?"

Wie selbstverständlich hatte die Frau, deren Namen sie noch immer nicht kannten, die Initiative ergriffen. Nicht genug damit: Um ihren Worten Nachdruck zu verleihen, schob sie ihre Sonnengläser auf die Nasenspitze und musterte die beiden Männer über den Brillenrand mit durchdringendem Blick.

Ein Profi reinsten Wassers, dachte Giorgio. Nicht selten hatte er einen Gesprächspartner auf diese Weise verunsichert. Und zuvorgekommen war sie ihm auch. Höchste Zeit, dass er das Heft in die Hand nahm. Entgegen seiner Art stellte er sich nicht nur mit Namen und Dienstgrad vor, sondern betonte auch seinen akademischen Grad.

„Dottor Valentino, ein Tenente Colonnello aus Sizilien, wie interessant. Und ein Arzt aus London. Gut, jetzt kenne ich mich aus. Mein Name ist Alisa Tanic und ich arbeite, wie Sie bereits wissen, hier in der Polizeidirektion von Zadar."

„Als was?", platze Giorgio heraus. „Ich meine, in welcher Funktion sind Sie dort tätig?", fügte er lahm hinzu, als er um Alisas Mund den Anflug eines spöttischen Lächelns bemerkte, das ebenso rasch wieder verschwand, wie es aufgetaucht war.

„Das verrate ich Ihnen, wenn Sie mir sagen, was Sie in Zadar wirklich suchen. Denn dass Sie nur Urlaub machen, nehme ich Ihnen nach Ihrem Besuch in unserer Zentrale nicht ab."

„Ich warne Sie, das ist eine lange Geschichte ..."

„Da ich nur in Bereitschaft bin und alles ruhig ist, habe ich Zeit", antwortete Alisa Tanic, die allmählich wirklich neugierig geworden war. Eine halbe Stunde später wusste sie Bescheid, Giorgio hatte bei seinem Bericht nichts ausgelassen. Lediglich dass er vor noch nicht allzu langer Zeit Leiter der Mordkommission von

Trapani gewesen war, hatte er nicht erwähnt, aber das tat schließlich nichts zur Sache.

„Also gut, jetzt lege ich meine Karten auf den Tisch. Seit drei Jahren bin ich Vize-Chefin unserer Mordkommission. Wie bitte, *dottore*, haben Sie etwas gesagt?"

Giorgio, dem ein erstaunter Ausruf entschlüpft war, schüttelte den Kopf. Früher oder später würde er es erklären, aber erst wollte er die Lebensgeschichte der Frau hören, die ihn mehr und mehr in ihren Bann zog.

„Nach dem Abitur bin ich für ein Jahr als Au-pair nach Verona gegangen, daher mein Italienisch. Gleich danach ist der Krieg ausgebrochen, also war an eine Rückkehr nicht zu denken. Meine Familie hat weitschichtige Verwandte in Graz, dort habe ich Unterschlupf gefunden. Erst einmal habe ich Deutsch gelernt und dann auf der Uni zuerst Jus inskribiert. Das habe ich nicht geschafft, aus sprachlichen Gründen, aber dafür kann ich einen Abschluss in Geschichte vorweisen. 1995 war der Spuk vorbei, ich bin zurückgekehrt und habe bei der Polizei angefangen. Mit vierundzwanzig, also können Sie sich unschwer ausrechnen, wie alt ich bin."

Eine Frau, die kein Hehl daraus machte, über vierzig zu sein. Erstaunlich. Giorgio hatte sie jünger geschätzt, aber das mochte an ihrer Frisur liegen. Alisa trug ihre langen, dunkelblonden Haare nicht offen und auch nicht als Pferdeschwanz, sondern zu einem dicken Zopf geflochten. Am Hinterkopf festgesteckt verlieh er ihr ein äußerst reizvolles Profil. Was Frank ebenfalls nicht entgangen sein konnte. Ihm zuliebe hatten sie die ganze Zeit Englisch gesprochen, doch zu Giorgios Verwunderung hatte er sich bisher nicht in das Gespräch eingemischt.

Als könnte er Gedanken lesen, beugte sich Frank plötzlich vor und blickte Alisa prüfend an. „Warum sind Sie Polizistin geworden? Ich meine, mit einem Abschluss in Geschichte ..."

„Weil ich als Lehrerin völlig ungeeignet wäre", antwortete sie. Eine leichte Röte überzog ihr Gesicht.

„Das ist nur die halbe Wahrheit", stellte Frank, dem ihre Verlegenheit nicht entgangen war, ungerührt fest. „Oder irre ich mich?"

Verwirrt blickte Giorgio die beiden an, die mit ihren Blicken ein stummes Duell austrugen. Alisa und Frank benahmen sich, als wäre er gar nicht vorhanden. Was ging hier vor?

„Meine Mutter wurde ermordet. Niedergeschlagen und beraubt. Das ist in den ersten Tagen nach dem Krieg passiert. Den oder die Täter hat man nie gefunden. Mein Vater ist daran zerbrochen", sagte Alisa leise. „Auch ich werde die Schuldigen nicht finden, das ist mir klar. Aber andere. Die vielleicht sonst ebenfalls davonkommen würden. Genügt Ihnen die Antwort?"

Frank senkte verlegen den Kopf. Sagen musste er nichts, denn in dem Moment läutete Alisas Handy. Sie sprang auf und entfernte sich ein paar Schritte. Als sie zum Tisch zurückkam, war ihre Miene ernst.

„Ein Einsatz, ich muss weg. Hier ist meine Karte. Vielleicht kann ich Ihnen bei Ihrer Suche helfen. Ich kenne die Kollegen von der Marine gut. Wenn jemand etwas über Schmugglerboote weiß, dann sie. Sie können mich jederzeit anrufen."

Bevor die beiden noch etwas sagen konnten, eilte Alisa Tanic davon. Giorgio blickte auf die Uhr. Fünf Minuten nach halb sechs. Was konnte an einem Samstagnachmittag bloß passiert sein, dass eine Kommissarin des Morddezernats in aller Eile davonstürzte?

14. Kapitel

Ab Mittag wurde Elena allmählich nervös. Zuletzt konnte sie gar nicht mehr zählen, wie oft sie Yannis angerufen hatte, aber das Handy war offenbar ausgeschaltet. Der Malteser schien wie vom Erdboden verschluckt. Irgendetwas Schlimmes musste geschehen sein, aber was? Vielleicht wusste Drago, was man noch tun konnte. Freier Tag hin oder her, es handelte sich um einen Notfall. Sie erreichte den Skipper auf Anhieb und er versprach, in spätestens einer Stunde bei ihr zu sein. Tatsächlich schaffte er es in kaum vierzig Minuten.

„Die Inselpolizei weiß von keinem Unfall. Ich habe nochmals nachgefragt. Es ist wirklich ein Rätsel, wo er stecken könnte. Aber reg dich nicht auf, es wird sich alles aufklären. Jetzt trinken wir erst einmal ein Bier zur Beruhigung und dann sehen wir weiter“, erklärte er und öffnete die Kühlschranktüre. „Oder möchtest du etwas anderes?“

„Gar nichts“, fauchte sie. „Und du lässt am besten auch die Finger davon. Unsere Leute werden bald zurück sein und es macht sicher keinen guten Eindruck, wenn wir sie mit einer Alkoholfahne empfangen.“

Drago zuckte mit den Schultern. „Die haben garantiert auch nicht nur Wasser getrunken und werden das gar nicht merken. Aber wenn du meinst ...“

„Meine ich. Schau, dort drüben, da kommen sie.“ Elena irrte sich nicht. Es war zwar erst kurz vor vier, doch bei der Yacht, die mit elegantem Schwung in die Bucht von Plako segelte, handelte es sich eindeutig um die *Penelope*. Die Stimmung an Bord schien bestens zu sein. Schon von Weitem waren vergnügte Rufe und Gelächter zu hören. Nur Leonardo stand ein wenig abseits, um so rasch wie möglich das Boot zu wechseln.

„Ist Yannis da? Oder hat er sich gemeldet?", fragte er Elena, die ihn an der Einstiegsrampe erwartete. Er war offenbar der Einzige, der sich um den Verschwundenen ernsthaft Sorgen machte. „Nein? Verdammt! Drago, was raten Sie mir? Soll ich eine Vermisstenanzeige aufgeben?"

„Warten Sie noch ein wenig ab, Signore. Es sind noch keine 24 Stunden, die Signor Zammit abgängig ist. Abgesehen davon, die Polizei weiß Bescheid, auch ohne offizielle Meldung. Besuchen Sie wie geplant Zadar, Mirko hält Wache auf der *Penelope,* und vielleicht hat sich alles in Wohlgefallen aufgelöst, wenn Sie zurück sind."

„Klingt vernünftig. Aber ich möchte nicht zu spät zurückkommen. Was ist mit euch, können wir in einer Stunde aufbrechen?", rief Leonardo den anderen zu. Das zustimmende Gemurmel ließ keinen Zweifel aufkommen: Keiner hatte Lust, in Plako auf die Rückkehr von Yannis zu warten. Punkt 17 Uhr warf Drago den Motor an und nahm durch den schmalen Kanal Kurs auf das nur wenige Seemeilen entfernte Zadar.

Dass Surfer ein paar Minuten zuvor eine schaurige Entdeckung gemacht hatten, ahnte keiner.

Elena war auf die Besichtigung bestens vorbereitet. „Um in die Altstadt zu gelangen, müssen wir über die Fußgängerbrücke marschieren und das Zentrum dann diagonal durchqueren. Das kostet Zeit. Ich möchte Ihnen nämlich als Erstes an der Uferpromenade zwei Installationen zeigen, die in der Stunde vor Sonnenuntergang am schönsten sind", erklärte sie, als Drago erst nach längerer Suche einen freien Anlegeplatz in der Marina von Zadar fand. „Sehen Sie den Leuchtturm dort drüben? Mein Vorschlag: Wir nähern uns der Stadt auf althergebrachte Weise und nehmen eines dieser roten Ruderboote, die hier hin- und herpendeln. In eineinhalb Minuten sind wir drüben, und dann ist es bis zur *Meeresorgel* und dem *Sonnendenkmal* nicht mehr weit."

„*E duobus malis minimum eligendum est*", murmelte Titus und humpelte in der angegebenen Richtung los. An Bord der *Penelope* hatte er sich den Knöchel verstaucht, der ihn mittlerweile ziemlich schmerzte.

„Von zwei Übeln wählt er das kleinere", übersetzte Francesca für ihren Vater, der seinen Noch-nicht-Schwiegersohn mit gerunzelter Stirn anblickte. „Ich habe ihm geraten, bei Mirko zu bleiben, aber das wollte er nicht."

„Um auf Yannis zu warten? Nein danke!", gab Titus unerwartet heftig zurück. „So schlimm ist es auch wieder nicht, aber ich bin froh, mir unnötiges Herumrennen zu ersparen. Wenn ihr dann anschließend die Stadt besichtigt, kaufe ich mir in der Apotheke eine Salbe und dann setzte ich mich ins nächstbeste Kaffeehaus."

„Und warum machst du das nicht gleich?", fragte Leonardo.

„Weil ich erst vor Kurzem einen Artikel über Nikola Bašić gelesen habe. Das ist der Architekt, der sich in Zadar seinen Jugendtraum erfüllt hat. Seit er denken konnte, wollte er die Musik des Meeres einfangen. Und mit Hilfe eines Komponisten und einigen Hydraulikfachleuten ist ihm das auch gelungen. Das muss ich einfach hören."

„Und den *Gruß an die Sonne* sehen", setzte Elena mit einem Schmunzeln fort. Ihr gefiel ihr junger Landsmann, der durchzog, was er sich in den Kopf gesetzt hatte. Nur sein lateinischer Zitat-Wahn ging ihr manchmal ziemlich auf die Nerven. Es musste einen Grund für diesen Tick geben, aber den würde sie wohl kaum herausfinden.

„Das nennt ihr Musik? Dieses Gejaule ist ja grässlich", lästerte Leonardo, sobald der Wind die ersten Töne des Wasser-Konzerts zu ihnen herübertrug. „Was sagen Sie, Elena? Dafür leitet man das Meer durch 35 Röhren, an deren Ende Orgelpfeifen angebracht sind? Bei gutem Wind hört man dieses Katzengejammer bis zu drei Kilometer weit. Ich würde mich schön bedanken, wenn ich hier in der Nähe wohnen müsste."

„Ach Leo, erinnert dich das nicht an etwas?", fragte Milena. „Als ich dir gestern die CD mit dem Gesang der Wale vorgespielt habe, warst du begeistert. So viel anders klingt das auch nicht. Ich kann mir jedenfalls gut vorstellen, zur Melodie des Meeres zu meditieren."

Filippo unterdrückte nur mühsam ein Grinsen. Kaum zu glauben, sein Vater, der Pragmatiker, wurde in den Fängen von Milena zum Esoteriker. Aber es war klüger, sich jeglichen Kommentar zu schenken.

Elena blickte erst zum Himmel und dann auf die Uhr. „Es ist kurz vor sechs. In knapp einer Stunde geht die Sonne unter. Sehen Sie, sie steht schon ganz niedrig. Wenn Sie fürs Erste genug gehört haben, gehen wir jetzt hinüber zu dem schimmernden Kreis. Bald werden hier ganz viele Leute eintreffen, aber noch sind wir fast allein. Diese Installation stammt ebenfalls von Bašić." Sie hüstelte und griff nach ihren Unterlagen. „Die technischen Details lese ich Ihnen besser vor: 300 Glasplättchen, die das Licht einfangen und speichern, wurden hier auf der Uferstraße als Kreise angeordnet. Der größte stellt die Sonne dar, alle anderen unsere Planeten im entsprechenden Größenverhältnis und mitsamt ihren Umlaufbahnen. Als Vorlage hat man auf historische Pergamentzeichnungen aus der Universität von Zadar zurückgegriffen. Die wurde übrigens 1396 von den Dominikanern gegründet und zählt somit zu den ältesten Europas, aber das nur nebenbei."

„Wieso nur nebenbei?", begehrte Titus auf, der es sich auf einer der flachen, breiten Steinstufen über der Meeresorgel bequem gemacht hatte.

„Weil Napoleon die *Sveučilište u Zadru* in ein Lycée umgewandelt und damit von der Liste der europäischen Universitäten gestrichen hat", antwortete Elena.

„Die Franzosen haben aus einer uralten Hochschule ein ganz gewöhnliches Gymnasium gemacht? Das ist ja nicht zu fassen." Titus schüttelte ungläubig den Kopf. „Das haben sie sich auch nur hier getraut. Stellt euch einmal vor, sie hätten das in Wien gewagt ..."

„Was kümmert uns heute noch Napoleon?", rief Nikola. Der junge Kroate, der sich sonst immer bescheiden im Hintergrund hielt, konnte sich nicht länger beherrschen. „1996 hat die Universität von Zadar ihr 600-Jahr-Jubiläum gefeiert und seit 2003 besitzt sie auch offiziell wieder den Status einer Universität. Nach zweihundert Jahren, das stelle man sich einmal vor. Aber was steht im Internet? Oder in den Reiseführern, die ich in der Hand hatte? Zadar hat eine 2003 *gegründete* Universität. Nur wir Kroaten sind blöd genug, uns so etwas gefallen zu lassen."

Da schau her, dachte Elena. So spricht nur ein leidenschaftlicher Patriot. Einen solchen Temperamentsausbruch hätte sie dem stillen Nikola gar nicht zugetraut.

„Leider kann Sanja wegen ihrer Mutter nicht aus Dubrovnik weg, sonst würden wir beide hier studieren", fügte er noch trotzig hinzu, als Elenas Handy läutete.

Wie immer, wenn sie in Anwesenheit anderer angerufen wurde, ging sie ein paar Schritte zur Seite. Deshalb konnte auch niemand ihr entsetztes Gesicht sehen.

Elena schluckte und atmete tief durch, bevor sie sich wieder umwandte und mit krächzender Stimme erklärte: „Das war Drago. Mirko hat ihn verständigt. Man hat Yannis gefunden. Tot. Wir müssen sofort zurück."

Tiefes Orange verwandelte sich in Purpur, helles Grün wurde zu Gold, bevor sich ein nachtschwarzer Schleier darüber senkte. Diamantsplitter aus funkelndem Weiß blitzten in der Dunkelheit auf wie Sterne, die vom Himmel gefallen waren. Giorgio war restlos begeistert. Was auch immer er sich unter Zadars *Gruß an die Sonne* vorgestellt hatte, mit einer solchen Darbietung hatte er nicht gerechnet. Vorsichtig betrat er den im Boden eingelassenen gläsernen Kreis, auf dem sich die Silhouetten der Besucher vom mittlerweile rot gefärbten Abendhimmel als Schattenrisse abhoben. Das hier war der Spiegel, in dem sich der Sonnengott noch einmal schauen durfte, bevor er sich zur Ruhe begab. Doch noch Stunden danach würden hier seine Kraft und Herrlichkeit sichtbar sein, gespeichert von Hunderten Solarzellen, die weiterhin ihr Spiel mit seinem Licht trieben.

„Täusche ich mich? Dort drüben, bei der Meeresorgel, das ist doch Elena." Frank packte seinen Freund, der wie in einen Traum versunken im Mittelpunkt des magischen Kreises stand, an der Schulter.

„Elena? Wo?" Giorgio wandte sich um und erstarrte. Die schlanke Gestalt, die heftig gestikulierend auf eine um sie gescharte Gruppe einsprach, hätte er unter Tausenden erkannt. Da war sie, keine hundert Meter von ihm entfernt. Mit Mühe unterdrückte er den Impuls, ihren Namen zu rufen.

„Mach jetzt keinen Fehler", warnte Frank. „Du hast ihr doch noch immer nicht die Wahrheit gesagt."

„Leider nicht. Sie glaubt nach wie vor, dass ich in Sizilien bin und ihren Hund hüte", gestand Giorgio, der seinen Blick nicht von der Frau, mit der er sein Leben teilte, abwenden konnte.

„Dann überfall sie nur ja nicht. Wenn ich das richtig sehe, steckt sie mitten in der Arbeit. Sie ist doch gerade dabei, den Leuten etwas zu erklären. Das Letzte, was sie jetzt brauchen kann, ist eine private Überraschung. Wir verschwinden von hier, später rufst du sie dann an und sagst, dass du mit mir in Zadar bist. Und warum. Du wirst sehen, dann löst sich alles in Wohlgefallen auf. Komm, gehen wir, bevor sie uns entdeckt."

Frank hatte recht. Wenn es um ihren Job ging, kannte Elena keinen Spaß. Perfektionswahn nannte Giorgio ihren Ehrgeiz, wenn sie wieder einmal bis tief in die Nacht ihre Unterlagen studierte. Nein, stören sollte er sie jetzt besser nicht. Giorgio blickte sich um. Die mit Bäumen bepflanzten Überreste der Stadtmauer, die sich unmittelbar hinter dem Sonnendenkmal erhoben, boten ein ideales Versteck. Sobald sich die Gruppe näherte, konnten er und Frank sich immer noch unbemerkt davonschleichen. Vorerst aber wollte Giorgio seine Elena aus sicherer Distanz beobachten.

„Wozu? Du benimmst dich wie ein Voyeur", lästerte Frank. „Fehlt nur noch, dass du dich mit einer Kapuzen-Jacke ins nächste Gebüsch hockst."

„Es macht mich einfach glücklich, sie zu sehen. Das verstehst du nicht. Und jetzt Ende der Debatte." Giorgio bedauerte, dass er das kleine Fernglas, das ihm in manchem Museum gute Dienste geleistet hatte, nicht bei sich trug. Die Entfernung war zu groß, um Elenas Gesichtszüge klar zu erkennen, aber ihre Körpersprache ließ keinen Zweifel aufkommen. Irgendetwas war geschehen. Und garantiert nichts Gutes, wenn er den überstürzten Aufbruch ihrer Schar richtig deutete.

In Plako wartete Mirko bereits an der Mole und fing das Seil auf, das Drago ihm zuwarf. Gleichzeitig rief er ihm etwas zu, doch seine Worte gingen im Sieben-Uhr-Läuten vom nahen Kirchturm unter. Dieser Mesner mit seinem ohrenbetäubenden Glockenspiel ist die Pest, dachte Elena, die neben dem Skipper stand und ungeduldig darauf wartete, dass er die *Seacloud* fest genug vertäute, um den Steg auslegen zu können. Sie wollte an Land – und zwar so rasch wie möglich.

Yannis war tot, viel mehr hatte auch Drago während der Rückfahrt nicht in Erfahrung gebracht. Er wusste nur, dass mittlerweile zwei Beamte der Kriminalpolizei von Zadar auf Ugljan eingetroffen waren und auf sie warteten.

„Kommen Sie Elena, und Sie auch Drago. Ich brauche Sie zur Unterstützung und als Dolmetscher", rief der davoneilende Leonardo den beiden über die Schulter zu. Seit der Schreckensnachricht und dem überstürzten Aufbruch hatte er kaum ein Wort von sich gegeben. Er war wie betäubt gewesen, doch jetzt schien seine Energie zurückgekehrt zu sein.

„Brauchen Sie nicht. Ich meine einen Übersetzer." Verblüfft hielt Leonardo, der mit einem Satz auf den Pier gesprungen war, inne. Erst jetzt bemerkte er die kleine, zierliche Frau in Rock und Gummistiefeln, die neben Mirko und einem jungen Mann in Uniform stand. „Mein Name ist Alisa Tanic, Chefinspektorin der Mordkommission von Zadar, und das ist mein Assistent, Inspektor Franjo Čolacić. Er spricht Englisch, mit mir können Sie, wie Sie hören, auch Italienisch reden. Oder auch Deutsch, wenn das jemandem lieber ist."

Mordkommission? Um Himmels willen! Elena glaubte, sich verhört zu haben, doch bereits die nächsten Worte machten diese Hoffnung zunichte.

„Es gibt einen Toten, und wie es aussieht, handelt es sich bei der Leiche um den Mann, den Sie seit heute Nacht vermissen. Ich glaube, das sollten wir so rasch wie möglich klären."

„Er heißt Yannis Zammit", krächzte Leonardo. „Was ist ihm passiert?"

„Das sollten wir vielleicht besser auf Ihrer Yacht besprechen. Sie gestatten?" Ohne auf eine Antwort zu warten, gab die Beamtin ihrem Begleiter einen Wink, und er ging ihr voraus an Bord.

„Nach Ihnen, Signor ..."

„Mancuso. Die beiden hier sind Signora Elena Martell, unsere Reiseleiterin, und Drago Magdalenic, mein Skipper. Seinen Neffen Mirko kennen Sie ja bereits. Aber bitte sagen Sie mir, was Yannis zugestoßen ist."

„Später. Erst einmal müssen wir die Identität des Toten klären. Sie haben doch seinen Pass? Fürs Erste sollte das genügen. Natürlich muss die Leiche offiziell identifiziert werden. Dazu muss sich einer von Ihnen in die Pathologie bemühen, aber das kostet im Moment zu viel Zeit. Ich möchte so früh wie möglich mit meinen Ermittlungen beginnen."

„Vielleicht ist es falscher Alarm? Und unser Yannis ist quicklebendig?", begehrte Leonardo auf, doch angesichts der mitleidigen Miene, mit der ihn die junge Frau musterte, verstummte er.

Elena verließ den Pier als Letzte. Sie konnte einfach nicht glauben, dass sie auf diesem Törn nun schon zum zweiten Mal in einen Mordfall verwickelt war. Erst auf Korčula und jetzt auf Ugljan, das sprach doch jeglicher Wahrscheinlichkeit Hohn. Wenn nur Giorgio bei ihr wäre! Wenigstens seine Stimme wollte sie hören, doch zum Telefonieren würde sie kaum mehr kommen, sobald sie wieder an Bord war. Sie überlegte nicht lange und griff zum Handy.

„Giorgio, gottlob habe ich dich erreicht", rief sie erleichtert aus, als er sich bereits nach dem zweiten Freizeichen meldete. „Es ist etwas Schreckliches geschehen", sprudelte sie hervor. „Setz dich ins nächste Flugzeug und komm zu mir!"

„Alles der Reihe nach, mein Liebling", antwortete er nach einer Schrecksekunde. Er hatte sich also doch nicht getäuscht, als er Zeuge ihres überstürzten Aufbruchs gewesen war. Wenn er sich nicht vorsah, würde sie die Sphärenklänge der Meeresorgel, von der sich Frank nicht und nicht losreißen konnte, möglicherweise erkennen. Eilig entfernte er sich ein paar Schritte, bevor er die Hand vom Mikrophon seines Handys nahm.

„Jetzt erzählst du mir erst einmal in Ruhe, was los ist, und dann sehen wir weiter."

„In Ruhe geht nicht, sonst sucht die Polizei nach mir. Ich meine, alle außer mir sind auf der Yacht und werden verhört. Es kann nicht lang dauern, bis ich ihnen abgehe. Telefonieren kann ich dann sicher nicht so bald wieder, also hör genau zu: Wie es aussieht, hat man einen von uns umgebracht. Näheres weiß ich noch nicht, aber die Mordkommission ist da. Und das ist nicht alles. Schon auf Korčula hat es einen Toten gegeben. Der hatte zwar nichts mit uns zu tun, aber mach das der Polizei erst einmal klar. Lass alles liegen und stehen und komm auf der Stelle zu mir. Ercole gibst du am besten zu unseren Nachbarn. Die passen gut auf ihn auf. Und dann fliegst du mit der nächsten Maschine nach Zadar ..."

Giorgio holte tief Luft, bevor er sie unterbrach. Ob er wollte oder nicht, die Stunde der Wahrheit war gekommen. „Muss ich nicht, denn ich bin schon da", sagte er leise. „In spätestens einer Stunde kann ich bei dir sein."

Ich habe mich wohl verhört, dachte Elena, doch bevor sie ein Wort hervorbrachte, sprach Giorgio bereits weiter.

„Ich habe dich angelogen und es tut mir sehr leid. Aber das erkläre ich dir alles später. Du bist nach wie vor auf Ugljan? Wie heißt der Ort? Ah ja, Plako! Hör zu, ich nehme die nächste Fähre und dann ein Taxi. Bis dahin behalt die Nerven, *carissima.* Du bist doch mein großes, tapferes Mädchen. Na also. Ohren steif, ich bin gleich bei dir."

Seltsam, dass Elena diesmal die Nerven verlor – Giorgio wunderte sich. Es handelte sich schließlich nicht um die erste Mordermittlung, in die sie verwickelt war. Im Gegenteil: Seit er sie kannte, zog sie gewaltsame Todesfälle geradezu magisch an. Aber bisher hatte sie immer ein bombensicheres Alibi vorweisen können. Zählte sie diesmal zu den Verdächtigen? Durchaus möglich, überlegte er. Dann saß sie vielleicht wirklich in der Bredouille. Wo steckte bloß die Visitenkarte, die ihnen Alisa vor nicht einmal zwei Stunden überreicht hatte? Er suchte seine Taschen ab, aber er konnte sie nicht finden.

„Frank, reiß dich endlich von dem Gejaule los und rück die Telefonnummer unserer Kommissarin heraus", rief er. „Wir haben es eilig. Ich erzähl dir unterwegs, was los ist. Wir müssen nach Ugljan und das so schnell wie möglich."

Wie betäubt schleppte sich Elena an Bord. Giorgio in Zadar – und sie hatte keine Ahnung davon gehabt. Nur dass irgendetwas nicht stimmte, das schon. Dieser Mistkerl! Sie derartig schamlos anzulügen. Na warte, sagte sie sich, das würde sie ihm irgendwann heimzahlen. Plötzlich musste sie laut lachen. Da sage noch einmal jemand, Zorn sei etwas Negatives! Ihr hatte es jedenfalls gutgetan, wütend zu werden. Sie spürte den Adrenalinstoß, der durch ihre Adern jagte. Mit neu erwachter Energie betrat Elena den Salon, in dem sich eine verschreckte Schar versammelt hatte.

16. Kapitel

Alt siehst du aus, sagte sich Elena, als sie die dunklen Ringe unter ihren Augen im Badezimmerspiegel betrachtete. Alt und müde. Wenn es hoch kam, hatte sie in dieser Nacht drei oder vier Stunden geschlafen. Aber das war eigentlich wenig erstaunlich. Die Ermordung von Yannis Zammit, ihr Hilferuf an Giorgio, sein unerwartetes Erscheinen und das auch noch in Gesellschaft von Frank Ligety – kein Wunder, dass sie nicht zur Ruhe gekommen war.

Ein sanfter Wellenschlag drehte die *Seacloud* nur wenige Zentimeter, aber die genügten, dass ein Sonnenstrahl auf Elenas Gesicht fiel. Entsetzlich, diese Tränensäcke, aber dagegen gab es glücklicherweise ein Mittel. Nach einigem Kramen in ihrem Reisenecessaire fand sie das Gesuchte: Eine volle Tube Hämorrhoiden-Salbe. Zufällig hatte sie einmal gelesen, dass Models und Schauspielerinnen damit die Spuren einer schlaflosen Nacht beseitigten.

Es funktionierte, weil die Creme die Blutgefäße verengte, und es schadete auch der Haut nicht, wenn man den Trick nicht allzu oft anwandte. Sorgsam trug Elena eine dünne Schicht Salbe auf und streckte sich mit unter dem Kopf verschränkten Armen auf dem Bett aus. Sie durfte sich Zeit lassen, zu dieser frühen Stunde stand bestenfalls Drago auf, und das auch nur, wenn ein Ausflug oder die Weiterfahrt auf dem Programm stand.

Gestern Abend hatte sich keine Gelegenheit ergeben, aber heute musste sie mit ihm reden. Wenn jemand etwas Näheres über die Kommissarin in Erfahrung bringen konnte, dann er. Bevor sie sich endgültig für eine Zusammenarbeit mit der Polizei entschied, wollte sie sich mit ihm beraten. Bedenken hatte sie deswegen keine, für sie war sonnenklar, dass Drago als Täter nicht in Frage kam. Als Erstes wollte sie wissen, wen er verdächtigte. Und als zweites, was er von der Mord-Theorie hielt, die sie während der Nacht entwickelt hatte ... Elenas Gedanken schweiften ab. Fast wäre sie wieder eingeschlafen, aber dann gab sie sich einen Ruck.

Na also, das Zaubermittel hat gewirkt, stellte sie eine halbe Stunde später befriedigt fest. Erst eine heißkalte Wechseldusche, die sie sich prustend zumutete, und jetzt noch Wimperntusche und Lippenstift – fertig. Noch einmal betrachtete sie sich im Spiegel. Das erdbeerrote T-Shirt harmonierte perfekt mit der roséfarbenen Capri-Hose, die ihre wohlgeformten Beine betonte. Die Zehennägel gehörten dringend nachlackiert, registrierte sie beiläufig, als sie in ihre Flip-Flops schlüpfte, aber das musste warten.

Als Elena die Tür aufstieß, fand sie Drago an der Espressomaschine vor. „Hier, trink meinen, ich mache mir einen neuen." Nur allzu gern nahm sie den Cappuccino an, den er ihr entgegenstreckte. „Wie machst du das nur? Du siehst aus, als hättest du zehn Stunden Schönheitsschlaf hinter dir. Dabei habe ich dich noch um drei herumgeistern gehört."

„Stimmt, ich war nochmal an Deck, weil mir die Kabine auf Dauer auf den Kopf fällt. Heute schlafe ich garantiert wieder draußen. Und danke für das Kompliment." Elena konnte ein Schmunzeln nur schwer unterdrücken, denn sie stellte sich vor, wie Drago über ihre unorthodoxe Gesichtspflege lästern würde, wenn er davon gewusst hätte.

„Ich muss mit dir reden", sagte sie stattdessen. „Was kannst du mir über diese Alisa Tanic erzählen? So heißt sie doch.“ Elina griff nach der Visitenkarte, die ihr die Polizistin in die Hand gedrückt hatte.

„Nein, zuerst bist du dran“, wehrte Drago ab. „Welcher der beiden Männer, die außer dir keiner von uns kennt, gehört zu dir? Der Italiener oder der Engländer? Dem einen bist du zur Begrüßung um den Hals gefallen und dem anderen zum Abschied. Also, ich höre ...“

„Normalerweise ginge dich das gar nichts an“, antwortete Elena nach kurzem Zögern. „Aber gut, wie die Dinge liegen ...“ Einen weiteren Cappuccino später hatte sie mehr über ihr Privatleben preisgegeben als nötig. Sie hätte sich noch rechtzeitig einbremsen können, aber es tat ihr unendlich gut, mit jemand Objektivem über die Krise in ihrer Beziehung zu sprechen. Sie erzählte Drago alles. Dass seit London zwischen ihr und Giorgio einiges nicht mehr stimmte, woher sie Frank kannte, der ihre Sehnsucht nach einem bunteren Leben als dem Dasein in einem sizilianischen Provinznest geweckt hatte.

„Dann hat er doch allen Grund zur Eifersucht. Wieso sind die beiden dann auf einmal so dicke Freunde, dass sie sogar miteinander auf Reisen gehen?“

„Keine Ahnung“, antwortete Elena, aber dann durchzuckte sie plötzlich eine Erinnerung. Gleich am Anfang ihres Törns hatte ihr Giorgio doch eine SMS aus Triest geschickt, dass er zufällig jemanden getroffen hatte. Ihr war das damals gleichgültig gewesen und so hatte sie auch nicht danach gefragt. Dieser Jemand musste Frank gewesen sein.

„Im Grunde genommen ist das auch nicht wichtig. Wir haben jetzt andere Sorgen. Wer hat Zammit auf dem Gewissen? Weder dein Giorgio noch dieser Frank zählen zu den Verdächtigen. Aber wir alle, auch du. Einer von uns ist ein Mörder. Oder eine Mörderin. Sag, hörst du mir eigentlich zu?“

Elena zuckte zusammen. „Nein, tut mir leid, ich war mit den Gedanken woanders.“

„Da kann ich Ihnen nur recht geben, *gospodine Magdalenic*. Sie alle stehen unter Verdacht.“ Wie aus dem Nichts war Chefinspektorin Tanic im Eingang zum Salon aufgetaucht. In einem dunkelblauen Kostüm in klassischem Schnitt, das so wie schon ihre gestrige Aufmachung an eine Uniform erinnerte. Drago verschlug es die Rede. Bevor er sich fangen konnte, ließ die Polizistin einen kroatischen Wortschwall auf ihn einprasseln. Elena verstand kein Wort, aber die Anweisung war offenbar eindeutig. Mit düsterer Miene verließ der Skipper den Raum.

„Ich habe ihm nur gesagt, dass ich unter vier Augen mit Ihnen sprechen möchte“, erklärte Alisa mit einem Lächeln. „Das hat er offenbar in die falsche Kehle bekommen. Und nun zu uns beiden. Sie haben sich die Sache überlegt? Werden Sie mit mir zusammenarbeiten?“

„Nachdem Sie mir als Erstes unter die Nase gerieben haben, dass auch ich Yannis Zammit umgebracht haben könnte? Sie haben Nerven!“

„So weit waren wir doch schon gestern. Ich kann Sie nicht ausschließen, doch sie rangieren in meiner Liste ganz unten. Aber ich brauche Ihre Hilfe, denn ich muss wissen, wie jeder Einzelne zum Mordopfer stand. Wer ihn mochte und wer nicht. Und vor allen Dingen, wie Yannis Zammit als Mensch war. Nett oder unsympathisch? Introvertiert oder das Gegenteil?“

„Einverstanden. Ihre Frage lässt sich rasch beantworten. Mit Ausnahme von Signor Mancuso hat ihn keiner gemocht. Und auch die beiden pflegten meines Wissens nach nur eine Geschäftsverbindung. Der Mann war ein ausgepichtes Ekel."

„Das ist ja schon eine Information, mit der ich etwas anfangen kann. Aber bevor wir ins Detail gehen, sagen Sie mir: Wem trauen Sie die Tat zu?"

Wie von der Tarantel gestochen sprang Elena auf. „Genau das habe ich befürchtet. Sie erwarten doch nicht allen Ernstes, dass ich irgendjemand expressis verbis des Mordes bezichtige?"

„Setzen Sie sich bitte wieder nieder. Um Ihre Frage zu beantworten: Nein, ich habe keine Sekunde lang geglaubt, dass Sie das tun könnten. Aber mich hat Ihre Reaktion interessiert ..."

„Das nennen Sie Zusammenarbeit? Nein danke, auf dieser Basis kann und will ich Ihnen nicht helfen. Suchen Sie sich einen anderen Dummen, der auf Ihre Tricks hereinfällt." Hoch erhobenen Hauptes schickte sich Elena an, den Salon zu verlassen, doch dann hielt sie Alisas leise Stimme zurück.

„Ich möchte mich in aller Form bei Ihnen entschuldigen, Signora Martell. Es tut mir leid, wenn ich Sie beleidigt habe. Aber Sie müssen mich verstehen. Das ist der spektakulärste Fall, mit dem ich es bisher zu tun hatte. Und wenn ich überhaupt eine Chance habe, ihn aufzuklären, dann nur, wenn ich keine Fehler mache. Für mich sind das alles Fremde, die sich hüten werden, ihre wahren Gefühle preiszugeben. Sie aber konnten sich ein Bild von ihnen machen. Also bitte ich Sie, mir eine Art Charakterstudie von jedem Einzelnen zu liefern. Das ist vorerst mein einziger Ansatzpunkt." Alisa holte tief Luft und blickte Elena beschwörend an. „Der vorläufige Obduktionsbefund hilft mir nicht weiter", fuhr sie fort. „Im Gegenteil, wie es aussieht, wurde Zammit in einem schrägen Winkel von unten von einer

Harpune getroffen, und dieser Schuss war tödlich. Vermutlich stand er auf einem Schiff oder irgendwo auf der Mole und sein Mörder hat vom Wasser aus geschossen. Wissen Sie, was das bedeutet?“

Elena schüttelte stumm den Kopf.

„Falls das so war, haben wir es mit einem perfekten Mord zu tun.“

„Den gibt es nicht ...“

„Leider doch. Oder wie nennen Sie das, wenn es nicht die geringste Spur gibt, die zum Täter führen könnte? Wir haben die Waffe, aber bei der Harpune handelt es sich um ein älteres Modell aus Italien, das in ganz Europa zu Tausenden verkauft wurde. Fingerabdrücke? Negativ. Entweder hat der Täter Gummihandschuhe getragen oder das Wasser hat sie abgespült. Der Tatort? Nicht feststellbar, wenn sich das Blut in einem Schwall ins Meer ergossen hat. Todeszeitpunkt: Zwischen Mitternacht und drei Uhr früh.“

Alisa hatte die Angelschnur ausgeworfen – und Elena hing am Haken. Ihre Neugier hatte wieder einmal die Oberhand gewonnen. Mit nachdenklicher Miene ließ sie sich auf den nächstbesten Stuhl sinken.

„Den Zeitpunkt der Tat können Sie ein wenig nach hinten verlegen, denn um Mitternacht war Yannis garantiert noch am Leben. Das kann nicht nur ich bezeugen, sondern auch der Barkeeper im Hotel. Fragen Sie auch Leonardo und Milena, die waren ebenfalls da, aber ob sie bemerkt haben, was um sie herum vorging, ist fraglich ...“

„Ein ungewöhnliches Paar, finden Sie nicht?“, grinste Alisa. Ihr war klar, dass sie Elena als Verbündete gewonnen hatte. „Also wurde Zammit frühestens um halb eins ermordet, doch auch das hilft mir vorerst nicht weiter. Und Sie haben den springenden Punkt, nämlich die Alibis, erkannt. Hier kann ich ansetzen und dann noch beim Motiv. Das war ein von langer Hand geplanter Mord und dafür muss es einen triftigen Grund geben.“

„So gesehen können Sie Leonardo ausschließen“, warf Elena ein. „Er ist ein Choleriker, wie ich noch keinen erlebt habe. Wenn er jemand umbringt, dann im Affekt. Eine kleine Kostprobe davon, wie er so tickt, haben Sie ja gestern erhalten. Er ist in Sekundenschnelle auf Hundert und ebenso rasch wieder auf null. Nein, ein kaltblütig geplantes Verbrechen passt nicht zu ihm.“

„Und zum Sohn? Ist er seinem Vater ähnlich?“

„Ganz und gar nicht. Filippo ist eher ein Stiller und redet sich nur in Rage, wenn es um *Blue Sea* geht.“

„Diese Meeresschutzorganisation? Ich habe davon gehört ...“

In wenigen Worten umriss Elena, worum es dem Verein ging und in welchen Punkten er sich von vergleichbaren Gruppierungen unterschied.

„Danke, ich hatte wirklich keine Ahnung. Um mich nur ja nicht zu blamieren, werde ich alles Weitere im Internet nachlesen. Sobald ich Zeit habe.“ Wie auf ein selbst erteiltes Stichwort blickte sie auf die Uhr. „Die Spurensicherung wird jeden Moment eintreffen. Sagen Sie, könnte ich zuvor vielleicht einen Kaffee haben?“

„Gern, Alisa.“ Wie von selbst war Elena der Vorname der Kommissarin herausgerutscht. „Ich mache Ihnen gleich einen. Espresso oder Cappuccino? Sie können es sich aussuchen“, fügte sie hinzu, um klarzustellen, dass die persönliche Anrede nicht automatisch ein Du-Wort nach sich zog.

„Das ist sehr nett von Ihnen, Elena. Einen Espresso bitte“, antwortete Alisa, die feinfühlig genug war, ihre

Grenzen zu erkennen. Tatsächlich hatte sie an diesem Morgen mehr erreicht als erhofft. Diese Frau auf ihre Seite zu ziehen, war ein Meisterstück der Diplomatie gewesen.

„Filippo ist ein Stratege, und das muss er auch sein, um diesen Haufen Öko-Individualisten, mit denen er seit Wochen unterwegs ist, im Zaum zu halten", spann Elena den Faden weiter.

„Und seine Schwester?"

„Francesca ist keine Cholerikerin, aber sonst kommt sie eher nach dem Vater als ihr Bruder. Und beide, wohlgemerkt, haben aus ihrer Abneigung gegen Yannis nie ein Hehl gemacht."

„Aus einem konkreten Grund oder nur ganz allgemein?"

„Es muss in der Vergangenheit etwas Gravierendes zwischen ihnen vorgefallen sein, aber das ist nur eine Vermutung."

„Warum nimmt Mancuso jemand auf einen Familienausflug mit, den seine Kinder nicht ausstehen können?"

„Weil er wahrscheinlich gar nicht weiß, wie tief ihre Aversion ging. Er ist nicht der Typ, der sich in andere hineindenkt. Abgesehen davon hat er von einem Zusammentreffen mit Filippo nichts gewusst. Das war Francescas Idee. Sie kannte die Reiseroute ihres Bruders und hat eine Überraschung geplant. Die um ein Haar schief gegangen wäre."

Alisa blickte Elena fragend an.

„Es hat da einen Vater-Sohn-Konflikt gegeben, aber der scheint mir mittlerweile beigelegt. Was andere denken oder fühlen, kümmert Leonardo Mancuso wenig. Für ihn war Yannis Zammit nützlich, also hatte man ihn auch als Reisegefährten zu akzeptieren. In Anwesenheit eines Alpha-Männchens herrscht Burgfrieden ..."

„Leo, der König der Tiere", lachte Alisa. „Wenn er brüllt, wagt es keine Maus, zu mucksen. Aber kaum dreht er sich weg ..."

„... gehen sich die alten Feinde mit neuem Schwung an die Gurgel. Der Vergleich passt."

„Darf man vielleicht erfahren, worüber sich die Damen so köstlich amüsieren?"

Man soll den Teufel nicht an die Wand malen, dachte Elena, als sie Leonardo bemerkte. Stand er möglicherweise schon länger unter dem Türstock? Hatte er gar gelauscht? Und wenn schon, sagte sie sich und warf den Kopf in den Nacken. Sie hatte nichts Falsches gesagt, und sie stand zu jedem ihrer Worte.

„Wir haben uns natürlich über Sie unterhalten. Männer wie Sie sind nun einmal ein unerschöpfliches Thema", antwortete Alisa mit einem Augenzwinkern. Leonardo schwieg verblüfft. Auch Elena war sprachlos. Genial! Auf die Idee, ihm die Wahrheit ins Gesicht zu sagen, damit er sie für eine Lüge hielt, wäre sie nicht gekommen, doch die Rechnung ging auf.

„Natürlich, über wen denn sonst?", sagte Leonardo und schnitt eine Grimasse, mit der er seine Verlegenheit zu überspielen versuchte. Zu seiner Erleichterung platzte Drago in den Salon. „Drei Leute von der Spurensicherung stehen auf der Mole. Was soll ich ihnen sagen, *žena inspektor?*"

„Gar nichts, darum kümmere ich mich selbst." Die Kommissarin erhob sich mit einem Seufzer. „Es tut mir leid, Signor Mancuso, aber wir müssen mit der Untersuchung anfangen. Wir werden mit dem Mannschaftsraum und dann mit Ihrer Kabine und der von Signora Martell beginnen. Das gibt den anderen ein wenig mehr Zeit."

„Was sein muss, das muss eben sein. Wenn Sie wollen, können Sie den kleinen Salon als Büro benützen.

Meine Tochter und ihren Titus wecke ich selbst auf. Und Sie geben bitte auf der *Penelope* Bescheid, Elena. Ich lade alle zum Frühstück in die Bar ein. In einer halben Stunde.“

Ihre Gruppe war mit Kaffee und Kipferln bestens versorgt, also konnte Elena Nachschau halten, was sich auf den Yachten tat. Wie schon auf Korčula fühlte sie sich wie eine Statistin in einem TV-Krimi. Ihr war schleierhaft, was sich die Polizei von einer Durchsuchung erhoffte. Welche Hinweise auf die Tat oder den Täter konnte man an Bord schon finden?

Die Gestalten in den weißen Overalls, die sich mit der Langsamkeit schwereloser Astronauten bewegten, wussten offenbar hingegen genau, wonach sie Ausschau hielten. Zwei Stunden, nicht länger hatten sie gebraucht, um die beiden Schiffe zu durchsuchen, erfuhr Elena, als sie Alisa auf dem Sonnendeck aufgestöbert hatte.

„Meine Kollegen waren schneller als sonst, weil ich sie angewiesen habe, keine Fingerabdrücke zu nehmen. Das ist zeitaufwändig und in diesem Fall unnötig“, erklärte sie. „Aber kommen Sie mit, ich möchte Ihnen etwas zeigen.“ Alisa stieß die Tür zum kleinen Salon auf. „Die Spurensicherung hat das Unterste nach oben gekehrt und das ist das Ergebnis. Zählen Sie die Safe-Schlüssel, die auf dem Tisch liegen. Es sind fünf. Es müssten aber sechs sein. Einer stammt aus der unbenützten Kabine, der hier ist Ihrer und die restlichen zwei gehören Vater und Tochter Mancuso. Der von Zammits Safe fehlt. Das kann viel bedeuten oder auch gar nichts, aber in jedem Fall muss ich ihn öffnen lassen.

Ja, *gospodine Magdalenic*, kommen Sie herein!" Erst als Drago den Raum betrat, wurde Elena klar, von wem die Rede war. Merkwürdig, ihr gegenüber verhielt sich Alisa locker, ihren Landsmann hingegen behandelte sie mit einer Förmlichkeit, die an der Grenze zur Unhöflichkeit schrammte. „Treiben Sie mir so schnell wie möglich einen Schlosser auf, der einen Safe öffnen kann."

„Aus Ugljan?"

„Natürlich. Um einen aus Zadar kommen zu lassen, brauche ich Sie nicht. Aber das dauert mir zu lang. Los, worauf warten Sie?"

Drago verschwand, doch schon eine Minute später kehrte er mit einem breiten Grinsen zurück.

„Überraschung, *žena inspector*. In dem Umschlag steckt die Lösung Ihres Problems. Den darf ich Ihnen aber nicht aushändigen, ich muss ihn selbst öffnen."

„Unsinn. Geben Sie schon her. Was ist da drin?"

„Der Generalschlüssel für alle Safes auf der *Seacloud*. Und bevor Sie sich wundern, das Charterunternehmen hat mir das Kuvert übergeben. Ich bin angewiesen, es nur im Notfall zu öffnen."

„Was meinen Sie damit?"

„Diese kleinen Schlüssel gehen leicht verloren und dann bestehen die Leute darauf, dass man ihren Safe aufbricht. Das ist ein teurer Spaß, also hat man sich etwas einfallen lassen."

„Sie können also jederzeit an die Depots der Gäste?" Das Misstrauen in Alisas Stimme war nicht zu überhören.

„Kann ich natürlich nicht", schnappte Drago zurück. „Soll ich Ihnen die Methode erklären? Sehen Sie das Siegel hier? Überprüfen Sie es bitte, es ist unversehrt. Ich darf es nur vor Zeugen aufbrechen. Sobald ich den Safe aufgesperrt habe, muss ich den Schlüssel ins Meer werfen. Natürlich nicht in einem Hafen, wo man ihn herauftauchen könnte, sondern bei voller Fahrt auf offener See und wiederum vor Zeugen."

Das macht Sinn, sagte sich Elena und wartete gespannt auf Alisas Reaktion, die unerwartet freundlich ausfiel.

„Danke, Drago. Sie haben mir sehr geholfen. Also los, kommen Sie mit. Wir werden Zammits Safe gemeinsam öffnen, und danach übergeben Sie mir den Schlüssel. Bei mir ist er genauso gut aufgehoben wie auf dem Meeresboden. Und Sie, Elena, könnten Sie bitte hier bleiben und aufpassen, dass sich niemand an meinen Sachen zu schaffen macht? Das ist an sich Franjos Job, aber er soll die Kollegen von der Spurensicherung zurück nach Zadar bringen, sobald sie auf der *Penelop*e fertig sind ..."

„Kein Problem", erwiderte Elena. „Aber wenn Sie zurück sind, vereidigen Sie mich als Hilfs-Sheriff."

„Und mich gleich dazu." Unbemerkt hatte Giorgio den Raum betreten. „Frank sitzt noch in der Bar und genießt es, im Mittelpunkt zu stehen. Was glaubt ihr, wie uns die Einheimischen angestarrt haben, als wir aus unserem Auto gestiegen sind? Ganz Plako hat uns für die Täter gehalten, weil man uns gestern Nacht mit dem Polizeiboot mitgenommen hat."

„Was dich nicht weiter wundern darf", sagte Elena spitz. „Wenn es Alisa recht ist, kannst du übernehmen und statt mir den Wachhund spielen. Dann kann ich Frank begrüßen. Mit ihm habe ich bisher kaum ein Wort gewechselt."

Oje, das klang nicht gerade wie ein freundliches Willkommen! Elena war offenbar noch immer eingeschnappt. Zugegeben, sein gestriges Verhalten konnte man wahrlich nicht als diplomatisch bezeichnen. Giorgio blickte betreten zu Boden. Als er wieder aufsah, hatte Elena den Raum bereits verlassen.

17. Kapitel

Erst als ihr Magen knurrte, bemerkte Alisa, wie lange sie schon über den Unterlagen aus Zammits Safe brütete. Ihre Augen brannten, der Rücken tat ihr weh und sie war hungrig. Sie schob die Papiere zusammen, bevor sie aufstand und nach ihrem Assistenten Ausschau hielt. Weil das grelle Sonnenlicht sie blendete, erspähte sie Franjo, der an der Reling lehnte und sich mit Mirko unterhielt, nicht sofort.

„Mittagspause! Gehen wir in die Pizzeria?", rief sie den beiden zu.

„Nicht nötig", raunte ihr eine Stimme ins Ohr. Erschrocken fuhr Alisa herum.

„Ich habe für uns einen kleinen Imbiss vorbereitet", erklärte Drago, der unmittelbar hinter ihr stand. „Sie sind mir zuvorgekommen, ich wollte Sie eben holen. Es ist angerichtet."

„Wo sind denn die anderen?" Weder auf der *Seacloud* noch auf der *Penelope* war jemand zu sehen.

„Zum Essen nach Kali gefahren. Elena wollte Ihnen Bescheid geben, aber der Herr Inspektor hat sie nicht zu Ihnen gelassen. Weil man Sie nicht stören dürfe. Ihr Adlatus hat den Befehl wörtlich genommen und Sie wie ein Zerberus bewacht."

„Unser Franjo?", lachte Alisa. „Kaum zu glauben, dass er so furchterregend wirken kann. Vielleicht wird er langsam erwachsen."

Tatsächlich konnte man sich den pausbäckigen jungen Mann, der rot wurde oder zu stottern begann, sobald ihn jemand schief ansah, nur schwer in der Rolle des gefürchteten Höllenhundes vorstellen. Warum wird so einer ausgerechnet Polizist?, fragte sich Drago. Das Gleiche konnte man freilich auch über Alisa Tanic denken. Weil sie hübsch war, schrieb man ihr automatisch einen typisch weiblichen Beruf wie den einer Lehrerin oder Krankenschwester zu. Die stählerne Härte, die in dieser zarten Frau steckte, bemerkte man erst, wenn sie ihre Krallen ausfuhr.

„Sie haben gekocht? Was gibt es Gutes?", erkundigte sie sich neugierig, als Drago eine dampfende Spaghetti-Schüssel auf den Tisch stellte.

„Etwas ganz Einfaches. Nudeln in einer Sauce aus Butter und Crème fraiche."

Nicht besonders aufregend, aber wenigstens sättigend, dachte Alisa und versuchte, sich ihre Enttäuschung nicht anmerken zu lassen. „Danke, genug", wehrte sie ab, als Drago ihren Teller bis zum Rand füllen wollte.

„Wetten, dass Sie einen Nachschlag wollen", meinte er beiläufig und griff nach einem schrumpeligen Ding, das wie eine vertrocknete Zwiebel aussah.

„Darf's ein bisschen mehr sein?", fragte er schmunzelnd, während er die unscheinbare Knolle mit einem feinen Hobel bearbeitete und die Späne auf ihre heißen Nudeln fallen ließ. Ein betörender Duft, der mit nichts vergleichbar war, stieg auf.

„Eine frische Trüffel, ich fasse es nicht", staunte Alisa.

„Unsere Spezialität aus Istrien, die ..."

„... ich mir nie geleistet habe. Trüffelöl ja, das ist erschwinglich, und einmal habe ich eine Trüffel-Paste geschenkt bekommen. Aber eine ganze Knolle noch nie. Die ist sicher schrecklich teuer ..."

Drago grinste. „Halb so schlimm. Weiße Alba-Trüffel aus dem Piemont und auch die schwarzen aus dem Périgord gönnen sich freilich nur die Mancusos dieser Welt. Wir müssen uns mit sogenannten Sommer- oder Wintertrüffeln bescheiden, aber die sind, wie Sie sich überzeugen können, auch nicht schlecht. Und sie kosten mich keine Kuna."

„Und wieso nicht?"

„Meine Hündin Cora ist ein Naturtalent. Sie ist kein Jagdhund, sondern eine ziemlich bunte Labrador-Mischung. Ihr macht es keinen Spaß, hinter Kaninchen herzuhetzen, aber auf Trüffelsuche geht sie mit Leidenschaft. Vor dem Törn war ich mit ihr im Mirnatal. In den Eichenwäldern im Hinterland von Novigrad ..."

„Dafür braucht man doch eine Lizenz, oder?"

„Ach Alisa, Sie können es wirklich nicht lassen. Einmal Polizistin, immer Polizistin, wie schrecklich." Drago verdrehte in gespielter Verzweiflung die Augen. „Sie sollen genießen und nicht fragen, okay?"

„Einverstanden, solange ich am Tisch sitze, bin ich eine Privatperson. Aber sobald wir mit dem Essen fertig sind, muss ich Sie zur Einvernahme holen."

„Meinetwegen. Aber da ich nichts zu verbergen habe, können wir genauso gut hier damit anfangen. Zum Nachtisch gibt es ohnedies nur Obst. Mirko, deck bitte kleine Teller und Besteck auf. Nein, keine scharfen Messer, die Feigen braucht man nicht zu schälen. Also, *žena inspektor*, was möchten Sie wissen?"

Wortlos hielt ihm Alisa die Kamera hin, die sie in Zammits Safe gefunden hatte. Das Foto zeigte Drago in inniger Umarmung mit Elena.

„Kenne ich. Der Mistkerl hat tatsächlich geglaubt, dass er mich damit erpressen kann, aber da hat er sich getäuscht."

„Zammit hat versucht, Sie zu erpressen? Wo waren Sie in der Nacht auf Samstag zwischen ein und drei Uhr?"

„Beim Pokern, gemeinsam mit Mirko. Dafür gibt es genügend Zeugen."

Womit der Skipper und sein Neffe aus dem Schneider waren, stellte Alisa fest. Es sei denn, der Pathologe korrigierte seine erste Einschätzung des Todeszeitpunkts doch noch nach hinten. Somit hatte sie zwei Verdächtige weniger – und eine Verdächtige mit einem Motiv mehr, denn es war anzunehmen, dass Zammit auch Elena mit dem Foto konfrontiert hatte.

„Und bevor Sie auf dumme Gedanken kommen: Bei Elena hat er sich ebenfalls eine Abfuhr geholt", setzte Drago fort. „Uns beiden ein Verhältnis zu unterstellen, war lächerlich."

„Bei irgendwem muss er allerdings ins Schwarze getroffen haben. Haben Sie eine Ahnung, bei wem?"

„Er hat herumgeschnüffelt. Wie ein Trüffelschwein", warf Mirko ein.

Drago grinste. „Ein guter Vergleich. Es stimmt, ich habe nicht nur einmal beobachtet, wie er herumgeschlichen ist oder mit jemand getuschelt hat, der darüber alles andere als erfreut schien. Und was wollte er von Vukovic? Die beiden haben sich in aller Heimlichkeit in Split getroffen."

Alisa richtete sich kerzengerade auf. „Zoran Vukovic? Was wissen Sie über den Mann?"

„Das, was jeder in Kroatien weiß. Dass er ein mieser Emporkömmling ist, der Millionen verschoben hat. Er sollte zu uns an Bord kommen, aber das wurde im letzten Moment abgesagt."

„Wissen Sie, weshalb?"

Es war nur ein Augenblick, den Drago zögerte, aber er reichte Alisa als Antwort.

„Also ja. Ich höre ..."

„Da gab es einen Vorfall auf Korčula ..."

„Davon habe ich gehört." In Windeseile überlegte Alisa, wie viel von ihrem Wissen sie preisgeben sollte.

Der unbekannte Tote war nämlich inzwischen identifiziert worden und man hatte auch die Täter ausgeforscht, doch das war noch nicht zu den Medien vorgedrungen. Nein, sie würde bis auf Weiteres Stillschweigen bewahren. Um ihre Verdächtigen so lange wie möglich im Glauben zu lassen, dass sie nunmehr in zwei Mordfälle verwickelt waren. Das verschaffte ihr bei den Ermittlungen zumindest eine Galgenfrist, denn unter diesen Umständen konnte auch ein Leonardo Mancuso nicht erwarten, dass man ihn und die Seinen schon morgen oder übermorgen ausreisen ließ. Abgesehen davon: Alisa Tanic war sich sicher, dass zumindest zwei Mitglieder von *Blue Sea* mehr wussten, als gut für sie war. Es konnte nicht schaden, ein wenig auf den Busch zu klopfen.

„Über den sogenannten Vorfall reden wir später, aber bleiben wir bei Korčula. Was können Sie mir über ForTuna erzählen?"

„Worüber?", fragte Drago erstaunt. „Habe ich noch nie gehört."

„Kann ich mir nicht vorstellen. Sie behaupten ernsthaft, die Thunfisch-Farm, in der man vor ein paar Tagen eine Leiche gefunden hat, nicht zu kennen? Lügen Sie mich nicht an, Sie alle wurden von der Polizei einvernommen. Ich kenne die Protokolle. Und Sie haben natürlich auch keine Ahnung, wem das Unternehmen gehört? Dann werde ich es Ihnen sagen: Vukovic, zumindest zu einem großen Teil. Das geht aus den Papieren, die ich in Zammits Safe gefunden habe, eindeutig hervor."

Viel mehr hatte Alisa den Verträgen nicht entnehmen können. Mit dem für sie unverständlichen Juristen-Kauderwelsch sollten sich die Kollegen von der Wirtschaftspolizei auseinandersetzen.

„Ich lüge nicht“, entgegnete Drago, der sich nur mit Mühe beherrschen konnte. „Dass die Farm ForTuna heißt, ist mir neu. Den Namen hätte ich mir gemerkt, denn er ist brillant.“ Er erhob sich und begann, den Tisch abzuräumen. „Jedenfalls viel zu gut, um auf dem Mist von Vukovic gewachsen zu sein. Kann nur von einem Werbeprofi stammen“, fügte er hinzu.

„Oder einem Mann mit Bildung und Kultur. Lassen Sie doch das Katz-und-Maus-Spiel. Sie wissen ganz genau, dass Mancuso und Vukovic Geschäftspartner sind.“

„Wissen ist zu viel gesagt, aber ich habe es vermutet ...“

„... weil sie von dem geheimen Treffen mit Zammit erfahren haben? Wie?“

„Das hat Elena beobachtet. Zufällig. Sie hat mir beschrieben, wie der Mann aussah, sie kannte Vukovic ja nicht. Nein, da gibt es keinen Zweifel, der Malteser hat mit ihm unter einer Decke gesteckt.“

Was Leonardo Mancuso ganz und gar nicht gefallen hätte, überlegte Alisa. Sollte Zammit gar geplant haben, sich dessen Anteile an der Thunfisch-Farm unter den Nagel zu reißen, ergab das ein handfestes Mordmotiv. Für den Mailänder Industriellen, der sich von einem Lobbyisten nicht die Butter vom Brot nehmen ließ, aber auch für den kroatischen Oligarchen. Dass Vukovic mit unbequemen Mitwissern kurzen Prozess machte, war bekannt, nur nachweisen konnte man ihm bisher nichts.

Alisa stöhnte auf. Sie zweifelte nicht daran, dass Dragos Poker-Alibi hielt. Zwei Verdächtige konnte sie ausschließen, dafür hatte sie sich einen neuen eingehandelt, der alles andere als ein kleiner Fisch war.

Erst wenn die Spurensicherung mit ihrer Arbeit fertig war, durften sie wieder an Bord. So wurde Elenas Vorschlag, einen Ausflug nach Kali zu machen, begeistert aufgenommen. Mit Giorgio und Frank war das Dutzend voll. Zum Glück hatten sie ihren Leihwagen mit nach Ugljan genommen, und der war für fünf Personen zugelassen. Mehr als zwei Taxis waren an diesem Sonntagvormittag nämlich nicht aufzutreiben gewesen.

Nach kaum zwanzig Minuten Fahrt hielt der kleine Konvoi vor einem Restaurant an. „Bin sofort wieder da. Ihr könnt sitzen bleiben", rief Elena. „Ich möchte nur rasch einen Tisch bestellen. Es ist nämlich niemand ans Telefon gegangen, und wenn wir schon vorbeifahren, ist es so am einfachsten."

Natürlich blieb keiner im Auto. Kaum war Elena hinter der Glastür des „Restaurant Franov" verschwunden, kletterte Francesca als Erste aus dem Wagen. Eine Minute später standen alle im Freien und blickten auf das pittoreske Hafenstädtchen zu ihren Füßen.

„Willkommen in der schönen, heilen Urlaubswelt." Mit einer ausladenden Geste wies Filippo auf die Ortschaft, die sich unterhalb der Straße an den Hang schmiegte. „Alles da, was das Herz begehrt. Steile, enge Gässchen mit Häusern in dalmatinischem Stil, vor denen alte Frauen sitzen. Eine schmucke Barockkirche, am Kai eine Palmen-Promenade vor einem tiefblauen Meer – Herz, was willst du mehr? Aber die Idylle trügt."

„Und was ist daran falsch?", fragte Leonardo.

„Fast alles. Die kleinen, bunten Boote sind nur Staffage, heute läuft man mit riesigen Kähnen aus. Aber die liegen verborgen auf der anderen Inselseite vor Anker. In der Werft in der Bucht Vela Lamjana, wo ein Unternehmen namens Kali Tuna die größte Aqua-Farm Kroatiens betreibt. Wohl bewacht, denn dort schwimmt Fischfleisch im Wert von Millionen Euro herum. Tonnenweise Thunfische, die man füttern muss. Mit Sardinen und Sardellen aus der Adria." Filippo räusperte sich und setzte mit heiserer Stimme fort. „Ein Thunfisch frisst bis zu 25 Kilogramm Futterfisch, um selbst ein einziges Kilogramm an Gewicht zuzunehmen. Das führt zu einer rücksichtslosen Überfischung, die Heringsschwärme schrumpfen, also stellt man auf Pellets um, was das Problem allerdings nur zum Teil löst, weil auch dieses Fertigfutter in der Hauptsache aus Fischmehl und Fischöl besteht." Ein Hustenanfall hinderte Filippo, weiterzusprechen.

„Jetzt wird die Sache erst richtig hässlich", sprang Carlo für ihn in die Bresche – mit funkelnden Augen und zorniger Stimme, was alle erstaunte, die den Gastwirt aus Florenz bisher nur von seiner friedlichen Seite kannten. „Als mir klar wurde, was wir alle mit dem Fischfutter zu uns nehmen, bin ich *Blue Sea* beigetreten. Aber ich bin ein schlechter Redner. Jon, übernimm du und zwar auf Englisch. Ich möchte, dass unser Besuch aus London mitbekommt, worum es geht."

„With pleasure", erklärte der Amerikaner. „Wir haben Arbeiter in eine Fischfutter-Fabrik eingeschleust. In Dänemark, denn von dort stammt ein Großteil der Pellets, die nach Norwegen exportiert werden. Nach dem Erdöl ist dort die Zucht von Edelfischen wie Lachsen und Forellen mit einem Umsatz von vier Milliarden Euro pro Jahr der größte Wirtschaftszweig. Unsere Leute haben heimlich gefilmt, seither sind wir im Besitz von hochbrisantem Informationsmaterial."

„Machen Sie es kurz", unterbrach ihn Leonardo, der allmählich ungeduldig wurde. „Was hat *Blue Sea* denn herausgefunden?"

„Dass Männer in Schutzanzügen Berge von Pellets besprühen. Mit Ethoxyquin. Das ist ein Pflanzenschutzmittel, das seit 2011 in der EU nicht mehr zugelassen ist. Aber es darf weiterhin als Zusatzstoff zur Lebensmittelkonservierung eingesetzt werden. Damit bekämpft man die Schalenbräune im Obstanbau. Oder das Verschimmeln und Verfaulen von Fischfutter."

„Prost Mahlzeit", entschlüpfte es Elena. „Das heißt, das Unkrautgift wird dann an den Lachs verfüttert, der bei mir auf dem Teller landet?"

„Ganz genau. Wir haben sieben Proben aus Fischhandlungen und Supermärkten untersuchen lassen. Einzig und allein ein Wildlachs war frei von dem Zeug, in allen anderen Fischen fand man Etoxyquin. In mehr oder minder geringen Mengen, aber das heißt gar nichts. Für dieses Antioxidans gibt es, wenn überhaupt, keine einheitlichen Grenzwerte. Seit Jahren verspricht Brüssel eine Gesetzesänderung. Und was ist dabei herausgekommen? Nichts! Stattdessen haben wir eine Regelung für Känguru- und Krokodilfleisch. Nein, ich mache keine Witze, dafür gibt es Richtlinien zum Schutz der Verbraucher, nicht aber für Fisch."

„Das kann doch nicht wahr sein!" Leonardo schüttelte den Kopf. „Die EU kümmert sich doch sonst um jeden Unsinn. Das glaube ich erst, wenn ihr mir Beweise vorlegt."

„Du kannst dir den Film jederzeit auf meinem iPad ansehen, Papa." Filippo schickte sich an, das Gespräch wieder an sich zu reißen, doch Jon ließ sich nicht bremsen.

„Lass mich ausreden, denn zu den unsäglichen Pellets gibt es noch einiges zu sagen. Unter den Käfigen der Lachsfarmen sammeln sich Abfälle an, die wiederum von anderen Meerestieren gefressen werden. Damit landet

Etoxyquin im Kreislauf der Natur und wir dürfen heute schon gespannt sein, wo wir es demnächst entdecken. In den Fäkalien, die unter den Käfigen landen, steckt das Zeug natürlich auch. Die Futterreste verschmutzen das Wasser rund um die Zuchtanstalten, was Epidemien zur Folge haben könnte. Also reichert man die Pellets mit Antibiotika an. Ein appetitlicher Chemie-Cocktail, der da gemixt wird, finden Sie nicht, Mister Mancuso?"

Der antwortete nicht, sondern ging auf das Taxi zu, das den kleinen Konvoi anführte. „Fahren Sie zu Kali Tuna", wies er den Chauffeur an, nachdem auch die anderen in die Fahrzeuge gestiegen waren. Nach wenigen Minuten Fahrt kamen die schwimmenden Ringe, an denen die riesigen Thunfischkäfige befestigt waren, in Sichtweite. Ein leichter Wind kräuselte die Oberfläche des Wassers, das sich glitzernd vor ihnen ausbreitete. Nichts störte das friedliche Bild, das sich dem Betrachter aus der Höhe bot.

„Ich wiederhole mich. Willkommen in der schönen, heilen Welt", rief Filippo seinem Vater zu, der als Erster aus dem Wagen gesprungen war und stumm auf die Anlage hinunterblickte. „Dieser Bauernhof im Meer, wie es in den Werbetexten von Kali Tuna heißt, sieht doch ordentlich und gepflegt aus. Außer man kommt, wenn die Ernte eingebracht wird."

„*Yes, in fact they call it harvest*", übersetzte Jon für Frank.

„Als ginge es bloß um das Einbringen von Obst oder Getreide und nicht um das Abschlachten von Tieren", fügte Carlo bitter hinzu. „Sobald die Japaner mit ihren Kühlbooten eintreffen, beginnt das Gemetzel, aber dann ist das ganze Gebiet hier abgeriegelt. Kali Tuna will keine Zeugen, denn das könnte das sorgfältig aufgebaute Saubermann-Image in Frage stellen."

Bevor Leonardo etwas sagen konnte, hielt ihm Milena ihr iPhone hin. „Wirf einen Blick darauf, was über die Eigentümer von Kali Tuna im Netz steht."

„Lies bitte laut vor", forderte Francesca, die vergebens versuchte, ihrem Vater über die Schulter zu blicken.

„Mexiko: Isländer kaufen größte Thunfisch-Farm. Eine neue Holding der isländischen Seafood-Gruppe Atlantis hat die größte mexikanische Thunfisch-Farm übernommen. Die Baja Aqua Farms in Baja California, dem nordwestlichsten Bundesstaat Mexikos, fängt und mästet pazifischen Roten Thun insbesondere für den japanischen Sushi- und Sashimi-Markt. Allerdings wolle man auch auf die Märkte USA und Kanada, sagte Atlantis-Mitbegründer und -Geschäftsführer, der Isländer Oli Valur Steindorsson. Mit Erwerb der mexikanischen Zucht verdoppelt sich die Atlantis-Thunproduktion: Den Isländern gehört auch die kroatische Farm Kali Tuna in der Adria." Besorgt musterte Leonardo die kleine Schar Idealisten, die ihn erwartungsvoll ansahen. „Ist euch eigentlich klar, mit wem ihr euch anlegt? Das sind *global player* mit einem Spielgeld in Millionenhöhe. Die werden sich von ein paar Tier- oder Umweltschützern nicht ihre Geschäfte verderben lassen. Wach endlich auf, mein Sohn."

„Wir können gewinnen, aber nur in Zusammenarbeit mit Brüssel. Wir sind keine EU-Gegner, auch wenn man uns das gern unterstellt. Wir haben nur etwas dagegen, wenn Lobbyisten Gesetze vorgeben. Diese Leute sitzen wie Läuse im Pelz von Europa, und man hätschelt und pflegt sie, statt sich von ihnen zu befreien", widersprach Filippo. „In eigener Sache haben sie erfolgreich interveniert, und heute gilt ihre Tätigkeit als ehrenwerter Beruf. Ohne nachprüfbare Vorkenntnisse oder gar eine Ausbildung. Man muss sich nur registrieren lassen und schwupps, schon ist man ein sogenannter Interessenvertreter."

„*Nihil novi sub sole*", murmelte Titus, was außer Giorgio, der nichts vom Latein-Tick des Österreichers wusste, keiner beachtete.

„Bravo! Sie bringen es auf den Punkt. *Nichts Neues unter der Sonne,* wie wahr", stimmte er zu. „Antichambriert hat man schon immer, wie das schöne altmodische Wort beweist. Nur nennt man heute jene, die sich in den Vorzimmern der Macht herumtreiben, Lobbyisten, das ist der einzige Unterschied." Zustimmung heischend blickte sich Giorgio um. Filippos Reaktion traf ihn wie eine kalte Dusche.

„Wie naiv sind Sie eigentlich? Sie können doch die Handvoll Intriganten, die sich früher auf Königshöfen die Klinken in die Hand gedrückt haben, nicht mit der Lobbyisten-Armee vergleichen, die heute Brüssel belagert."

Dieser Schnösel von einem Millionärssohn, der in seinem Leben vermutlich noch keinen Cent selbst verdient hatte, wagte es, ihn naiv zu nennen? Giorgio schäumte. Mit diesem Leichtgewicht konnte er es allemal aufnehmen und wenn er es sich deshalb mit Mancuso verscherzte, auch egal. Dann würden er und Frank eben nicht auf die Luxusyacht übersiedeln, sondern sich ein Zimmer suchen.

„Hübsch formuliert, ich gratuliere", entgegnete er spöttisch. „Klingt zwar wie auswendig gelernt, aber es macht sich bei Fernsehauftritten sicher gut, wenn Sie an Ihrer Rhetorik noch ein wenig feilen."

„Aber Filippo hat recht", fiel ihm ausgerechnet Elena in den Rücken. „Kali Tuna ist das beste Beispiel, was in aller Stille vor sich geht. Die Japaner plündern unser Mittelmeer aus, die Amerikaner, die Australier, die Isländer, alle verdienen sich goldene Nasen – und Europa sieht tatenlos zu. Dagegen muss man sich doch wehren! Und der erste Schritt ist, skrupellosen Lobbyisten das Handwerk zu legen."

„Indem man sie umbringt?", hätte Giorgio am liebsten gekontert, aber er konnte sich gerade noch zurückhalten. „Wie ich sehe, hat *Blue Sea* ein neues Mitglied gewonnen", antwortete er stattdessen. Ohne Elena eines Blickes zu würdigen, wandte er sich ab und stapfte zu seinem Auto.

„Sie haben Zammit nicht gekannt", rief Filippo ihm nach. „Er war einer, der mit allen Mitteln gearbeitet hat. Für ihn gab es nichts Schöneres, als Politiker, die sich für wichtige Entscheidungsträger hielten, wie Marionetten tanzen zu lassen. Nach seiner Melodie. Er war ein Intrigant der miesesten Sorte."

„Wenn Sie Filippo nicht glauben, dann vielleicht mir", sagte Francesca laut genug, dass Giorgio sie aus der Entfernung gerade noch hören konnte. „Er war ein Scheusal."

Leonardo rief puterrot an. „Nur weiter so, redet euch endgültig um Kopf und Kragen! Begreift ihr denn nicht? Was ihr der Polizei da liefert, sind handfeste Mordmotive. Warum habt ihr Yannis bloß dermaßen gehasst? Erklärt es mir!"

Weder sein Sohn noch seine Tochter gaben ihm eine Antwort. Betretenes Schweigen breitete sich aus, nur Titus räusperte sich leise.

„Wenn du jetzt sagst, was dir auf der Zunge liegt, dann schreie ich", fuhr Francesca ihren Verlobten an. *„De mortuis nisi nihil bene*, stimmt's? Von dem Spruch habe ich noch nie viel gehalten. Ich sehe nicht ein, warum man an jemand wie Yannis ein gutes Haar lassen soll, nur weil er tot ist."

„Du zitierst leider falsch, meine Liebe", entgegnete Titus mit stoischer Ruhe. „*Nihil* oder auch *nil* steht immer vor *nisi* beziehungsweise *nis*. Eine andere Wortstellung ist grammatikalisch unkorrekt. Nur ob du *bene* oder *bonum* vorziehst, bleibt dir überlassen."

Was die Umstehenden dachten, war unschwer von ihren Gesichtern abzulesen. War Titus übergeschnappt? In einer solchen Situation einen Latein-Vortrag zu halten? Im nächsten Moment musste sich die Spannung, die buchstäblich zum Greifen war, in einer Explosion entladen. Während die meisten vor Schreck den Atem anhielten, holte Francesca hörbar Luft – und brach in Gelächter aus.

„Begreift ihr, warum ich diesen Mann liebe? Weil er ganz und gar unmöglich ist", japste sie und erstickte fast an einem weiteren Lachanfall. „Und jetzt habe ich Hunger. Los, los, bewegt euch. Nach dem Essen können wir immer noch hinunter zur Werft fahren. Wenn dann noch einer Lust dazu hat."

Unglaublich, dachte Elena, die den zu den Autos Eilenden nachblickte. Erst sieht es so aus, als würde heute keiner mehr einen Bissen herunterbringen, und jetzt können sie gar nicht schnell genug vor vollen Tellern sitzen. Nur Giorgio, der nach wie vor grimmig vor sich hinstarrte, hatte sich von Francescas unerwartetem Ausbruch nicht beeindrucken lassen. Es blieb ihm zwar nichts anderes übrig, als seine Passagiere im „Restaurant Franov" abzuliefern, aber kaum waren Frank, Sanja und Nikola ausgestiegen, wendete er den Wagen.

„Ich fahre lieber zurück nach Plako. Vielleicht gibt es Neuigkeiten", rief er Leonardo Mancuso zu.

„Sie haben es sich überlegt? Sehr schön. Sie wollen also doch für mich arbeiten?"

Giorgio schüttelte den Kopf. „Nein. Das hat mit Ihnen nichts zu tun, aber ich bin und bleibe Polizist. Mit Mordfällen habe ich einige Erfahrung, deshalb werde ich meine Dienste ausschließlich meiner Kollegin anbieten." Um sich eine weitere Diskussion zu ersparen, ließ er die Seitenscheibe nach oben gleiten. „Wenn sie das überhaupt will", fügte er leise hinzu, bevor sich das Autofenster endgültig schloss.

18. Kapitel

Wieder so ein Macho mit Primadonnen-Allüren, fluchte Alisa im Stillen. Erst nach längerem Hin und Her hatte sich der Kollege von der Wirtschaftspolizei gnädig bereit erklärt, sich die verklausulierten Fortuna-Verträge noch heute anzusehen. Ausnahmsweise, schließlich gehöre er nicht zur Kriminalpolizei, sondern zu einer Spezialtruppe, die es nicht nötig habe, an einem Sonntag zu arbeiten. Nach Ugljan würde er aber keinesfalls kommen, das könne sie sich gleich abschminken. Sie solle die Papiere fotografieren und ihm per Handy übermitteln. Alisas Meinung nach eine aufwändige Prozedur, für die ihr die Zeit und – was sie allerdings nie zugegeben hätte – auch das Geschick fehlten.

Ohne ihren Assistenten wäre sie aufgeschmissen gewesen, aber glücklicherweise war Franjo ein Technik-Freak. Um sich Zammits iPad vorzunehmen, das sie ebenso wie seinen Pass und einen Schlüsselbund im Safe gefunden hatte, reichten ihre Computerkenntnisse jedoch aus. Die Dateien waren nicht durch ein Passwort geschützt, weshalb sich Alisa davon nichts Aufregendes erwartete. Doch bereits das erste Dokument ließ sie wie elektrisiert auffahren.

Unglaublich, dieser Mann hatte mit Ausnahme von Filippo über jeden an Bord der *Penelope* ein elektronisches Dossier angelegt. Die Informationen über die drei aus Florenz stammten von einem dort ansässigen Detektivbüro. Was es außer den Alisa bereits bekannten schriftlichen Notizen, die sich auf den Toten von Korčula bezogen, über Sanja Verbic und Nikola Markovic zu wissen gab, hatte eine Detektei in Dubrovnik zusammengetragen. Die Übersetzung ins Italienische steckte in einem Kuvert, das sich nicht im Safe, sondern in der Tasche eines Sakkos befand.

„Lass alles stehen und liegen und schau dir das an“, rief sie Franjo zu, der nach wie vor mit dem Ablichten des Konvoluts beschäftigt war. „Kannst du diese Dateien erst sichern und dann ausdrucken? Ich tu mir bei den Vernehmungen leichter, wenn ich den Leuten etwas Schwarz auf Weiß unter die Nase halten kann.“

Während sich der junge Beamte mit vor Begeisterung hochroten Backen über das iPad beugte, nahm sich Alisa die vor ihr liegenden Dokumente und Fotos nochmals vor. Sie drehte jedes Blatt zwei Mal um, aber da war nichts. Nicht eine Notiz über die Geschwister Mancuso und auch nichts über den Alten. Nachdenklich griff sie nach den Schlüsseln. Mit den größeren ließen sich vermutlich das Haustor und die Wohnung in Brüssel aufsperren und mit dem kleinen ein Tresor. Dort verwahrte Zammit garantiert weiteres brisantes Material, das sich schon länger in seinem Besitz befand als die erst vor Kurzem eingeholten Auskünfte auf seinem iPad.

Das macht Sinn, rekapitulierte Alisa. Dass er Filippo und seinen Mitstreitern begegnen würde, war für Zammit eine Überraschung gewesen. Deswegen wusste er auch nichts über die Leute, aber er hatte neue Erpressungsopfer gewittert. Also ließ er auf der Stelle nachforschen – und wurde prompt fündig. Die Leichen im Keller der Mancusos hingegen kannte er längst, also konnte er die Beweise daheim lassen. So weit, so gut. Aber wie kam sie am schnellsten an diese Dossiers, mit denen sie vielleicht den Mörder oder die Mörderin überführen konnte, heran?

Ein Telefonat mit der Europol, die sich sogleich für unzuständig erklärte, brachte ihr die Erkenntnis, wie kompliziert die Angelegenheit war. Ein maltesischer Staatsbürger, ermordet in Kroatien, das zwar kurz vor dem EU-Beitritt stand, aber noch nicht zur Europäischen Gemeinschaft gehörte, mit Wohnsitz in Belgien. Blieb die Interpol, doch das würde dauern. Am besten sei es, höchstpersönlich in Brüssel zu erscheinen und vor Ort um Amtshilfe anzusuchen, hatte man ihr geraten. Aber wer sollte in der Zwischenzeit die Ermittlungen führen? Alisa legte den Kopf in den Nacken und schloss die Augen.

„Alles in Ordnung? Ist Ihnen nicht gut?", fragte Giorgio, der in der offenen Tür stand und sich offenbar nicht näher wagte. „Ich habe geklopft, aber Sie haben nicht geantwortet", fügte er hinzu. „*Permesso*, darf ich?"

„Sie sind schon so gut wie herinnen, also kommen Sie. Vielleicht fällt Ihnen etwas ein. Ich bin am Ende meiner Weisheit."

„Wenn ich Ihnen helfen kann ..."

In aller Kürze schilderte Alisa ihr Problem. „Und bevor Sie mich jetzt fragen, wer an meiner Stelle nach Brüssel fliegen könnte – niemand. Der Einzige, der in Frage kommt, ist mein Stellvertreter und der befindet sich auf Hochzeitsreise. Eine niedere Charge kann ich nicht schicken ..."

„... und eine höhere?", fragte Giorgio. „Was ist mit Ihrem Chef?"

„Den bekomme ich kaum noch zu Gesicht. Er geht nächstes Jahr in Pension, und deshalb ..."

„... verlässt er sich jetzt schon auf Sie. Sie leisten die ganze Arbeit und er heftet die Verdienste auf seine Fahnen. Schlimm, aber in diesem Fall ist es gut so. Umso leichter können Sie ihn davon überzeugen, dass er – und nur er – für diese heikle Mission in Frage kommt."

Verblüfft sah Alisa auf – und zückte ihr Handy. Abgesehen davon, eine Auslandsreise auf Staatskosten müsste dem alten Schnorrer eigentlich gefallen. Das Gespräch mit dem Dezernatsleiter dauerte nur kurz.

„Er hat angebissen." Triumphierend hielt sie gleich beide Daumen nach oben. „Wenn er die nächste Maschine nimmt, ist er noch heute Abend in Brüssel. Besser geht's nicht. Danke. Von selbst wäre ich nie auf die Idee gekommen. Am liebsten würde ich Ihnen jetzt um den Hals fallen."

„Dann tun Sie es doch", wollte Giorgio antworten, doch in dem Moment läutete sein Telefon.

„Elena, was gibt es?"

„Frag lieber, was es nicht gibt. Nämlich kein drittes Taxi. Könntest du dich vielleicht nach Kali bequemen, um Sanja und Nikola aufzulesen? Wo steckst du eigentlich? Auf der *Seacloud*? Aha! Ist die Kommissarin in der Nähe? Die wartet auf uns? Dann richte ihr bitte aus, dass wir auf dem Weg zu ihr sind." Bevor Giorgio etwas entgegnen konnte, hatte Elena bereits grußlos aufgelegt.

„Probleme?", fragte Alisa.

„Könnte man sagen. Aber ich will Sie mit meinen Privatangelegenheiten nicht belasten." Giorgio wandte sich zur Tür, aber dann drehte er sich noch einmal um. „Ich soll Ihnen von Elena bestellen, dass Ihnen die Leute in Kürze zur Verfügung stehen. Ich muss jetzt los, bin aber bald zurück."

Die Bank an der Spitze der Halbinsel von Plako, die Giorgio ansteuerte, war bei Liebespaaren äußerst beliebt. Wer immer sich näherte, begriff rasch, dass er störte, und drehte rechtzeitig um. Ein idealer Ort für den Beginn einer Liebe – oder das Ende, dachte er voll Bitterkeit, als Elena sich stumm niedersetzte. Sie überließ es ihm, den Anfang für die längst überfällige Aussprache zu finden.

„So kann es mit uns nicht weitergehen, das halte ich nicht aus“, sagte er, bevor das Schweigen für sich selbst sprach. „Kaum glaube ich, dass alles wieder in Ordnung ist, bekomme ich von dir wieder eins drauf. Was habe ich dir denn getan? Zugegeben, ich habe dir verschwiegen, dass ich in Kroatien bin. Aber ist das wirklich so schlimm? Glaub mir, ich hatte nicht vor, dich anzulügen. Wozu auch? Es hat sich einfach so ergeben. Wenn du willst, kann ich dir erklären, wie es dazu gekommen ist. Und vergiss nicht, ich bin mit Frank unterwegs, nicht etwa mit einer anderen Frau. In dem Fall könnte ich deine Reaktion ja verstehen ...“

„Könntest du? Na toll! Giorgio, der Einfühlsame ...“

„Ach Elena, was soll das? Trennen wir uns lieber, bevor uns nur noch Scherben bleiben. Ich hätte nie gedacht, dass ich einmal auf dieses Klischee zurückgreifen muss. Aber es ist schon so, lieber das vielzitierte Ende mit Schrecken als ein Schrecken ohne Ende.“

Kaum waren Giorgio die Worte entschlüpft, hätte er sie am liebsten wieder zurückgenommen. Nach einem langen, prüfenden Blick war Elena in haltloses Schluchzen ausgebrochen.

„Ich weiß ja selbst, dass ich spinne, aber ich kann nichts dagegen tun“, stieß sie hervor. „Manchmal komme ich mir vor wie ferngesteuert. Alles ist bestens und plötzlich überfällt mich eine abgrundtiefe Traurigkeit. Aus heiterem Himmel. Wie soll ich dir das bloß erklären? Wenn du weg bist, kann ich es gar nicht erwarten, dich zu sehen. Bist du da, dann wünsche ich dich zum Teufel. Das ist doch nicht normal!"

Ihr Ausbruch bestätigte, was Frank längst vermutet hatte. Giorgio griff nach Elenas Hand. Jetzt kam es darauf an, die richtigen Worte zu finden. „Ist es schon, mein Liebes, und du kannst auch nichts dafür. Deine Hormone spielen verrückt, nicht du. Jede Wette, dass du in die Wechseljahre kommst. Besser gesagt, mittendrin steckst."

Abrupt richtete Elena sich auf. „Mittendrin sicher nicht, das hätte ich gemerkt." Giorgio irrte sich. Wie kam er überhaupt auf so eine Idee? War ihm eine Frauenzeitschrift in die Hände gefallen? In fast jeder gab es einen Artikel über das Klimakterium, und Elena überblätterte sie automatisch. Natürlich, da steckte Frank dahinter! Er war zwar kein Gynäkologe, aber Arzt. „So ist das also. Du bist zu deinem Freund gelaufen, und der hat eine Ferndiagnose gestellt. Bravo!", setzte Elena übergangslos fort. „Du kannst ihm ausrichten, dass er sich irrt."

„Die wenigsten Frauen erkennen die Vorboten der Menopause. Sagt Frank." Giorgio wusste, dass er auf der richtigen Spur war. Er würde nicht locker lassen, ob es Elena nun passte oder nicht. „Erinnerst du dich noch? Wie war das bei deiner Mutter?"

„Ich war Anfang zwanzig, als sie so alt war wie ich heute", überschlug sie rasch. Am 13. November, also in weniger als zwei Monaten, hatte Elena Geburtstag. Schon wieder. Irgendwie schienen die Jahre seit ihrem Vierziger dahinzurasen. „Damals hat sie meinem armen Vater das Leben zur Hölle gemacht. Nichts konnte man ihr recht machen, wegen jeder Kleinigkeit hat sie losgeheult oder war beleidigt ..."

Giorgio lächelte verstohlen in sich hinein. „... und kommt dir das nicht irgendwie bekannt vor?"

Was auch immer Elena antworten wollte, wurde von einem heftigen Schluckauf erstickt.

„Lässt sich mit einem Schock heilen. Schau in den Spiegel."

Elena zückte ihre Puderdose. „Um Himmelswillen ..." Bevor sie unter Menschen ging, musste sie erst einmal die Spuren ihres Tränenausbruchs beseitigen. Die Wimperntusche, die sie auf einem Straßenmarkt in Catania gekauft hatte, klumpte nicht nur, sie war eindeutig auch nicht wasserfest. Das kam davon, wenn man gefälschte Markenprodukte erstand.

„Ich liebe Waschbären", sagte Giorgio und drückte Elena, die verzweifelt an den tiefschwarzen Ringen um ihre Augen rieb, fest an sich.

„Auch solche, die in die Jahre kommen?"

„Muss ich wohl. Wie es aussieht, bleibt mir nichts anderes übrig."

„Und weshalb?" Elena hatte ihre vergeblichen Versuche, die Farbe ohne ein Abschminktuch abzubekommen, aufgegeben und stattdessen ihre Sonnenbrille aufgesetzt.

„Weil sie frech sind und verfressen, tollkühn und hartnäckig – und voller verrückter Einfälle, wenn sie sich einmal etwas in den Kopf gesetzt haben. Schau mich an, meine kleine Waschbärin, alles wird gut."

Frank fühlte sich nicht wie im siebten, sondern mindestens wie im achten Himmel. Er, der unterbezahlte Spitalsarzt aus London, war zu Gast auf einer Yacht wie der *Seacloud*. Eingeladen von einem vielfachen Millionär, der ihm noch ganz andere Türen aufstoßen könnte. Giorgio sollte sich unterstehen, einen Streit anzufangen. Der Disput mit Filippo war gerade noch einmal gut gegangen, aber noch so ein Auftritt und er konnte seine Sachen gleich wieder einpacken.

Voll Begeisterung blickte sich Frank in der Kabine um. Zwei getrennte Betten, Wandverbauten, Schreibtisch, Sitzecke, Fernsehapparat, ein wohl gefüllter Kühlschrank und noch immer mehr als reichlich Platz. Luxus pur! Kein Wunder, dass Elena diesen Job angenommen hatte, das musste Giorgio doch verstehen. Aber nein, er benahm sich wie ein trotziges Kind.

Frank würde ihm jedenfalls keinen Anlass liefern, sich mit Elena endgültig zu überwerfen. Auch wenn ihm ein Flirt mit ihr nach wie vor reizvoll erschien, im Leben musste man nun einmal Prioritäten setzen. Franks oberstes Ziel war es, so lange wie möglich an Bord zu bleiben, und das wollte er durch nichts gefährden. Vorsorglich klemmte er sich eine medizinische Fachzeitschrift unter den Arm, die er im letzten Moment in den Koffer geworfen hatte. Ein wenig anzugeben, schadete nie, und ein Arzt, der sich in seiner Freizeit weiterbildete, machte sich immer gut. Mit Lektüre und Badetuch gerüstet, strebte er dem Sonnendeck zu, um diskret zu beobachten, was vor sich ging. Vorerst gar nichts, wie er zu seinem Bedauern feststellte. Wo auch immer sich sein Gastgeber oder dessen Tochter aufhalten mochten, hier jedenfalls nicht. Und Elena oder Giorgio? Auch sie waren nirgends zu sehen.

Von der *Penelope* hingegen drangen immer wieder Wortfetzen zu ihm herüber, die auf eine heftige Diskussion schließen ließen. Auf Italienisch, weshalb Frank sich gar nicht die Mühe machte, etwas aufzuschnappen. Viel lieber lauschte er dem monotonen Geräusch der Wellen, die leise an die Bordwände schwappten. Genussvoll räkelte er sich in der Wärme der Nachmittagssonne und glitt allmählich in einen höchst angenehmen Dämmerzustand.

Eine Frau wie Francesca Mancuso, das wäre das Richtige, träumte er mit offenen Augen vor sich hin. Was um alles in der Welt fand sie bloß an diesem Titus? Zugegeben, er war jung und sah nicht schlecht aus, aber Männer wie den konnte sie zu Dutzenden haben. Ohne Schrullen und Marotten. Genau das aber war es, machte sich Frank im nächsten Moment klar. Sie liebte ihn, weil er einzig und allein sie – und nicht ihr Geld – wollte. Gut gespielt oder echt?, fragte sich Frank, aber im Grunde zweifelte er nicht daran, dass dieser Titus ganz genau so war, wie er sich gab. Mitgiftjäger benahmen sich anders als dieser Österreicher, der sich einzig und allein für seine Studien interessierte.

Nein, Francesca konnte er vergessen. Sie wäre klug genug, um seine wahren Absichten zu durchschauen und in ihm einen jener Glücksritter zu wittern, die sie zutiefst verabscheute. Also blieb die hübsche Kommissarin, die ihm, wenn er ehrlich zu sich selbst war, ohnedies besser gefiel. Alisa mit ihrem aschblondem Zopf und den dunkelgrauen Augen entsprach weit mehr seinem Typ als die Millionärstochter mit den tizianroten Locken. Aber er machte sich keine Illusionen, seine Chancen standen auch bei ihr auf null, solange der Mord nicht aufgeklärt war.

Doch wozu zerbrach er sich überhaupt den Kopf, wen er als Nächstes in sein Bett locken konnte? Wo stand denn geschrieben, dass zu einem gelungenen Urlaub ein sexuelles Abenteuer gehörte? Das glaubten doch nur die Frauen, die sich fern der Heimat mit irgendwelchen Typen herumwälzten, auf die sie daheim keinen zweiten Blick verschwendet hätten.

Die Erkenntnis, wie lächerlich auch seine eigenen Ferien-Techtelmechtel im Grunde waren, überfiel ihn ohne Vorwarnung. Wie viele waren es gewesen – und an wie wenige konnte er sich heute noch erinnern. Vergeudete Zeit, verschwendete Energie und nicht selten ein bitterer Nachgeschmack – eine traurige Bilanz. Was ja nicht hieß, dass er gleich von einem Extrem ins andere fallen musste.

Wenn sich etwas ergab, gut und schön. Und wenn nicht, dann eben nicht. Mit sich und der Welt im Reinen schloss Frank die Augen und schlief auf der Stelle ein.

19. Kapitel

Sanja und Nikola waren die ersten, die von der Kommissarin einvernommen wurden.

„Der Tote auf Korčula ist identifiziert. Er heißt Ivica Verbic, ledig, 31 Jahre alt. Aber das ist Ihnen ja nicht neu."

Die junge Kroatin nickt stumm.

Das ging ja schneller als gedacht. Alisa beugte sich vor, um ihren Worten Nachdruck zu verleihen: „Sie geben also zu, dass Sie von Anfang an Bescheid wussten."

„Gar nichts geben wir zu. Sanja, du sagst gar nichts."

Die junge Frau schüttelte den Kopf. „Es hat keinen Sinn mehr, irgendetwas abzustreiten, Niki. Dass die Sache früher oder später auffliegt, war doch klar. Aber egal, was wir erreichen wollten, das haben wir erreicht."

„Ihre Freundin hat recht. Es ist hoch an der Zeit, dass auch Sie begreifen, dass Ihr Spiel aus ist, Markovic. Legen Sie die Karten auf den Tisch."

Nikola presste die Lippen zusammen, doch auch sein Widerstand war kurz vor dem Zusammenbrechen. Alisa wechselte den Tonfall. „Erst einmal klären wir die Sache, dann sehen wir weiter", fügte sie versöhnlich hinzu.

Als Polizistin durfte sie sich ihre Sympathie für die beiden nicht anmerken lassen, als Privatperson hingegen verstand sie das Motiv, das hinter der Tat steckte, durchaus. Die umstrittene Aqua-Farm war vorerst geschlossen, und die Leiche des Unbekannten hatte nicht nur für Schlagzeilen gesorgt, sondern auch heiße Diskussionen über die Ausbeutung der Adria ausgelöst.

„Von uns stammt nur die Idee“, gestand Nikola zögernd ein. „Ausgeführt haben sie andere, und die werden wir sicher nicht verraten. Auch wenn ich nicht begreife, was daran strafbar ist ...“

„... ein Unfallopfer aus dem Sarg zu stehlen? Und ihm anschließend eine Ladung Schrot zu verpassen, um eine Identifizierung zu verhindern? Das ist Störung der Totenruhe in zweifacher Hinsicht, was jeweils mit zwei Jahren Haft geahndet werden kann. Das gilt für die Täter, aber auch für die Anstifter. Dazu kommt das Delikt der Irreführung der Polizei, und allein dafür gibt es bis zu drei Jahre Gefängnis.“

„Das wussten wir nicht ...“, stotterte Sanja.

„Vielleicht nicht zu Anfang, aber spätestens, als Yannis Zammit versucht hat, euch zu erpressen. So war das doch, oder? Was wollte er von euch?“

„Vorerst gar nichts“, gab Nikola zu. „Aber wenn sich die Wogen erst einmal geglättet hätten, sollte Sanja dafür sorgen, dass die Fischer auf Korčula klein beigeben und nicht mehr gegen ForTuna protestieren. Weil sie dort aufgewachsen ist und jeden kennt.“

„Nicht nur jeden, sondern vor allem jene, die ihre Idee ausgeführt haben. Sie brauchen nicht zu protestieren, Nikola, wir kennen nicht nur die Namen aller Beteiligten, sie haben die Tat auch bereits gestanden. Der Tote war Ihr Cousin, Sanja, stimmt das?“

„Ja. Ivica war wie ein großer Bruder für mich. Ihm verdanke ich es, dass ich auf die Uni gehen durfte. Eigentlich sollte ich Friseurin werden, aber er hat so lange auf meine Eltern eingeredet, bis sie nachgegeben haben. Er hätte auch gern studiert, aber das war nicht möglich. Der Krieg hat meine Tante 1995 zur Witwe gemacht. Zu einer Frau mit einer winzigen Pension und vier Kindern. Also musste ihr einziger Sohn so rasch wie möglich Geld verdienen. Ivica wurde Automechaniker. Irgendwann hat er genug verdient, um sich ein eigenes Motorrad leisten zu können. Das war seine große Leidenschaft."

Sanja verstummte und kramte in ihrem Umhängbeutel nach einem Taschentuch. „Dieser Idiot! Warum ist er auch ohne Sturzhelm herumgerast?", stieß sie unter Tränen hervor. „Mit einem Helm wäre ihm kaum etwas geschehen. Ein paar Schrammen oder ein verstauchter Fuß vielleicht. Daran stirbt man nicht."

„Aber an einem Genickbruch. Genau das ist passiert, und zwar laut Polizeiprotokoll am Freitag, den 14. September. Kurz vor Mittag, wann genau weiß man nicht", zitierte Alisa aus dem vor ihr liegenden Fax. „Es gab keine Unfallzeugen, aber auch keinen Verdacht auf eine Straftat. Deshalb hat man die Leiche wenige Stunden später freigegeben. Die Beerdigung fand am folgenden Tag statt, nur dass anstelle des Toten Steine im Sarg lagen. Eure Freunde haben rasch reagiert, ihnen blieben ja nur wenige Stunden, euren Plan umzusetzen. Alle Achtung, schließlich habt ihr das alles per Telefon organisiert."

Ein flüchtiges Lächeln huschte über Sanjas Züge. „Ivica wäre einverstanden gewesen, darüber waren sich alle sofort einig, als ich ihnen den Vorschlag gemacht habe. Ihm hat es ja nicht mehr geschadet."

„Was macht Sie da so sicher? Ich hätte jedenfalls einiges dagegen, wenn man mir das antut. Auch wenn ich nichts mehr davon mitbekomme."

„Der ganze Plan stammte doch von Ivica. Zu Ostern sind wir zusammengesessen, und er hat gemeint, unser Dorffriedhof liegt so weit abseits, dass sich dorthin in der Nacht keiner verirrt. Ein idealer Ort, um eine Leiche zu stehlen. Wir müssten nur auf den nächsten Toten warten …" Sanja blickte zu Boden. „Und der nächste Tote war er …", fügte sie leise hinzu.

Was gab es dazu noch zu sagen? Ein Mann erfindet seine eigene Ermordung. Alisa war nicht abergläubisch, aber jetzt überlief sie ein Schaudern und es fiel ihr schwer, zu ihrem sachlichen Tonfall zurückzufinden.

„Nur zu Ihrer Information: Ihre Leute haben schlecht geschossen. Das Gesicht war zwar unkenntlich, aber der Unterkiefer ist erhalten geblieben. Ohne Zahnschema hätten wir die Leiche bis heute nicht identifiziert. Aber wir müssen jetzt nicht in die Details gehen. Ich wüsste nur noch gern, wo Sie waren, als Sie vom Unfall erfahren haben. In der Bucht von Kotor? Aha. Da konnten Sie zum Begräbnis unmöglich rechtzeitig kommen. Aber als die Leiche in der Nacht ins Fischbecken geworfen wurde, ankerte die *Penelope* bereits in unmittelbarer Nähe. Waren Sie bei der Aktion dabei?"

„Nein", antworteten Sanja und Nikola wie aus einem Mund. „Ursprünglich wollten wir mit dem Beiboot hinüberrudern, aber dann ist uns das doch zu riskant gewesen. Außerdem war die Sache in weniger als einer Minute erledigt."

„Das wär's fürs Erste." Alisa schob ihren Sessel zurück und stand auf. „Ich brauche dringend eine Pause."

„Und was geschieht jetzt mit uns?", fragte Sanja zaghaft.

„Wenn es nach mir geht, gar nichts. Die Mordkommission von Dubrovnik hat die Ermittlungen eingestellt. Soviel ich weiß, sucht die Inselpolizei weiterhin nach den Leichenschändern, aber ob dabei viel herauskommen wird …"

„Sie haben geblufft?“, rief Nikola fassungslos aus. „Es gibt gar keine Geständnisse?“

„Richtig. Ich habe nur gut geraten. Was ein Yannis Zammit kann, kann ich schon lange“, sagte Alisa mit einem triumphierenden Lächeln. „Als er im Polizeiprotokoll, an das er auf welche Weise auch immer herangekommen ist, den Namen Ivica Verbic gelesen hat, musste er nur zwei und zwei zusammenzählen. Genau wie ich. Das soll euch eine Warnung sein, ihr lasst euch viel zu leicht ins Bockshorn jagen. Man kann euch nichts nachweisen, kapiert? Auch euren Freunden nicht, wenn sie dicht halten. Das habe ich natürlich nie gesagt – und jetzt verschwindet!“

Diese Kindsköpfe! Für ihre Ideale die eigene Zukunft aufs Spiel zu setzen! Aber Zivilcourage hatten sie. Und Phantasie. Alisa lachte laut auf. Dass jemand versuchte, einen Mord als Unfall zu tarnen, passierte oft. Und wenn man nach den Dunkelziffern ging, sehr oft mit Erfolg. Aber umgekehrt? Ein Unfall, den man für einen Mord halten sollte – so etwas war ihr noch nie untergekommen.

Die geplante Pause konnte Alisa, der vom langen Sitzen alles wehtat, vergessen. Kaum hatte sich die Tür hinter den beiden jungen Leuten geschlossen, stürmte Leonardo Mancuso in den Raum. Mit einem Mann undefinierbaren Alters im Schlepptau, dem man seinen Beruf schon von Weitem ansah: dunkler Anzug, weißes Hemd, dezente Krawatte, akkurate Bügelfalten, Aktenkoffer – die internationale Uniform der Anwälte in der oberen Liga.

Auf den zweiten Blick wurde Alisa bewusst, dass sie den Mann kannte. Nicht persönlich, aber von diversen Fernsehauftritten, bei denen er es verstand, sich als Vertreter einer renommierten Zagreber Kanzlei eloquent in Szene zu setzten. Ein Medienprofi, aber offenbar ohne Fingerspitzengefühl, denn dieses Outfit war sicher nicht die klügste Wahl, wenn man einen Klienten auf einer Yacht aufsuchte.

In der Aufmachung sieht er aus wie eine Krähe, die sich versehentlich unter Paradiesvögel verirrt hat. Allerdings wie eine, die bereits ein paar Federn lassen musste, stellte Alisa amüsiert fest, als ihr Blick auf die Füße des Anwalts fiel. Mit Schuhen durfte keiner an Bord, da war Drago offenbar eisern geblieben. In Socken, unter denen sich ein hässliches Überbein abzeichnete, fühlte sich dieser eitle Geck vermutlich geradezu nackt.

Weiter gediehen ihre Überlegungen nicht, denn Mancuso kam direkt zur Sache. „Doktor Jankovic, das ist Inspektor Tanic, die zuständige Beamtin."

Hoppla, so lief der Hase also. Nach dem Gebot der Höflichkeit hätte man ihr den Mann vorstellen müssen – nicht umgekehrt. Kein Händedruck, kein Lächeln, mehr als ein flüchtiges Nicken hatte der Anwalt nicht für sie übrig. Offenbar wollte er ihr von Anfang an klarmachen, wer hier das Sagen hatte.

Abwarten, mein Lieber! Deine Spielchen kannst du woanders treiben, nicht mit mir. Alisa schäumte im Stillen, aber es gelang ihr, sich zu beherrschen. Als hätte sie den Affront nicht bemerkt, ging sie mit ausgestreckten Armen auf den Neuankömmling zu. *„Dobar dan"*, sagte sie mit zuckersüßer Stimme. „Ist das eine Überraschung! Der berühmte Ivan Jankovic, der einen Prozess nach dem anderen gewinnt! Sie haben doch erst kürzlich wieder ein Fernsehinterview gegeben ..."

„Das wird er diesmal nicht, ganz im Gegenteil", unterbrach Leonardo. „Seine Aufgabe ist es, den Namen Mancuso aus den Medien herauszuhalten."

Der Staranwalt aus Zagreb räusperte sich vernehmlich. Ihm passte es ganz und gar nicht, dass ein Klient in seiner Anwesenheit in der dritten Person über ihn sprach. Alisa unterdrückte ein Grinsen. Die erste Runde war eindeutig an sie gegangen, nun rüstete sie sich für die zweite.

„Um das klarzustellen. Mein Mandat bezieht sich auch auf Francesca und Filippo Mancuso. Das bedeutet, dass ich bei jeder Einvernahme dabei sein werde."

„Wenn Sie meinen, dass das nötig ist, nur zu", antwortete Alisa. „Aber Sie werden sich leider gedulden müssen, die beiden sind noch lange nicht dran."

„Dann ändern Sie eben die Reihenfolge. Ich bestehe darauf ..."

„Worauf?"

„Dass Sie sich kooperativ zeigen. Das ist das Mindeste, was meine Klienten erwarten können."

Alisa lachte hell auf. „Mein lieber Herr Doktor, Sie wollen doch nicht etwa vorschreiben, auf welche Weise die Mordkommission ihre Untersuchung zu führen hat? Das wäre ein Eingriff in laufende Ermittlungen der Kriminalpolizei und somit eine eindeutige Überschreitung Ihrer Kompetenzen, die ich umgehend zu melden hätte. Nein, das kann doch nicht sein, dazu haben Sie viel zu viel Erfahrung. Ich muss etwas falsch verstanden haben ..." Gongschlag und Ende der zweiten Runde.

Der Herausforderer stand angeschlagen im Boxring, mit verzerrten Gesichtszügen und Schweißperlen auf der Stirn. „Die Einteilung, wann Sie wen befragen, ist natürlich Ihre Sache. Mich hat nur interessiert, nach welchen Kriterien Sie vorgehen." Eine bessere Antwort war Ivan Jankovic, der diesen Fall am liebsten auf der Stelle abgegeben hätte, nicht eingefallen.

Allmählich bekam Leonardo mit, worum es bei dem Schlagabtausch, bei dem Alisa Tanic eindeutig die bessere Figur machte, in Wahrheit ging. Widerstrebend zollte er der Polizistin Bewunderung. Ohne sich auch nur einmal aus der Ruhe bringen zu lassen, hatte sie einen mit allen Wassern gewaschenen Anwalt ausgehebelt. Vielleicht war es doch keine so gute Idee gewesen, dem Rat seiner Mailänder Anwaltskanzlei zu folgen. Dass er sich als Ausländer ohne Rechtsbeistand hilflos fühlte, war verständlich. Immerhin handelte es sich bei dem Mordopfer um einen seiner engsten Mitarbeiter. Aber dass er gleich einen der prominentesten Strafverteidiger des Landes engagiert hatte, musste ihn in den Augen der Kommissarin erst recht verdächtig machen.

„Sie fragen nach meinen Kriterien, Doktor Jankovic? Ganz einfach, ich muss mit dem Material arbeiten, das mir vorerst zur Verfügung steht.“ Alisa deutete auf die Papiere, die sich vor ihr stapelten. „Spätestens morgen Mittag weiß ich mehr“, fügte sie kryptisch hinzu. „Und jetzt darf ich Sie bitten, meine Herren ...“

Leonardo erhob sich und scheuchte den Anwalt, der keine Anstalten machte sich zu erheben, mit einer ungeduldigen Handbewegung auf.

Bei ihrer ersten Begegnung hatte Alisa die Frau, die als Nächste den Raum betrat, weit jünger geschätzt, doch nun sah man Milena Pertini jedes einzelne ihrer 52 Jahre an. Zwei scharfe Falten zogen sich von ihrer hübschen Katzennase bis zu den Mundwinkeln, und ihre blau-grünen Augen waren vom Weinen verquollen. Sie trauerte doch nicht etwa um Yannis Zammit?

Warum eigentlich nicht?, überlegte Alisa. Auch wenn sie von diesem Mann bisher nur Negatives gehört hatte, irgendwer konnte ihn trotzdem gemocht haben. Milena jedenfalls nicht, wie ihre ersten Worte bewiesen.

„Ich habe ihn nicht umgebracht. Aber ich bin froh, dass er tot ist“, stieß sie bereits beim Hereinkommen hervor. Alisa sprang auf, um die Tür zu schließen – und prallte mit Leonardo Mancuso zusammen, der offenbar alles mitbekommen hatte.

„Du sagst jetzt nichts mehr, hörst du! Mein Anwalt wird gleich bei dir sein. Und Sie, Frau Kommissar, werden sich bis dahin gedulden müssen.“

„Richten Sie Doktor Jankovic aus, dass die weiteren Vernehmungen im Präsidium stattfinden. Ich muss nur noch meine Unterlagen zusammenpacken. Bis dahin haben Sie hier nichts zu suchen.“ Gleich trifft ihn der Schlag, dachte Alisa ungerührt, als sie den Mann musterte, der sich mit hochrotem Kopf vor ihr aufbaute.

„Sie wagen es, so mit mir zu reden? Das ist immer noch mein Schiff. Ich bin so blöd und stelle Ihnen meinen Salon als Büro zur Verfügung ...“

„... und dafür nehmen Sie sich das Recht heraus, hereinzuplatzen, wann immer es Ihnen passt. Mir reicht es.“

„Das wird Konsequenzen für Sie haben. Offenbar wissen Sie nicht, wer ich bin“, tobte Leonardo weiter.

Wenn es einen Satz gab, auf den Alisa allergisch war, dann dieser. „Doch, Signor Mancuso“, entgegnete sie eisig. „Einer der Hauptverdächtigen in einem Mordfall, der für Schlagzeilen sorgen wird. Nicht nur in Kroatien. Spätestens morgen wird ganz Italien darüber reden. Freuen Sie sich, dann weiß wirklich jeder, wer Sie sind.“

Leonardo schluckte die Worte hinunter, die ihm auf der Zunge lagen. Die Kommissarin hatte recht, es konnte nicht mehr lange dauern, bis sich die Medien auf den Fall stürzten. An Bord waren sie vorerst vor der zu erwartenden Meute in Sicherheit. Mit Schaudern stellte er sich das Blitzlichtgewitter vor, das sie auf dem Weg ins Präsidium wahrscheinlich schon am Kai von Plako empfangen würde. Er wusste, wann er verloren hatte. Vielleicht konnte er den verfahrenen Karren im letzten Moment noch herumreißen.

„Es tut mir leid, Frau Kommissar", würgte er hervor. „Nehmen Sie bitte meine Entschuldigung an." Es fiel ihm sichtlich schwer, über seinen Schatten zu springen, aber er hielt durch. „Bleiben Sie bitte. Ich verspreche Ihnen, es wird Sie niemand mehr stören. Am allerwenigsten ich."

Alisa ließ sich mit ihrer Antwort Zeit. Dabei hatte sie sich längst entschieden. Ihr Schuss vor den Bug war ein Volltreffer gewesen. Ein streichelweicher Mancuso fraß ihr nun aus der Hand, und dass es auch in ihrem Interesse lag, den Journalisten nicht unnötig Futter zu liefern, brauchte er nicht zu wissen.

„Schön, dass Sie so einsichtig sind", sagte sie erst nach einer geraumen Weile.

Leonardo sah sie dankbar an, bevor er sich zu Milena hinunterbeugte, die wie ein Häufchen Elend vor ihm saß. „Überleg dir bitte gut, was du sagst, *carissima*. Ich verlasse dich jetzt ..."

„Das wirst du. Mich verlassen, und zwar für immer." Milena richtete sich auf. „Schicken Sie ihn bitte nicht hinaus, Frau Inspektor. Leonardo soll hören, was ich zu sagen habe. Und seinen Anwalt will ich auch nicht."

„Aber wäre es nicht besser, wenn er dabei ist? Andererseits, bis vor wenigen Tagen hast du Yannis ja nicht einmal gekannt. Also hattest du keinen Grund, ihm etwas anzutun. Die Befragung ist reine Routine ..."

„Lass es gut sein, Leonardo. Ich möchte, dass du dir anhörst, was Yannis mir antun wollte", fügte sie leise hinzu. „Das heißt, wenn du bleiben darfst."

Alisa nickte zustimmend. Sie wusste, was jetzt kam, und war gespannt darauf, wie Mancuso reagieren würde.

„Es war der 17. November 1981. Mehr als dreißig Jahre ist das jetzt her, aber mir kommt es vor, als wäre es gestern gewesen. Es war sehr kalt in Florenz und es hat genieselt. Was mich nicht davon abhalten konnte, an einer Demonstration teilzunehmen. Meiner ersten. Du erinnerst dich vielleicht, damals gab es überall Proteste gegen Pelztierfarmen. Anfangs verlief alles friedlich, doch dann ist die Sache aus dem Ruder geraten. Ein paar vermummte Randalierer begannen, Schaufenster einzuwerfen und Autos in Brand zu stecken. Die Polizei setzte Tränengas und Wasserwerfer ein, die Sache eskalierte ..."

„Und du mittendrin, mit gerade einmal zwanzig ..."

„Wir waren alle blutjung. Leo, und wir alle haben zu spät begriffen, was um uns geschah. Erst als die ersten Pflastersteine flogen, rannten wir um unser Leben. Ein Mann neben mir wurde getroffen und stürzte zu Boden. Ich wollte ihm helfen und bin zurückgelaufen. In der Blutlache neben seinem Kopf lag ein Stein. Nicht sehr groß, etwa zehn Zentimeter im Quadrat, aber mit scharfen Kanten. Den habe ich instinktiv aufgehoben, frag mich bitte nicht warum. Ich habe mich das später hundertmal selbst gefragt. Aus Reflex? Um mich zu bewaffnen? Könnte sein, ich war wehrlos und allein und um mich herum nur Nebel und Dunkelheit."

Es klopfte an der Tür und Milena verstummte.

„Jetzt nicht“, rief Alisa, die gebannt der Schilderung lauschte. Bisher hatte sie nur die nackten Fakten gekannt, die einen ganz anderen Eindruck vermittelten. „Sprechen Sie bitte weiter, Signora.“

„Ich war wie betäubt und bin erst wieder zu mir gekommen, als ein Polizist auftauchte und mir aufhalf. Diese Szene hat ein Reporter fotografiert. Das Bild war am nächsten Tag im Fernsehen und auf den Titelblättern aller Zeitungen zu sehen: eine Demonstrantin, die mit einem tödlichen Geschoss in der Hand abgeführt wird. Daraufhin hat die Polizei gegen mich ermittelt. Verdacht auf Totschlag, denn der Mann ist noch am selben Tag im Spital gestorben.“

„Aber weshalb gegen dich?“, fragte Leonardo, der nicht länger an sich halten konnte. „Du hattest doch keinen Grund, einen Gesinnungsgenossen umzubringen.“

„Das hat die Staatsanwaltschaft auch so gesehen und das Verfahren eingestellt. Aber was sie nicht einstellen konnte, das waren die Albträume, die mich jahrelang verfolgt haben.“

„*Poverina,* das muss schlimm gewesen sein, aber was hat Yannis damit zu tun?“

Bevor Milena antworten konnte, hielt Alisa ein Foto in die Höhe. „Dieses Bild, Signor Mancuso, haben wir in Zammits Safe gefunden. Schauen Sie es sich ruhig etwas genauer an. Was sehen Sie? Eine junge Frau mit einem blutigen Stein in der Hand, die vor einem Schwerverletzten kniet. Hat sie den Mann nur wenige Augenblicke zuvor niedergeschlagen? Sieht ganz danach aus, finden Sie nicht auch?“

„Und wenn schon, Milena war unschuldig ...“

„Hätten Sie ihr das geglaubt?“, setzte Alisa ungerührt fort. „Oder vielleicht mit dem Gedanken gespielt, dass man ihr damals nur nichts nachweisen konnte? Mit diesem Foto ist es nicht schwer, Zweifel zu wecken ..."

„Begreifst du noch immer nicht, Leonardo? Genau damit hat Zammit mir gedroht. Du würdest ihm glauben und nicht mir, einer Glücksritterin mit dubioser Vergangenheit, die sich einen reichen Mann angeln will. Er war sich seiner Sache so sicher, dass er mir sogar einen Tag Bedenkzeit gegeben hat."

„Wann war das?"

„Am Freitag, als er aus Zadar zurückgekommen ist ..."

„... und nur wenige Stunden später wurde er umgebracht", stellte Alisa mit unbewegter Miene fest. „Was wollte er eigentlich als Gegenleistung von Ihnen?"

„Sex, was sonst?", antwortete Milena und blickte Leonardo in die Augen. „Ein nettes Sado-Maso-Spielchen hat er mir vorgeschlagen ..."

„Dieses Schwein! Gnade ihm Gott, wenn ich das gewusst hätte ..."

„Und, haben Sie, Signore? Bescheid gewusst, meine ich?"

„Nein, hat er nicht, Frau Inspektor", fuhr Milena dazwischen. „Noch eine letzte Nacht, die wollte ich uns gönnen. Und danach mit ihm Schluss machen. Aber in der Früh war Yannis verschwunden ..."

„... und somit blieb Ihnen eine Galgenfrist", stellte Alisa trocken fest. „Ich soll Ihnen also glauben, Signora, dass Sie die Beziehung beenden wollten, doch bevor es dazu kam, war Ihr Erpresser tot? Ein bisschen viel verlangt, finden Sie nicht?"

Milena stützte die Arme auf und verbarg ihr Gesicht zwischen den Händen.

„Schau mich an! Das wolltest du mir antun? Mich verlassen, ohne mir zu erklären warum? So wenig Vertrauen hast du zu mir?" Leonardo war offensichtlich aufgebracht.

„Sie verstehen offenbar noch immer nicht, Signor Mancuso", unterbrach Alisa. „Setzen wir einmal voraus, dass die Aussage Ihrer Freundin stimmt. Wenn sie die Affäre mit Ihnen beendet hätte, hätte Yannis sie nicht länger erpressen können. Welches Mordmotiv sollte sie dann noch gehabt haben? Außer Rache, doch das erscheint mir ziemlich unwahrscheinlich. Aber wenn ich mich nicht irre, wollte sie gar nicht sich selbst, sondern in erster Linie Sie schützen. Wie hätten Sie denn reagiert? Eine Kostprobe habe ich bereits bekommen. *Gnade ihm Gott* – das waren Ihre Worte ..."

„Du hättest durchgedreht, Leonardo, und das konnte und wollte ich nicht riskieren. Also blieb mir keine Wahl."

„Außer auf die Erpressung einzugehen ..."

„Ich wusste, dass du dich das früher oder später fragen wirst. Nein, ich habe mich nicht erpressen lassen. Was hätte ich denn damit gewonnen? Dass ich dich mitsamt deinem Geld nicht verliere? Das wollte Zammit mir weismachen, aber so dumm bin ich nicht. Denk einmal weiter. Stell dir vor, wir wären zusammengeblieben, dann hätte er erreicht, worauf er in Wirklichkeit aus war. Sein nächstes Opfer wärst nämlich du gewesen."

Leonardo lachte höhnisch auf. „Mich erpressen? Ein Nobody wie Yannis? Womit denn?"

„Mit meiner Vergangenheit, sobald du mich in die Mailänder Gesellschaft eingeführt hättest. Er hätte dir gedroht, dieses verdammte Foto den Medien zuzuspielen. Den Bildtext dazu kannst du dir unschwer vorstellen: *Die neue Frau an der Seite des Großindustriellen Mancuso bei einer Demonstration. Wer war schuld am Tod dieses Mannes? Der Fall blieb bis heute ungeklärt.* In etwa so, ich brauche dir das Szenario nicht weiter auszumalen."

Das Lachen war Leonardo vergangen. „Ich muss nachdenken“, sagte er, als das Schweigen um ihn immer drückender wurde. „Allein.“

Mit hängenden Schultern ging er hinaus. Wie ein plötzlich gealterter Mann, den seine Energie von einem Moment zum anderen verlassen hatte. Nein, er konnte sich in Milena nicht getäuscht haben. Oder war er doch nur ein Narr, der sich an der Nase herumführen ließ? Wie eine Vision sah er Yannis vor sich, der ihm spöttisch seine eigenen Zweifel zuraunte. „Du glaubst wirklich, eine Frau gefunden zu haben, die es nicht auf dein Geld abgesehen hat?“, sagte er zu seinem eigenen Spiegelbild, bevor er sich auf sein Bett sinken ließ und jene Szene heraufbeschwor, die sein Leben erst vor Kurzem auf den Kopf gestellt hatte.

„Sehr schön, aber das ist nichts für mich. *Diamonds are not my best friends.*“ Niemals würde Leonardo vergessen, wie Milena die brillantenbesetzte Uhr achtlos beiseitegelegt und nach einer 40-Euro-Swatch gegriffen hatte, die ihrer alten aufs Haar glich. Das war der Augenblick gewesen, in dem es um ihn geschehen war. Hals über Kopf hatte er sich verliebt. Bei einem Uhrmacher in Split, bei dem Milena bloß eine neue Batterie erstehen wollte. Was sich jedoch erübrigt hatte, denn ihre Swatch war, wie sich herausstellte, kaputt. Auf seinen Wink hatte der Juwelier eine Damenuhr aus der Vitrine genommen. Eine Tissot mit einem Zifferblatt aus Perlmutt, die ihn seiner Einschätzung nach etwa 2.000 Euro kostete.

Weshalb ließ sich eine Frau, die offensichtlich nicht auf Rosen gebettet war, eine solche Chance entgehen? Weil ihr Geld und Geldeswert tatsächlich nichts bedeutete? Oder war das nur ein raffinierter Schachzug gewesen? Um ihn um den Finger zu wickeln, weil es bei einem Mancuso weit mehr zu holen gab als ein paar Diamanten, wenn man es nur geschickt genug anstellte?

Nein und nochmals nein, er irrte sich nicht. An Milena war alles echt. Zum Teufel mit dir, Yannis, rief er laut, damit die Stimme in seinem Kopf endlich verstummte. Für einen Augenblick hatte er vergessen, dass der Mann, der in seinem Wachtraum herumspukte und ihm mit seinen Einflüsterungen die Hölle bereitete, bereits selbst dort gelandet war.

Erst als die Tür auch hinter Milena ins Schloss fiel, merkte Alisa, wie erschöpft sie war. Die Einvernahme hatte sie Substanz gekostet, doch sie durfte jetzt nicht schlapp machen. Es gab genügend zu tun. Der Kollege von der Wirtschaftspolizei hatte zweimal angerufen, ihr Chef, der längst auf dem Weg nach Brüssel sein sollte, ebenfalls. Alisa klappte ihr Handy zu. Das alles konnte warten, erst einmal musste sie ihre Gedanken ordnen.

Das Resümee ließ sich in einem Satz ziehen: Für die Pertini gab es kein Mordmotiv, weil sie sich ja dazu durchgerungen hatte, die Affäre zu beenden, und Mancuso war aus dem Schneider, weil er von nichts wusste. Wo kein Motiv, da auch keine Mörder – eine logische Schlussfolgerung, die sich geradezu aufdrängte. Und die Tatsache, dass sich das Paar nur gegenseitig ein Alibi geben konnte, spielte auch keine Rolle mehr.

Es konnte natürlich genauso gut sein, dass die beiden eine perfekte Show abgezogen hatten. Eine Seifenoper erster Güte mit Milena als tapferer Geliebter, gewillt, auf das eigene Glück zu verzichten, und Leonardo als einem Mann, der an seinen Zweifeln zu zerbrechen drohte.

Nein, sie konnte die beiden noch nicht von ihrer Liste streichen. Das war Alisas letzter Gedanke, bevor sie den Kopf auf ihre verschränkten Arme legte. Fünf Minuten Schlaf wirkten Wunder bei ihr, doch nicht einmal die waren ihr vergönnt.

„Der endgültige Obduktionsbericht ist eben eingetroffen. Auf meinem iPhone. Wollen Sie ihn sehen?"

Wollte sie nicht, zumindest nicht jetzt gleich, aber das konnte sie ihrem eifrigen Assistenten gegenüber schlecht zugeben.

„Kommen Sie herein, Franjo, und lesen Sie vor."

20. Kapitel

„Zammit hat also am Freitag um etwa 21 Uhr 30 eine Pizza gegessen. Seine Leiche wurde tags darauf um etwa 19 Uhr obduziert und der Mageninhalt untersucht. Da es sich bei einer Pizza um eine relativ schwere Mahlzeit handelt, dauert es grundsätzlich rund sechs Stunden, sie zu verdauen. Entsprechend der bereits fortgeschrittenen Anverdauung kann man davon ausgehen, dass der Tod drei bis vier Stunden nach dem Essen eingetreten ist. Das bedeutet: Tatzeitpunkt gestern zwischen 0 Uhr 30 und 1 Uhr 30“, fasste Alisa zusammen. „Anverdauung, was für ein scheußliches Wort. Typisch Pathologie ...“

„... die sich bei mir beschwert hat, dass die Körpertemperatur des Leichnams und die Temperatur des Wassers zum Bergezeitpunkt nicht gemessen wurden“, warf ihr Assistent ein und errötete. „Verzeihung, ich wollte Sie nicht unterbrechen, aber ich hätte fast vergessen, Ihnen das auszurichten. Der zuständige Gerichtsmediziner heißt – warten Sie, gleich habe ich's.“ Franjo blätterte hektisch in seinem Notizbuch.

„Vergessen Sie's, auch wenn die im Prinzip natürlich recht haben. Eine nähere Eingrenzung durch eine Temperatur-Rückrechnung ist somit nicht mehr möglich“, sagte Alisa. „Das ist eine Schlamperei, die durch nichts zu entschuldigen ist, und ich werde ordentlich Krach schlagen, damit so etwas nicht wieder passiert. Im konkreten Fall aber ist eine Stunde auf oder ab nicht so wichtig.“

„Aber das könnte doch entscheidend für die Auswertung der Zeugenaussagen sein. Und für die Überprüfung der Alibis auch, ich meine ...“

„Was meinen Sie, Franjo? Von welchen Zeugen sprechen Sie? Mir erscheint es mehr als unwahrscheinlich, dass sich jetzt noch jemand meldet, der Zammit nach dem Verlassen der Hotelbar gesehen hat. Und was die Alibis betrifft: Wenn unser Mörder unter den Discobesuchern zu finden ist, dann macht ein etwas späterer Zeitpunkt keinen Unterschied." Ohne ihren Assistenten weiter zu beachten, wühlte Alisa in ihren Papieren und zog das gesuchte Dossier hervor. „Gibt es noch etwas? Nein. Dann holen Sie mir bitte jetzt diesen Carlo Bartoli."

Franjo nickte und verließ wortlos den Raum. Hatte sie ihn mit ihrer forschen Art etwa beleidigt? Sie war sich keiner Schuld bewusst. Auf die Idee, dass der junge Polizist, der erst vor Kurzem in den Rang eines Inspektors aufgestiegen war, sie geradezu anhimmelte, kam Alisa nicht. Rasch überflog sie noch einmal die Daten, um die bevorstehende Einvernahme nicht unnötig in die Länge zu ziehen.

Sogar ein Foto war dabei, und so war sie nicht weiter überrascht, als wenig später ein wenig attraktiver Mann vor ihr Platz nahm: brünette, schüttere Haare, mittelbraune Augen, ungewöhnlich roter Mund, fleischige Nase, maximal 1,70 groß und mit geschätzten mehr als achtzig Kilo nicht gerade dick, aber auch alles andere als schlank.

„Sie heißen Carlo Bartoli, wurden 1977 in Florenz geboren und haben 2002 die Trattoria Ihrer Eltern übernommen. Nach dem Tod Ihres Vaters, nicht wahr? Damals waren sie, wenn ich richtig rechne, fünfundzwanzig und standen kurz vor dem Abschluss Ihres Chemiestudiums. Das haben Sie an den Nagel gehängt und sind Wirt geworden. Kann nicht leicht für Sie gewesen sein."

„Woher kennen Sie meine Lebensgeschichte?", stotterte ihr Visavis. „Ich bin doch nicht vorbestraft oder aktenkundig."

„Sie sind aktenkundig, Signore. Nicht bei der Polizei, aber beim Marktamt", fuhr Alisa ungerührt fort. „Und ich kann Ihnen auf den Cent genau sagen, wie hoch die Strafe dafür war, dass Sie in Ihrem Lokal jahrelang Pferdefleisch als Rindfleisch verkauft haben. Erst als das aufgeflogen ist, haben Sie auf vegetarische Küche umgesattelt."

In seiner Aufregung war Carlo das Wortspiel entgangen. Alisa unterdrückte ein Grinsen.

Der Mann sank in sich zusammen. „Also hat Zammit doch gelogen", sagte er schließlich.

„Inwiefern gelogen? Lassen Sie sich nicht jedes Wort aus der Nase ziehen."

„Er hat mir geschworen, dass er nichts Schriftliches über mich in der Hand hat. Nur den telefonischen Bericht seiner Detektei. Ist mir gleich seltsam vorgekommen, aber wie sollte ich ihm das Gegenteil beweisen? Ich konnte nur hoffen, dass er sich an die Abmachung hält ..."

„... die wie lautete?"

„Er vergisst, was er über mich in Erfahrung gebracht hat. Im Gegenzug manipuliere ich die Auswertung der aktuellen Wasserproben, mit denen *Blue Sea* die Argumente gegen die Massentierhaltung im Meer untermauern will."

„Eine Kleinigkeit für einen Chemiker wie Sie, ich verstehe. Und ein unmittelbarer Schaden wäre damit auch für niemand entstanden. Im Gegensatz zu dem Schaden, den Zammit für Sie hätte anrichten können. Ich stelle mir die Reaktion Ihrer Stammgäste vor: Ein engagierter Umweltschützer, der aus reiner Tierliebe ein vegetarisches Restaurant betreibt, entpuppt sich als ein Gastwirt, bei dem vor nicht allzu langer Zeit sogar Pferde im Kochtopf gelandet sind. Das wäre das Aus für Ihre Goldgrube gewesen."

„Aber ich bin doch auf die Forderungen eingegangen ..."

„... und haben geglaubt, dass die Sache damit erledigt ist? Das kaufe ich Ihnen nicht ab."

„Durch Zammits Tod fliegt doch erst recht alles auf", wandte Carlo verzweifelt ein. „Ich nehme an, Sie haben das Material über mich gefunden."

„Von dessen Existenz Sie angeblich nichts wussten, schon vergessen? Mit dieser Aussage haben Sie sich erst recht belastet."

Oder auf raffinierte Art entlastet, überlegte Alisa. Der Florentiner hatte nicht sicher sein können, dass sich keine Dokumente über ihn und seine Machenschaften in Zammits Besitz befanden. Ein Mord hätte somit zum Bumerang werden können. Eine Schlussfolgerung, die auch die Polizei früher oder später ziehen müsste. War er dennoch das Risiko eingegangen, dass die Unterlagen den Ermittlern in die Hände fielen? Besonders risikofreudig sah dieser Mann nicht aus. Aber da gab es ja noch seinen Lebensgefährten.

Mehr als jeder verbale Angriff zeigte das Schweigen der Kommissarin Wirkung.

„Also gut. Ich habe Zammit, dem ich vor genau einer Woche zum ersten Mal begegnet bin, gehasst wie niemand anderen zuvor. Aber ich kann nicht einmal ein Tier töten und einen Menschen schon gar nicht."

Diesmal wandte Carlo seine Augen nicht ab, sondern hielt Alisas Blick stand. In Romanen war dies ein untrügliches Zeichen, dass jemand log, dachte sie. Ihre Erfahrung hatte sie freilich gelehrt, dass dieses Klischee nicht zutraf.

„Vielleicht waren Sie es ja nicht selbst, sondern Ihr Freund hat für Sie die Schmutzarbeit erledigt."

„Das ist absurd! Lassen Sie Jon aus dem Spiel."

„Es ist kein Spiel, Signore, sondern blutiger Ernst. Jonathan Moore hatte selbst gute Gründe, Yannis Zammit zum Schweigen zu bringen." Alisa griff nach einem Papier und schob es ihrem Visavis zu. „Nie gesehen? Dann lesen Sie doch einmal vor, was da steht."

Carlo nestelte nach seiner Brille. „Jonathan Moore, geboren am 27. 1. 1986 in Phoenix/Arizona, besuchte von 2006 bis 2009 die Restaurierungsschule Opificio delle Pietre Dure in Florenz (Zeugnisse über Kurse in den Fachgebieten Schmuck, Möbel, Schnitzereien, Vergoldungen, vielfarbige Holzskulpturen, alte Waffen). Seit 2008 Lebensgemeinschaft mit Carlo Bartoli (siehe dort). Arbeitet freiberuflich als Kunstberater. – Was soll das? Jon ist geprüfter Restaurator und wir sind schwul, na und?" Mit neu gewonnener Sicherheit setzte sich Carlo in Positur. „Ist das strafbar?"

„Wenn man sein Wissen in betrügerischer Absicht einsetzt, sehr wohl. Schauen Sie, was auf der Rückseite steht."

„Es liegt eine Betrugsanzeige gegen den amerikanischen Staatsbürger Jonathan Moore vor: Er soll ein falsches Gutachten erstellt haben, mit dem der Antiquitätenhändler Emilio Martini (Daten siehe Anhang) eine Holzfigur aus dem 19. Jahrhundert als gotische Madonna zum fünfzigfachen Preis verkauft hat. Die Staatsanwaltschaft hat keine Ermittlungen aufgenommen, denn die Anzeige wurde bereits am nächsten Tag zurückgezogen. Daraus lässt sich schließen, dass nicht nur die Kaufsumme zurückerstattet, sondern auch ein Schweigegeld in beträchtlicher Höhe geleistet wurde. Im Anhang: Namen und Adressen der Beteiligten."

Gleich fällt er mir vom Sessel, dachte Alisa. Carlo Bartoli war weiß wie ein Leichentuch geworden.

„Der Mann, der Jon angezeigt hat, ist für Sie kein Unbekannter, richtig? Sie brauchen nicht zu antworten, ich sehe Ihnen das Ja an. Ein ehemaliger Stammgast, wie ich annehme. Und Sie haben sich gewundert, weshalb er von einem Tag auf den anderen nicht mehr in Ihr Lokal gekommen ist? Zammit hätte es Ihnen erklären können – und dazu, dass dieser eine Fall nur die Spitze eines Eisbergs war. Weil die meisten Betrogenen bis heute nicht ahnen, was man ihnen um teures Geld angedreht hat." Alisa zog ein weiteres Papier hervor. „Die von Zammit beauftragte Detektei hat offenbar einen guten Draht zum Finanzamt. Jonathan Moore hat für jeden Kunden, den er anschleppte, eine Provision kassiert. Säuberlich aufgelistet in der Steuererklärung des Antiquars Martini, was durchaus einer gängigen Praxis entspricht. Dafür, dass Ihr Freund vermutlich für seine fachmännische Beratung nochmals die Hand aufgehalten hat, gibt es keinen Beweis, aber das ändert nichts an den Tatsachen. Hätte Zammit geplaudert, wäre eine Lawine ins Rollen geraten."

„Kann ich bitte ein Glas Wasser haben?", war alles, was Carlo krächzend hervorbrachte.

„Das ist ein handfestes Mordmotiv", fuhr Alisa unbarmherzig fort, nachdem etwas Farbe in das Gesicht ihres Gegenübers zurückgekehrt war. „Und zwar für Mr. Moore ein weit schwerwiegenderes als für Sie, denn von seinen Machenschaften wussten Sie offenbar nichts. Und zudem musste er fürchten, dass Ihre Beziehung in die Brüche geht."

„Sie irren, er hat mir auf der Stelle alles gebeichtet ..."

„Warum lügen Sie mich an, Signore? Um Ihren Partner zu schützen? Damit helfen Sie ihm nicht. Ob er allein einen Grund hatte, Zammit umzubringen, oder Sie beide, macht keinen Unterschied."

Bis auf das Summen des Kühlschranks, das Alisa zuvor nicht bemerkt hatte, herrschte lange Zeit Stille.

„Ich hätte ihm verziehen", sagte Carlo nach einer Weile so leise, dass sie ihn kaum verstand. „So wie ich ihm bisher alles verziehen habe. Daraus können Sie ihm keinen Strick drehen, Frau Kommissar. Und jetzt entschuldigen Sie mich bitte. Ich kann nicht mehr."

Als Alisa auf die Uhr blickte, konnte sie es kaum glauben. In spätestens einer Stunde würde es finster sein. Wenn sie bei Tageslicht noch ein wenig Luft schnappen wollte, sollte sie aufbrechen. Ein kurzer Bummel durchs Dorf war genau das Richtige, bevor sie ihren Ermittlungsmarathon fortsetzte. Aber wohin mit den Dossiers? Sie konnte die brisanten Papiere nicht liegen lassen, und in ihre Tasche stopfen wollte sie das Konvolut auch nicht.

Ihren Assistenten mit der Bewachung zu betrauen, war eine Möglichkeit, doch Franjo hatte sich ebenfalls eine Pause verdient. Nachdenklich betrachtete sie den Schlüssel, der vor ihr auf dem Tisch lag. Natürlich, warum war sie nicht gleich auf das Naheliegende gekommen? Sie musste nur die Treppe hinuntergehen und die Unterlagen zurück in Zammits Safe legen. Das Siegel an der Kabinentür war kein Problem, sie hatte genügend in Reserve. Abgesehen davon kam der Raum als Tatort garantiert nicht in Frage, also konnte sie ihn genauso gut wieder freigeben.

Sehnsüchtig warf Alisa einen Blick auf das breite Bett. Nur eine Viertelstunde ausstrecken – das wäre das Himmelreich auf Erden! Allein schon die Vorstellung ließ sie genussvoll aufseufzen. Einen Wecker gab es auch, was sollte also groß passieren? Kurz entschlossen streifte sie die Jacke ab – und erstarrte. Was war das für ein infernalischer Lärm da draußen? Im selben Augenblick stieß Drago die Tür auf.

„Hab ich mir gedacht, dass Sie hier stecken. Ihr Adlatus sucht Sie verzweifelt."

„Was ist geschehen?"

„Kommen Sie mit, dann werden Sie schon sehen."

In der nächsten Sekunde war der Skipper wieder verschwunden und Alisa blieb gar nichts anderes übrig, als ihm zu folgen.

Den Spaziergang hätte sie sich ohnedies abschminken können, war ihr erster Gedanke, als sie an Deck trat – und sofort zurück ins Innere flüchtete. Selbst der kurze Moment hatte der lauernden Meute genügt, um ein Blitzlichtgewitter zu veranstalten. Auf dem Pier ging es zu wie auf einem Jahrmarkt: Ein Gedränge aus Kameraleuten, Fotografen und Reportern. Wenn sie richtig sah, war einer von ihnen sogar auf eine nahe Palme geklettert, um die beiden Yachten aus der Vogelperspektive zu filmen.

„Nichts wie weg!", rief Alisa entsetzt. „Drago, Sie legen sofort ab, das schaffen Sie auch ohne Hilfe. Mirko, Sie machen die Leinen der *Penelope* los, damit sich Filippo nicht blicken lassen muss. Franjo, Sie fordern Verstärkung an, aber bis die eintrifft, müssen Sie die Geier allein in Schach halten. Sobald wir weit genug weg sind, kommen Sie mit dem Polizeiboot nach."

Mit ihrer raschen Reaktion hatte Alisa die Belagerer überrumpelt. Bevor sie begriffen, was im Gange war, tuckerten die beiden Yachten bereits los. Der plötzlich aufgekommene Wind verwehte den lautstarken Protest der Medienmeute, die sich um ihre Beute betrogen sah. Fürs Erste musste es genügen, außer Reichweite der Kameras zu sein, überlegte Alisa. Wie es dann weiterging, würde sich zeigen.

„Der Wetterbericht verheißt nichts Gutes", meldete Drago. „Es gibt eine Sturmwarnung, die nicht zu unterschätzen ist."

„Das bedeutet ..."

„... dass wir heute Nacht nur in einer geschützten Bucht sicher sind. Entweder wir suchen uns auf der Stelle eine andere – oder wir bleiben in Plako. Ihre Entscheidung, *žena inspektor*."

Alisa war verunsichert, doch sie wollte sich keine Blöße geben. „Müssen wir wieder zurück an die Mole oder werden die Anker Ihrer Einschätzung nach halten?", fragte sie nach kurzem Zögern. Dass sich nicht jeder Meeresboden dafür eignete, wusste sie, aber das war auch schon alles. In ihrer Kindheit war sie zwar des Öfteren mit Fischern hinausgefahren, aber sie hatte noch an keinem Törn teilgenommen. Ihre Erfahrungen auf diesem Gebiet beschränkten sich auf einige Einsätze mit den Schnellbooten der Polizei, doch sie war nie selbst am Steuer gestanden.

Drago grinste. Die kleine Kommissarin, die sich mit gewichtiger Miene vor ihm aufpflanzte, versuchte offenbar zu kaschieren, dass sie die Tücken der Seefahrt nur in der Theorie kannte.

„Sollte uns die Bora losreißen, müssten wir die Motoren anwerfen und in einigem Abstand zum Ufer kreisen. Aber wenn es hart auf hart kommt, bleibt uns sowieso nichts anderes übrig", antwortete er und deutete auf eine sich bedrohlich nähernde Wolkenbank.

„Was bei Windstärke 9 bis 10 los ist, brauche ich Ihnen nicht erklären, das wissen Sie ja selbst“, fügte er süffisant hinzu.

„Gar nichts weiß ich“, gestand Alisa widerwillig ein. Sie begriff, dass sie durchschaut war. „Ich verstehe nicht, was es bringen soll, im Kreis herumzufahren? Wenn wir angelegt haben, sind wir doch im Hafen am sichersten?“

„Keineswegs, das glauben nur Anfänger. Die *Seacloud* wäre nicht die erste Yacht, die in einem Gewittersturm an eine Kaimauer kracht. Ich habe nicht nur einmal gesehen, was dabei alles zu Bruch gehen kann. Das gilt natürlich umso mehr für die *Penelope*. Ihnen ist der Rumpf aus Holz wahrscheinlich nicht aufgefallen. Ein wunderschönes Boot, aber heikel! Da ist sogar ein Totalschaden nicht ausgeschlossen.“

Unwillkürlich war Drago in einen dozierenden Ton verfallen, was ihm prompt einen scheelen Seitenblick eintrug. Typisch Lehrer, schoss es Alisa durch den Kopf. Eine kürzere Antwort hätte durchaus genügt, aber nein, er lässt keine Gelegenheit aus, einen Vortrag zu halten.

Mittlerweile waren sie ziemlich genau in der Mitte der Bucht angelangt.

„Gleich geht es los“, stellte Alisa mit grimmiger Schadenfreude fest. „Hoffentlich erwischt es noch ein paar von unseren Spezialfreunden.“ Tatsächlich hatte sich der Himmel innerhalb weniger Minuten verdunkelt. Ihr unfrommer Wunsch ging allerdings nicht in Erfüllung. Als die ersten schweren Tropfen fielen, hatte sich die Uferpromenade nahezu vollständig geleert.

21. Kapitel

Ungläubig blickte Alisa auf das Display ihres Handys. Das Büro des Polizeipräsidenten – an einem Sonntagabend. Nicht zu fassen, das konnte nur ein Irrtum sein! Zadars oberster Ordnungshüter galt wahrlich nicht als jemand, dem seine Arbeit das höchste Gut bedeutete. Vorsichtig ausgedrückt. Um einiges drastischer hatte es vor Kurzem der Moderator des Politmagazins von TV-Dalmacija formuliert. Es könnte allerdings sein, dass sich ihr kritisierter Chef genau deswegen für ihre Mordermittlung interessierte, überlegte Alisa, bevor sie die grüne Taste drückte.

„*Inspektor Tanic?*" Kein Gruß, nur eine alles andere als freundliche Stimme blaffte aus dem Hörer. An seinen Manieren hat sich jedenfalls nichts geändert, dachte Alisa, aber auf dieses Niveau würde sie sich nicht begeben.

„*Dobra večer, gospodine predsjedniče, da.* Was kann ich für Sie tun?", antwortete sie höflich.

„Haben Sie keine Nachrichten gesehen? Nein? Dann wissen Sie auch nicht, was hier los ist. Was treiben Sie eigentlich die ganze Zeit? Ich weiß nicht mehr, wo mir der Kopf steht, und was machen Sie? Daumendrehen? Wo stecken Sie überhaupt?"

„In Plako, genauer gesagt in der Bucht von Plako."

„Der Touristikminister erwartet meinen Rückruf. Kommen Sie unverzüglich in mein Büro ..."

„Das ist leider nicht möglich, *gospodine predsjedniče*", unterbrach Alisa, der allmählich die Geduld riss.

„Das ist ein Befehl ..."

„... dem ich nicht Folge leisten kann, solange die Welt untergeht. Nicht bei Windstärke 10 und meterhohen Wellen ..."

„Papperlapapp, übertreiben Sie nicht so schamlos. Auch über Zadar geht gerade ein Gewitter nieder ..."

Es war sinnlos. Dieser Mann war nicht durch Tüchtigkeit, sondern nur durch Protektion an die Spitze gelangt. Wie sollte sie einem, der an seinem Schreibtisch im Trockenen saß und nur das eigene Renommee im Sinn hatte, das um sie tobende Inferno klarmachen? Wie von Drago vorausgesehen, war an Ankern nicht zu denken. Im Gegenteil, bei ihrer Flucht vor der Journaille hatten sie sich offenbar zu weit hinausgewagt, und jetzt mussten sie so rasch wie möglich zurück in den Hafen. Über schwarze Wasserberge, die sich vor den Fenstern auftürmten, bevor der Katamaran ins nächste Wellental tauchte.

Anstelle einer Antwort holte Alisa tief Luft und blies mit aller Kraft in den Hörer.

„Hallo, ich höre nichts mehr, hallo. Sind Sie noch dran? Sagen Sie doch etwas", drang es klar und deutlich an ihr Ohr.

Wenn sie jetzt das Handy ein paar Mal auf den Tisch klopfte und danach vorgab, kaum noch etwas zu verstehen, würde eine Störung durchaus glaubwürdig wirken. „Hallo, hallo, Sie sind ganz weit weg. Verdammt, jetzt ist es ganz aus." Mit einem grimmigen Lächeln unterbrach Alisa die Verbindung. Daraus konnte ihr keiner einen Strick drehen, nicht einmal der Herr Präsident höchstpersönlich.

Dass sie heute nicht mehr im Präsidium antanzen musste, war das einzig Gute an der misslichen Lage. Glück im Unglück für sie – und Pech für den Täter, spann Alisa den Faden weiter. Wäre das Unwetter gestern um diese Zeit losgebrochen, man hätte Yannis Zammit kaum jemals gefunden. Keine Leiche, kein Mord – nur eine Person mehr in der Vermisstenstatistik. Stattdessen hatte sie jetzt den Touristikminister am Hals, und das war garantiert erst der Anfang.

Ein letztes Mal schwankte der Katamaran, dann hatte es die *Seacloud* in ruhigere Gewässer geschafft. Erst jetzt wagte Alisa aufzustehen, um sich einen Überblick über die Lage zu verschaffen. In einiger Distanz kämpfte Filippo noch gegen das aufgewühlte Meer, doch die *Penelope* war ebenfalls bald aus der Gefahrenzone. Der Himmel schien seine Schleusen wieder zu schließen. Es regnete zwar nach wie vor, aber es schüttete nicht mehr wie aus Kübeln.

„Das Schlimmste ist überstanden", verkündete Leonardo, der gleichzeitig mit der Kommissarin den großen Salon betrat. Eng aneinandergepresst blickten Francesca und Titus zu ihm auf. „Drago und ich haben alles unter Kontrolle", fügte er strahlend hinzu.

Ein Mann, der sturmumtost die Seinen in Sicherheit bringt. Die Rolle gefällt ihm, spottete Alisa insgeheim. Oder Poseidon höchstpersönlich, der den Elementen gebietet. Fehlt nur noch der Dreizack. Im nächsten Moment zuckte sie vor dem Bild zusammen, das wie eine Vision in ihr aufstieg: Mancuso als Gott des Meeres, der seine tödliche Waffe aus der Tiefe schleuderte. Denkbar? Oder spielte ihr die Phantasie einen Streich? Der Dreizack einer Harpune war die Tatwaffe. Versuchte ihr Unterbewusstsein, ihr etwas zu signalisieren, oder sah sie bereits Gespenster? Ihre Gedanken drehten sich im Kreis.

Bisher war sie auch ohne ihren Stellvertreter zurechtgekommen, jetzt aber vermisste sie ihn schmerzlich. Doch selbst wenn sie ihn aus dem Urlaub zurückbeorderte, würde ihr das nicht wirklich weiterhelfen. Sie brauchte auf der Stelle einen Partner, mit dem sie die bisherigen Ermittlungsergebnisse analysieren konnte, nicht erst in ein paar Tagen. Der Polizeipräsident forderte rasche Aufklärung, was im Klartext hieß, dass sie bis morgen mit ersten Ergebnissen aufwarten musste.

Alisa wehrte sich nicht länger gegen ein Angebot, das sie bisher erfolgreich verdrängt hatte: Tenente Colonnello Valentino aus Sizilien – ihn hatte ihr das Schicksal geschickt. Wenn sie seine Hilfe annahm, begab sie sich allerdings auf sehr dünnes Eis. Ihr war klar, dass sich ihr Vorgesetzter und erst recht der Präsident die Einbeziehung eines italienischen Kollegen verbitten würden. Die ungewöhnliche Partnerschaft konnte nur funktionieren, wenn niemand davon erfuhr.

Während Alisa noch überlegte, wie sie sich am besten auf diskrete Weise nach Giorgio erkundigen konnte, kam ihr Francesca unbewusst zu Hilfe. „Wo steckt Elena?“, fragte sie.

„Keine Ahnung, jedenfalls nicht bei Drago auf dem Kommandostand, da habe nur ich ausgeharrt. Milena meditiert und will nicht gestört werden, mehr kann ich dir auch nicht sagen“, erklärte Leonardo, nachdem er sich einen Drink eingeschenkt hatte. „Ich nehme an, sie und unsere neuen Gäste haben sich in ihre Kabinen verkrochen. Wenn es dich beruhigt, kann ich nachsehen ...“

„Nicht nötig, Signore, das übernehme ich“, sagte Alisa rasch. „Ich will mich ohnedies mit Ihrer Reiseleiterin absprechen.“

„Mit Elena? Wozu?“

„Alle, die ich noch nicht befragt habe, müssen morgen an Bord bleiben. Signora Martell möchte für die anderen ein Programm organisieren. Das kann sie aber nur, wenn sie weiß, für wie viele und wie lange es dauern darf. Und jetzt möchte ich mich für heute bei Ihnen verabschieden. Sobald es möglich ist, wird mich mein Assistent mit dem Polizeiboot abholen."

Klingt doch plausibel, sagte sich Alisa, als sie nach einem flüchtigen Nicken in die Runde dem Treppenabgang zustrebte. Die Ausrede war ihr gerade noch rechtzeitig eingefallen, jetzt durfte sie sich nur nicht in der Kabine irren. Nach kurzer Überlegung klopfte sie an die zweite Tür auf der rechten Seite – und prallte zurück, als ein halbnackter Frank Ligety die Tür aufriss.

„Damenbesuch? Verzeihen Sie, ich dachte, es ist Giorgio, aber er und Elena haben offenbar Besseres zu tun", erklärte er mit einem schiefen Grinsen. „Bitte, treten Sie ein. Sie kommen nämlich wie gerufen." Erst jetzt bemerkte Alisa, weshalb Frank außer einem Handtuch um die Hüften keinen Faden am Leib trug.

„Ersparen Sie sich den Kommentar, dass nur Engländer und Kamele zu Mittag in die Sonne gehen." Mit leisem Stöhnen ließ sich der Arzt auf der Bettkante nieder. „Wo ich hinreiche, habe ich mich mit dem After-Sun-Balsam eingecremt, aber am schlimmsten ist es am Rücken. Könnten Sie vielleicht ..."

Das sah wirklich schlimm aus. Morgen wird ihm die Haut in Fetzen abgehen, konstatierte Alisa. Es sei denn, sie behandelte ihn mit ihrem bewährten Hausmittel, aber wie sollte sie unauffällig daran kommen? In den Salon zurückkehren wollte sie nicht, das würde nur unnötig Fragen aufwerfen. Sie dachte nach. Natürlich! Drago, das war die einzige Möglichkeit. Kurz entschlossen wählte sie die Nummer aus, die sie zu Mittag in ihr Handy eingespeichert hatte. Höflichkeitsfloskeln ersparte sie sich, denn der Skipper hatte sicherlich nach wie vor alle Hände voll zu tun. „Schicken Sie Mirko mit ein paar Zitronen und einer Presse zu Doktor Ligety in die Kabine. Ja, Sie hören richtig, Drago, es ist dringend."

„What's going on?“ Bis auf seinen Namen hatte Frank kein Wort verstanden, aber er begriff, dass es um ihn ging. „Was haben Sie vor?“

„Ihren Balsam können Sie vergessen, Herr Doktor. Bei Verbrennungen zweiten Grades hilft nur eines: purer Zitronensaft. Brennt etwa eine Minute lang höllisch, aber die Säure nimmt die Entzündung. Schauen Sie nicht so skeptisch, es funktioniert immer.“

Als Leonardo keine zehn Minuten später nach Milena sehen wollte, drangen aus Franks Kabine gedämpfte Schreie an sein Ohr, die in ein leises Stöhnen übergingen. Alles was recht ist, die könnten es auch leiser treiben, dachte er – und stutzte. Wen hatte er da eben gehört? Seine neuen Gäste waren doch nicht etwa schwul? Der Sizilianer war Elenas Partner und der Engländer der Freund von beiden. Also vielleicht eine Ménage-à-trois. Wenn's ihnen Spaß machte – bitte sehr ... Kopfschüttelnd sperrte er seine Kabine auf.

„Was willst du schon wieder?“ Bereits beim dritten Klopfen flog die Tür auf – und Alisa glaubte, ein Déjà-vu zu erleben. Innerhalb von zwanzig Minuten stand zum zweiten Mal ein halbnackter Ausländer vor ihr. Mit dem einzigen Unterschied, dass der Empfang um einiges unfreundlicher ausfiel. „Du nervst, Frank!“

Wütend starrte Giorgio den Störenfried an. Erst langsam begriff er, wen er vor sich hatte. „Sie, Alisa? Das ist aber eine Überraschung. Entschuldigen Sie, aber mit Ihnen habe ich wirklich nicht gerechnet. Kommen Sie doch bitte herein.“ Er trat einen Schritt zurück und wäre dabei fast über das hastig drapierte Frotteetuch gestolpert, das er wie eine Schleppe hinter sich herzog.

„Zieh dir lieber etwas an“, lachte Elena, die eben dabei war, sich mit gekonnten Griffen in einen Pareo zu wickeln. „Ich glaube kaum, dass die Frau Inspektor gekommen ist, um dich strippen zu sehen.“

„Macht euch nur über mich lustig.“ Giorgio raffte seine Jeans und das verknitterte T-Shirt an sich und verschwand im Bad. So rasch er konnte, schlüpfte er in die Kleidung. Die beiden Frauen amüsierten sich offenbar köstlich, wie er dem Gelächter entnehmen konnte, das bis zu ihm drang. Es ging zwar auf seine Kosten, aber es war gut so, sagte er sich, bevor er sich mit dem Kamm durch die Haare fuhr und nach einem letzten Blick in den Spiegel die Tür aufstieß.

Tatsächlich hatte sein unfreiwillig komischer Auftritt dafür gesorgt, dass der angespannte Ausdruck aus Alisas Gesicht verschwunden war. Er konnte unschwer erraten, was im Kopf seiner kroatischen Kollegin vorging. Nach einem Tag mühsamer Ermittlungen war sie an eine Mauer gestoßen und wusste nicht weiter. Ein Gefühl, das er aus eigener Erfahrung nur allzu gut kannte. Dazu kam, dass ihr der Chef garantiert im Nacken saß. Mit Ingrimm erinnerte er sich an den unsäglichen Vize-Questore in Trapani, der ihm nicht nur einmal das Leben unnötig schwer gemacht hatte. Spontan hatte er Alisa seine Unterstützung angeboten, und nun war sie offenbar bereit, sie anzunehmen. Wieder versetzte sich Giorgio in ihre Lage. Auch ihm würde es nicht leicht fallen, um Hilfe zu bitten. Er suchte nach den richtigen Worten, um ihr den Einstieg leichter zu machen. Was gar nicht so einfach war, denn er wollte weder gönnerhaft wirken noch in falsches Pathos abgleiten.

„Nichts, was wir in diesem Raum besprechen, wird jemals nach außen dringen. Darauf können Sie sich verlassen“, sagte er schließlich.

„Danke“, antwortete Alisa schlicht, bevor sie nach ihren Notizen griff. Wie sie es gelernt hatte, verzichtete sie vorerst auf Spekulationen und Theorien und lieferte eine klare Zusammenfassung der Daten und Fakten. „Ich habe eine Tatwaffe, aber kein Blut, keine Fingerabdrücke und schon gar nichts, das sich für eine DNA-Analyse eignet“, schloss sie. „Das Meer hat ganze Arbeit geleistet und alles fein säuberlich abgewaschen.“

„Glück für den Mörder oder wohlkalkulierte Strategie? Wenn wir diese Frage beantworten können, sind wir ein gehöriges Stück weiter, denn das sagt uns einiges über den Charakter des Täters.“ Giorgio war überzeugt, dass der Mord bis ins kleinste Detail geplant war, aber er wollte abwarten, zu welchem Schluss Alisa kam.

„Ich gehe davon aus, dass die Wahl des Mordinstruments kein Zufall war. Für eine Harpune braucht man keinen Waffenschein, jeder über achtzehn kann sie kaufen, ohne sich auszuweisen. Im Fachhandel oder im Internet. Das wäre eine Spur, aber ich glaube nicht, dass sie uns weiter bringt ...“

„... weil Sie meinen, dass der Täter die Harpune schon länger besitzt und sie nur zu dem Zweck, Zammit zu ermorden, auf den Törn mitgenommen hat? Unbemerkt? Möglich, aber ziemlich unwahrscheinlich!“

Giorgio stand auf, um wie immer, wenn er intensiv nachdachte, auf und ab zu gehen. Was in einer Kabine, und mochte sie auch noch so geräumig sein, nicht die beste Idee war.

„Wahrscheinlicher, als du glaubst“, mischte sich Elena ein. „Es könnte aber genauso gut sein, dass sie unabsichtlich ins Reisegepäck geraten ist. Eine zerlegte Harpune zwischen Flossen und Schnorcheln übersieht man in einem Seesack leicht. Vielleicht ist sie erst an Bord herausgefallen. Beim Auspacken des Tauchequipments ...“

„... was den Täter auf die Idee brachte, Zammit damit umzubringen? Das ist Unsinn“, widersprach Giorgio heftiger als beabsichtigt. Das sollte er noch bereuen, denn dass sie damit den Nagel auf den Kopf getroffen hatte, würde er später noch des Öfteren zu hören bekommen. Ohne weiter auf Elena einzugehen, wandte er sich wieder Alisa zu.

„Die Herkunft der Harpune ist im Moment sekundär. Das Verbrechen war keine spontane Tat, darin sind wir beide uns einig. Unser erster Ansatzpunkt sind somit die Alibis: Ein allzu gutes sollte uns jedenfalls misstrauisch machen.“ Alisa nickt zustimmend und griff nach ihren Aufzeichnungen.

„Ihr seid zwar die Profis, aber was ihr euch da zusammenreimt, klingt nach dem Dialog aus einem Krimi“, fauchte Elena, die es gar nicht schätzte, übergangen zu werden. „Und haarsträubender Unsinn ist es auch. Nach eurer Theorie sind Drago und Mirko mit ihrem bombensicheren Poker-Alibi die Hauptverdächtigen ...“

„... und du bist so gut wie reingewaschen, mein Schatz. Du bist nämlich die Einzige, die überhaupt keines vorweisen kann.“ Mit einem versöhnlichen Lächeln griff Giorgio nach Elenas Hand.

„Lass das und setz dich endlich wieder nieder. Tierfreunde schießen nicht auf Tiere, weder über noch unter Wasser. Falls die Harpune – von wem auch immer – unbeabsichtigt mitgenommen wurde, gab es – für ihn oder für sie – somit durchaus gute Gründe, sie zu verstecken. Auch ohne einen lange zuvor gefassten Mordplan.“

„Eine gute Überlegung“, sagte Alisa und ließ ihren Notizblock sinken. „Das würde den Personenkreis allerdings auf die *Penelope* einengen.“

„Nicht unbedingt. Auch auf der *Seacloud* hätte sicher keiner eine unnötige Diskussion übers Harpunieren lostreten wollen. Nicht, nachdem Francesca ihr Ziel erreicht hatte, Vater und Sohn miteinander zu versöhnen. *Blue Sea* hat nichts übrig für Unterwasserjäger. Schüttle nicht den Kopf, Giorgio. Du warst nicht dabei, aber ich."

„Du bist hartnäckig, meine Liebe, aber ich glaube, du verrennst dich da in etwas. Auf diese Weise kommen wir dem Mörder nicht einen Schritt näher."

„Dem Mörder oder der Mörderin? Mir fällt auf, dass ihr offenbar von einem Mann als Täter ausgeht. Wieso eigentlich? Um Zammit mit dem Dreizack umzubringen, brauchte man nicht viel Kraft", ließ Elena nicht locker.

„Weil Harpunieren eine männliche Domäne ist. Nur sehr wenigen Frauen macht es Spaß, aus purer Lust am Töten hinter Fischen herzujagen. Sagt die Statistik", antwortete Alisa. Woraus sich schließen lässt, dass der Eigentümer der Mordwaffe vermutlich ein Mann ist. Andererseits könnte es sein, dass jemand die Harpune zufällig entdeckt hat, womit wieder alle im Spiel wären."

„Wir drehen uns im Kreis", warnte Giorgio. „Zurück zu den Alibis. Vielleicht kommen wir da ein wenig weiter. Hat sich bei der Umfrage in der Disco etwas Neues ergeben?"

„Absolut nichts, aber das habe ich auch gar nicht erwartet. Die Türsteher kümmert es nicht, wenn die Gäste aus- und eingehen, sie kontrollieren nur die Stempel auf den Handrücken. Jeder kann jederzeit ins Freie. Um zu rauchen oder auch nur, um frische Luft zu schnappen. Wie soll da jemand auffallen, der für eine halbe Stunde oder auch noch länger verschwunden war?"

„Was nach Aussage der Paare ohnedies nicht passiert ist?", mutmaßte Giorgio und lag damit völlig richtig.

„Francesca hat Titus keine Sekunde aus den Augen verloren, Sanja ihren Nikola nicht und Carlo ist wie eine Klette an seinem Jon geklebt. Bis auf die paar Minuten, die alle irgendwann auf der Toilette waren."

„Und Filippo, der einzige Single?"

„Ist die längste Zeit an der Bar gesessen, dafür gibt es jede Menge Zeugen. Aber natürlich hat auch er ab und zu hinausmüssen, und auf der Tanzfläche war er auch."

„Jeder unserer sieben hat also ein Alibi, keines ist zu widerlegen und keines überzeugt. Aber Kopf hoch, Alisa, wir haben noch lange nicht alle Quellen ausgeschöpft. Fangen wir mit dem Opfer an. Was wissen wir über Yannis Zammit?"

„Dass er ein Erpresser war, dem es nicht um Geld, sondern um Macht ging. Ein Sadist übelster Sorte. Sie haben recht, Giorgio, der Schlüssel liegt im Motiv. Das Problem ist nur, ich habe jetzt schon zu viele."

Alisa berichtete, was sie in Zammits Bordsafe über Milena, Carlo und Jon gefunden hatte.

„Sanja und Nikola sind meiner Ansicht nach aus dem Schneider, gegen die beiden hatte er nichts in der Hand. Ihnen konnte er nicht einmal mit Rufmord drohen wie den anderen. Von denen hätte jeder einen verdammt guten Grund gehabt, ihm für immer das Maul zu stopfen ..."

„... und damit das Risiko einzugehen, dass die Polizei die Dossiers findet?", warf Elena ein.

„Und wenn schon! Was kümmert die kroatischen Behörden ein in Italien begangener Kunstbetrug? Oder der Ruf einer ehemaligen Demonstrantin? Weitergeleitet werden nur Hinweise auf Offizialdelikte und selbst das nicht unbedingt. Denken Sie an Steuerhinterziehung in großem Stil. Fällt wie Mord oder Raub auch darunter – und was wird in der EU über das Bankgeheimnis in der Schweiz oder Österreich gestritten."

„Sie haben recht, wenn es einer aus dem Trio war, hat er nicht allzu viel riskiert. Was geschieht jetzt eigentlich mit dem Material?"

„Keine Ahnung, wer Zammit beerbt. Wenn es einen Testamentsvollstrecker gibt, muss der sich darum kümmern, aber das herauszufinden ist nicht meine Sache. Mich interessiert viel mehr, was mein Chef in Brüssel sicherstellen wird. Ach, davon habe ich Ihnen noch gar nichts erzählt." Wieder musste Alisa weit ausholen, damit Elena und Giorgio sich auskannten. „Bis dahin hat es wenig Sinn, dass wir weiter spekulieren. Aber danke, dass Sie mir zugehört haben", schloss sie verzagt. „Sie haben mir sehr geholfen."

„Haben wir nicht, aber das wird sich ändern", sagte Elena energisch. „Ihr beide kümmert euch um die Fakten, ich setze auf die psychologische Schiene. Also werde ich gleich morgen Früh ein paar Leute in Gespräche verwickeln. Mal sehen, was dabei herauskommt."

„Eine große Hilfe waren wir bisher wirklich nicht. Nicht nur Sie, auch ich tappe im Moment noch im Dunkeln. Auch wenn ich, genau wie Sie, bereits einen leisen Verdacht hege. Streiten Sie es nicht ab, Alisa, Sie haben ebenfalls jemand im Visier, das sehe ich Ihnen an. Aber es wäre unklug, zu diesem Zeitpunkt darüber zu reden. Warten wir ab, bis alle Indizien auf dem Tisch liegen. Dann wissen wir, wer der Täter ist, davon bin ich überzeugt."

22. Kapitel

Sanft schaukelten die beiden Yachten inmitten der Bucht von Plako. Irgendwann in der Nacht war das Gewitter abgezogen und die beiden Skipper hatten Anker geworfen. An Bord der *Penelope* muckste sich nichts, soweit Elena in der Morgendämmerung erkennen konnte, und auch auf der *Seacloud* schliefen noch alle. Bis auf Drago, der an der Reling stand und rauchte.

„Lass dich von der Sonne nicht täuschen, sie hat ihre Kraft verloren. Es wird warm werden, aber das Unwetter hat die große Hitze gebrochen. *Estate di San Martino* eben. Ihr habt dafür ein wenig charmantes Wort ..."

„Dir gefällt *Altweibersommer* nicht? Du weißt wahrscheinlich nicht, weshalb wir diese letzten warmen Tage so nennen. Weil die Spinnfäden, die jetzt in der Luft schweben, an die grauen Haare alter Frauen erinnern. Ich finde das Bild eigentlich sehr schön."

„Dann bist du keine Feministin", stellte Titus, der unvermutet an Deck aufgetaucht war, trocken fest.

„Was treibt denn dich zu dieser Zeit aus den Federn?" Elena sah ihren Landsmann erstaunt an.

„Zu viel Schlaf. Gestern ist uns ja nichts anderes übrig geblieben, als früh zu Bett zu gehen." Titus war putzmunter und fand an dem Thema sichtlich Gefallen. „In Deutschland haben Feministinnen wegen Diskriminierung sogar die Republik geklagt und sind abgewiesen worden. Weil *weiben* aus dem Althochdeutschen stammt und nicht Weiber, sondern *weben* bedeutet. Die Gerichte konnten keine Einschränkung der Persönlichkeitsrechte älterer Damen erkennen."

„Wusste ich nicht", gab Elena zu. Aber was sollte das? Spielte ihr der junge Mann etwas vor oder war seine heitere Gelassenheit echt? Zuzutrauen wäre es ihm, dass er sich nicht einmal von einem Mord aus der Ruhe bringen ließ.

„Hast du keine anderen Sorgen?"

Verwundert fuhr Titus herum. „Francesca! Ich dachte, du schläfst noch?"

„Wie sollte ich? Ich habe seit Stunden kaum ein Auge zugemacht, was dir offenbar entgangen ist. Für mich ist es jedenfalls nicht normal, dass wir alle unter Verdacht stehen und die Polizei jeden Moment wieder bei uns auftauchen wird."

Unauffällig musterte Elena die Gesichter der beiden. Francesca schien über Nacht gealtert zu sein, während Titus aussah wie immer. Fehlte nur noch das obligate Latein-Zitat.

„Daran können wir nichts ändern, egal ob wir jetzt Trübsal blasen oder uns sinnlos den Kopf zerbrechen. Du hast Yannis nicht gemocht, aber deswegen bringt man keinen um, und ich habe ihn vor dem Törn nicht einmal gekannt. Die Polizei wird bald herausfinden, dass es keiner von uns war. Ihm muss jemand gefolgt sein, der eine Rechnung mit ihm offen hatte."

„Der große Unbekannte? Mach dich nicht lächerlich! Wo soll der auf einmal herkommen?"

„Was weiß ich? Von einem Boot, das keiner bemerkt hat. Oder es hat ein Taucher auf ihn gelauert ..."

Francesca ließ ihn nicht ausreden. „Wach auf, mein Schatz. Das ist nichts als Wunschdenken. Glaub mir, dieser Albtraum ist noch lange nicht vorbei." Kopfschüttelnd verließ sie das Deck.

Titus machte keinerlei Anstalten, ihr zu folgen.

„War das jetzt herzlos? Ich kann Francesca nur helfen, indem ich selbst die Nerven behalte."

„Was dir nicht schwerfällt, wie ich sehe", antwortete Elena trocken. „Und um unser Gespräch abzuschließen: Ich bin eine Feministin der ersten Stunde. Die Ungleichbehandlung von Frauen ist mir alles andere als egal. Nur halte ich Gendering um jeden Preis oder das Abschaffen von angeblich diskriminierenden Begriffen nicht für eine geeignete Waffe dagegen. Weil die Gefahr, sich lächerlich zu machen, groß ist."

„Wie recht du hast", schmunzelte Titus. „An welchem Tag, glaubst du, hat man in Deutschland die Altweibersommer-Klage abgewiesen? Prompt zur Altweiberfastnacht! Dazu fällt mir natürlich Juvenal ein: *Difficile est satiram non scribere.*"

„Es ist schwierig, da keine Satire zu schreiben. Richtig übersetzt? Damit haben wir das Thema hoffentlich abgehakt", sagte Drago, der endlich zu Wort kommen wollte. „Es gibt Wichtigeres zu besprechen. Wir haben kaum noch Lebensmittel an Bord. Fährst du mit mir einkaufen, Elena, oder soll ich das allein erledigen?"

„Ich komme gern mit", rief Milena, die mit ihrem frühmorgendlichen Erscheinen nach Titus und Francesca die dritte Überraschung des Tages war.

Eine bessere Gelegenheit, ungestört mit ihr zu reden, ließ sich nicht finden! Elena reagierte blitzschnell.

„Einverstanden! Wann willst du losfahren, Drago?"

„Bald, denn wir müssen nach Preko. Erstens ist dort ein großer Supermarkt und zweitens wird die Belagerung von Plako bald beginnen. Wenn mich nicht alles täuscht, sind die ersten Reporter schon eingetroffen."

Tatsächlich bevölkerten bereits einige Gestalten die um diese Tageszeit sonst menschenleere Mole.

„Keine Angst, die haben keine Chance, euch zu belästigen", lachte Drago, als er in die betretenen Gesichter blickte. „Franjo wird mit dem Polizeiboot alle verscheuchen, die uns zu nahe kommen. Und ja, Titus, Sie können auch mitkommen und mir beim Tragen helfen."

Kaum eine Stunde später legte das Beiboot der *Seacloud* in Preko an. „Ihr zwei geht einkaufen und wir beide genehmigen uns erst einmal einen Cappuccino", bestimmte Elena und hakte sich bei Milena unter. Ein erfahrener Skipper wie Drago wusste besser als sie, was es zu besorgen galt, um ein hungriges Dutzend zufrieden zu stellen.

„Wie nimmt Leonardo die Sache auf?", eröffnete sie das Gespräch, sobald zwei dampfende Kaffeetassen und ein Körbchen mit Croissants vor ihnen standen.

„Besser, als ich befürchtet habe. Er ist überzeugt, dass ein Außenstehender Yannis auf dem Gewissen hat."

„Und wer sollte das sein?"

„Einer der Leute von diesem Vukovic. Kennst du den? Ich weiß nur, dass Leo mit ihm Geschäfte macht, die Yannis eingefädelt hat."

„Ich habe von ihm gehört. Der Mann genießt einen denkbar schlechten Ruf."

Auf nähere Details ließ Elena sich nicht ein. Sie wollte die Zeit nicht mit unsinnigen Spekulationen vergeuden. Sollte sie es riskieren, direkt nach Filippo zu fragen? Milena nahm ihr die Entscheidung ab.

„Was ihn wirklich bedrückt, ist die Beziehung zu Filippo. Seit dem Mord hat er sich wieder in sein Schneckenhaus zurückgezogen. Was mich nicht weiter wundert, das ist typisch für ihn, aber Leonardo nimmt alles, was sein Sohn macht, persönlich."

„Wieso typisch?"

„Filippo ist ein Einzelgänger, kein Team-Spieler. Gibt es ein Problem, dann diskutiert er es nicht aus, sondern geht auf Tauchstation. Nicht gerade ideal, wenn man einen Haufen Individualisten zusammenhalten soll. Und das sind wir nun einmal bei *Blue Sea*. Eine bunt zusammengewürfelte Schar von Spinnern."

„Das sagst ausgerechnet du?", wunderte sich Elena.

„Ich mach mir doch keine Illusionen! Man muss schon ein wenig verrückt sein, um gegen Windmühlen zu kämpfen. Die Gefahr ist zwar real, insofern hinkt mein Vergleich, aber glaubst du ernsthaft, dass wir gegen multinationale Konzerne, die mit ihren Aqua-Farmen Milliarden umsetzen, auch nur die geringste Chance haben?" Geistesabwesend rührte Milena in ihrem Kaffee. „Du fragst dich jetzt sicher, warum ich überhaupt mitmache? Weil tatenlos zuzusehen auch keine Lösung ist. Ich glaube an die Kraft der Gedanken. Was sich in unseren Köpfen abspielt, kann Realität werden. Nicht heute, nicht morgen, aber irgendwann."

„Sagt wer?"

„Dr. Joe Dispenza. Er ist kein Spinner, sondern ein anerkannter Gehirnforscher, der mit Quantenphysik arbeitet. Wir haben schon einmal über ihn gesprochen. Gleich bei unserer ersten Begegnung."

Elena interessierte das Thema nach wie vor, doch dafür blieb später noch Zeit. Ohne Umschweife kehrte sie zum Ausgangspunkt zurück.

„Was wirft Filippo seinem Vater eigentlich vor?"

„Alles, was Leonardo tut oder je getan hat. Die Kluft zwischen den beiden wird sich nicht mehr schließen lassen, auch wenn es nach außen so aussieht. Ich kenne Filippo vermutlich besser als jeder andere. Mir gegenüber hat er sich erstaunlicherweise einmal geöffnet. Das war wie ein Dammbruch. Du wirst verstehen, dass ich darüber nicht spreche. Schon gar nicht mit Leonardo." Milena fröstelte, obwohl sie in der Sonne saß, die angenehm warm aus einem wolkenlosen Himmel schien. „In Wahrheit hasst Filippo seinen Vater abgrundtief. Dahinter steckt mehr als ein spätpubertärer Vater-Sohn-Konflikt. Ich sehe dir an, was du jetzt denkst. Vergiss die Ödipus-Schiene, Elena. Die Mutter, die in ihrem Wolkenkuckucksheim lebt und ihre Kinder nur allzu gern in Internate abgeschoben hat, ist ihm egal. Filippo liebt nur einen einzigen Menschen auf der Welt – und das ist seine Schwester. Warte, ich muss dir ein paar Fotos zeigen."

Nach einigem Herumkramen zog Milena ihr Handy aus der Tasche. „Fällt dir auf, wovon sich Filippo nie trennt? Von seiner Halskette. Er legt sie nicht einmal ab, wenn er bei seinen Fernsehauftritten gegen die Plünderung der Korallenriffe wettert. Dann versteckt er sie nur. Leonardo hat mir erklärt, was es damit auf sich hat: Zwei nahezu identische Anhänger sind die letzte Arbeit ihres Großvaters. Ein symbolisches Band zwischen den Geschwistern, die zusammenhalten müssen, egal, was kommt."

Elena erinnerte sich, das eigenwillige Schmuckstück – zwei ineinander verschlungene „F"s aus dunkelroten Korallen – auch an Francesca gesehen zu haben. Nachdenklich betrachtete sie Milenas Fotos von Freitagabend, aufgenommen in der Pizzeria: Lachende Gesichter, sogar Yannis verzog auf der letzten Aufnahme vor seinem Tod den Mund zu einem Lächeln.

Wenn sie nicht alles täuschte, gab es weitere Bilder, die eine ebenso vergnügte Gruppe einige Stunden später zeigte, auf Carlos Handy. Eine vage Idee nahm in Elenas Kopf Gestalt an. Sie musste sich das unbedingt noch einmal ansehen, sobald sie zurück waren. Was nicht mehr lange dauern konnte. Automatisch blickte sie zur anderen Straßenseite hinüber. Noch war von den beiden Männern nichts zu sehen, aber ihrer Einschätzung nach mussten Drago und Titus jeden Moment aus dem Supermarkt kommen. Wenn sie noch etwas in Erfahrung bringen wollte, sollte sie auf den Punkt kommen.

„Wie steht Filippo eigentlich zu seinem künftigen Schwager?“

„Er mag ihn sehr. Du wunderst dich? Ich war zuerst auch verblüfft, aber eigentlich ist seine Reaktion logisch. Damit du das verstehst, muss ich allerdings weiter ausholen. Aber vergiss nicht, was ich dir jetzt erzähle, weiß ich nur von Filippo. Ich bin Francesca vor dem Törn ja nie begegnet.“

Gespannt beugte sich Elena vor.

„Sie hat auf ihre Weise auf die Kälte in ihrem Elternhaus reagiert. Man nennt das verhaltensgestört – und genau das war Francesca auch. Mit sechzehn hat sie gehascht, gekokst, viel zu viel getrunken und sich stets mit den falschen Männern eingelassen. Sie kann ihrem Schutzengel danken, dass sie nicht ernsthaft in die Drogenszene abgeglitten ist. Ihre Entscheidung, nach ein paar Semestern Archäologie an der Mailänder Uni im Ausland zu studieren, war letztlich ihre Rettung.“

„Antike Numismatik in Wien, ich weiß. Eine ausgefallene Wahl ...“

„... die sie getroffen hat, um von daheim wegzukommen. Dort ging es trister zu als je zuvor. Leonardo und Cristina bemühten sich nicht einmal mehr, ihren Kindern etwas vorzuspielen. Francesca ist auf Münzkunde verfallen, weil es dafür in ganz Europa nur auf wenigen Hochschulen ein selbständiges Doktoratsstudium gab. Wie sie mir erzählt hat, läuft das nun auch in Wien aus. Sie gehört zu den letzten, die am Institut für Numismatik noch dissertieren können. Was sie auch vorhat."

„Und in Wien ist sie Titus begegnet?"

„Irgendwo in der Nähe, bei einem Archäologen-Treff in einer römischen Ausgrabungszone. Den Ort habe ich vergessen."

„Kann nur Carnuntum sein", sagte Elena. „Ist aber nicht weiter wichtig. Mich interessiert viel mehr, wie Titus zu seinem Namen gekommen ist. Das muss mit seinem Latein-Tick zu tun haben. Erstaunlich, dass sich eine Frau wie Francesca in einen so verschrobenen Typen verliebt hat."

„Genau deswegen, meint Filippo. Er ist der erste Mann im Leben seiner Schwester, der sich nicht im Geringsten darum schert, was die Welt von ihm hält. Schnelle Autos, Designerklamotten und was es sonst noch an Statussymbolen geben mag, interessieren ihn nicht. Mit Reichtum kann man ihm nicht imponieren, das ist keine Attitüde, sondern echt. Titus liebt Francesca und nicht ihr Geld."

„Was du wohl am besten verstehst", sagte Elena und lächelte ihr Gegenüber an. Doch so offenherzig sich Milena zuvor gezeigt hatte, sobald es um sie selbst ging, lenkte sie ab. Ihr hatte der gestrige Seelen-Striptease vor der Kommissarin gereicht. Und bei aller Sympathie für Elena, sie kannte die Österreicherin kaum. Dafür hatte sie ihr schon viel zu viel erzählt – und im Gegenzug so gut wie nichts erfahren.

„Dort drüben bei unserem Boot sehe ich Drago. Sollen wir ihm nicht beim Verstauen helfen?"

„Geh voraus, ich muss noch zahlen. Und Zeitungen will ich mir auch noch holen."

Während Milena auf die Anlegestelle zueilte, hielt Elena nach einem Kiosk Ausschau. Den Weg konnte sie sich sparen. Schon von Weitem winkte ihr Titus zu.

„Ich habe alle heutigen Ausgaben gekauft. Die ausländischen kommen frühestens morgen, auch die italienischen. Bis auf den *Il Piccolo* aus Triest. Schau dir die Schlagzeile an: Mailänder Millionär in Mordfall verwickelt. Mancuso-Imperium in Gefahr?“

Das kann ja heiter werden, dachte Elena, als sie einen Blick auf die kroatischen Blätter warf. Vom Text verstand sie zwar nichts, aber allein schon die Fotos, die in großer Aufmachung die Titelseiten zierten, verhießen nichts Gutes.

23. Kapitel

Für Alisa hatte der Tag lange vor Sonnenaufgang begonnen: Kurz vor sechs Uhr früh saß sie bereits in ihrem Büro, um die lästige Schreibarbeit zu erledigen. Die obligaten Berichte und schließlich auch noch eine schriftliche Entschuldigung bei dem Kollegen vom Wirtschaftsdezernat, den sie aus seiner Sonntagsruhe aufgescheucht hatte. Im Trubel der Ereignisse war seine prompte Rückmeldung per SMS – Ergebnis negativ, ForTuna-Verträge einwandfrei – untergegangen.

Allzu große Hoffnung, in den Unterlagen ein mögliches Mordmotiv Mancusos aufzuspüren, hatte sie sich ohnedies nicht gemacht, doch im Trüben zu fischen gehörte nun einmal zu ihrem Handwerk. Zumindest eines aber war nun klar: Vukovic hatte keine Chance, sich die Thunfisch-Farm seines Partners unter den Nagel zu reißen. Somit fiel auch die Theorie, er hätte einen Killer engagiert, um Zammit als Mitwisser eines unsauberen Geschäfts auszuschalten, in sich zusammen.

War der Gedanke an einen Auftragsmörder damit endgültig vom Tisch? Gesetzt den Fall, Leonardo Mancuso wollte sich eines Mannes entledigen, der zu viel über seine Geschäfte wusste? Wo in Italien Geld war, war auch die Mafia nicht fern. Zugegeben, ein Klischee, doch nicht selten traf es tatsächlich zu. Vielleicht hatte der Millionär den Törn überhaupt nur deswegen unternommen? Zammit in Brüssel oder Mailand zu ermorden, wäre um einiges schwieriger gewesen, als einen Profi über die Adria kommen zu lassen.

Doch hätte sich Mancuso dann nicht ein wasserdichtes Alibi besorgt? Nicht unbedingt. Auch wenn der

Auftrag von ihm kam, wann, wo und wie der Mörder zuschlagen würde, brauchte ihn nicht zu interessieren. Je weniger er wusste, umso besser konnte er seine Rolle als Ahnungsloser spielen.

Alisa lehnte sich zurück und schloss die Augen, um sich zu konzentrieren. War Mancuso, ein nach Mailand ausgewanderter Sizilianer, deshalb automatisch ein Mafioso? Ihr Instinkt sagte nein und nochmals nein zu einem Szenario wie aus einer Räuberpistole. Womit sie wieder beim Ausgangspunkt angelangt war: Der Mörder befand sich an Bord der *Seacloud* oder der *Penelope* – und nirgendwo sonst.

Ungeachtet der frühen Stunde wählte sie die Nummer des diensthabenden Staatsanwalts. Ihm begreiflich zu machen, worum es ging, dauerte eine geraume Weile, doch schließlich spuckte das Fax-Gerät ein vorläufiges Ausreiseverbot für die von ihr genannten Personen aus.

Die wenigen hundert Meter zur Marina, wo Franjo mit dem startbereiten Polizeiboot auf sie wartete, bewältigte Alisa im Laufschritt. Ihr rannte die Zeit davon. Vor nunmehr 36 Stunden hatte sie die Ermittlungen aufgenommen und nichts, aber auch schon gar nichts in der Hand. Damit war die Frist längst verstrichen, in der die entscheidende Spur zum Täter angeblich noch heiß war.

Dümmliches Kriminalisten-Latein, räsonierte Alisa in Gedanken. Des Öfteren war sie im Lauf ihrer Karriere im Dunkeln getappt, bevor sie in mühsamer Kleinarbeit Beweise zusammentragen und ein Verbrechen erst nach Tagen oder sogar Wochen aufklären konnte. Wie sollte eine von vornherein kalte Spur noch kälter werden? Forensische Beweise ließen sich nun einmal nicht herbeizaubern. Auf keinem der beiden Schiffe war auch nur die geringste Menge Blut aufgespürt worden, was allerdings nicht automatisch bedeutete, dass sie als Tatorte ausschieden.

Ein nicht unwichtiges Argument, sollte sie einen Vorwand benötigen, um die Yachten für weitere Untersuchungen in ihrem Zuständigkeitsbereich zu behalten. Insgeheim ging Alisa davon aus, dass Zammit irgendwo an der Mole auf seinen Mörder gestoßen war, doch das brachte sie keinen Schritt weiter. Was immer man in unmittelbarer Nähe des Tatorts hätte finden können – die verschollene Uhr des Opfers oder etwas, das der Täter bei seinem Angriff vielleicht verloren hatte – war spätestens seit dem gestrigen Unwetter für immer im Meer verschwunden.

Als die Bucht von Plako in Sicht kam, rekapitulierte Alisa das Programm, das sie durchziehen wollte, bis der Anruf aus Brüssel einging. Jonathan Moore war der Erste, der auf ihrer Liste stand. Der Vollständigkeit wegen, nicht weil sie sich von der Aussage des Amerikaners neue Erkenntnisse erhoffte. Danach wollte sie Titus Reinthaler auf den Zahn fühlen, aber auch davon erwartete sie sich nicht allzu viel. Blieben die Geschwister Mancuso und – nicht zu vergessen – ihr Vater. Leonardo Mancuso war zwar bei Milena Pertinis Vernehmung dabei gewesen und hatte einiges in eigener Sache zu Protokoll gegeben, aber mit ihm allein gesprochen hatte sie bisher nicht.

Weiter kam Alisa in ihren Überlegungen nicht. In ihrem Kielwasser hielt ein Boot geradewegs auf die Yachten zu, und ein weiteres schickte sich eben an, vom dichtbevölkerten Kai aus auf sie Kurs zu nehmen. Die Paparazzi hatten offenbar dazugelernt und eröffneten die Jagd auf dem Wasser. Na wartet, mit euch werde ich allemal fertig. In Kürze gibt es eine Überraschung, die euch ganz und gar nicht schmecken wird. Mit grimmiger Befriedigung dachte sie an ihr Telefonat mit dem Hafenkommandanten von Zadar, der sich äußerst kooperativ gezeigt hatte.

Das Gewitter brach mit Urgewalt los, doch diesmal tobte der Sturm nicht über dem Meer, sondern im Salon der *Seacloud.* Mit einem Blitze schleudernden Leonardo als personifiziertem Göttervater Zeus, der seinem Zorn freien Lauf ließ. Alisa unterdrückte ein Schmunzeln. Wer von den Olympischen war als Nächstes dran? Wenn Leonardo so weitermachte, würden ihm bald die Rollen ausgehen.

„Wir brechen auf der Stelle auf. Und Sie, Frau Inspektor, werden uns nicht daran hindern", fuhr Mancuso sie an.

„Flucht mit einer Polizistin als Geisel – das würde ich Ihnen nicht empfehlen." Alisa trotzte dem Unwetter mit stoischer Ruhe. „Ich werde Ihr Schiff nämlich erst verlassen, wenn meine Ermittlungen abgeschlossen sind."

„Dazu haben Sie kein Recht. Sie können uns nicht festhalten. Nicht ohne Haftbefehl."

„Da wurden Sie leider schlecht beraten, Signore. Soll ich Ihnen übersetzen, was der Staatsanwalt heute Früh unterschrieben hat? Ein Ausreiseverbot für Sie alle für weitere 48 Stunden."

Leonardo ignorierte das Papier, das Alisa ihm hinhielt. „Das heißt, wir können frühestens am Mittwoch von hier weg? Die *Seacloud* muss noch heute nach Rovinj zurück. Wie Ihnen mein Skipper bestätigen wird."

„Keine Sorge, Signor Mancuso. Ein Spielraum von ein bis zwei Tagen wird vom Vercharterer immer eingeplant. Ich kann Sie, wie ausgemacht, sogar nach Triest bringen“, versuchte Drago, die Wogen zu glätten. Was ihm gründlich misslang, denn nun richtete sich der Zorn gegen ihn.

„Danach habe ich Sie nicht gefragt“, fauchte Leonardo, der nichts anderes als weg wollte. „Ich pflege Vereinbarungen einzuhalten, und deswegen bestehe ich darauf ...“

„Ein Vorschlag zur Güte“, unterbrach ihn Alisa, um Drago aus der Schusslinie zu nehmen. „Ich verstehe Sie sehr gut, doch es ist nicht meine Schuld, dass Sie sich eingesperrt fühlen und allmählich einen Lagerkoller bekommen. Aber wir können die Journalisten abhängen. Zur äußersten Westspitze der Insel führt keine Straße, also kann man uns auf dem Landweg auch nicht verfolgen. Und wer es vom Wasser aus versucht – nun, darum werden sich die Kollegen von der Küstenwache kümmern.“

„Denen fallen sicher einige Schikanen ein. Ausweiskontrollen, Bootsüberprüfungen, sowas kann dauern ...“, grinste Drago. „Wenn Sie einverstanden sind, *Comandante*, sage ich Ihrem Sohn Bescheid und wir lichten die Anker.“

Leonardo begriff, dass sich seine Argumente in Luft auflösten. „Macht doch, was ihr wollt“, gab er sich nach kurzem Zögern geschlagen und schickte sich an, ohne jemanden auch nur eines Blickes zu würdigen, den Raum zu verlassen. Ein starker Abgang, der ihm leider durch Frank Ligety verdorben wurde.

„*What's going on here*?“, wunderte sich der Arzt, der eben hereinkommen wollte und in der Tür mit dem Davonstürmenden zusammengeprallt war. „Blutdruck mindestens 200“, konstatierte er nach einem prüfenden Blick auf das hochrote Gesicht Leonardos. „Sie setzen sich erst einmal nieder, Sir. Nein, keine Widerrede. Irgendwer soll mir meine Arzttasche aus der Kabine holen. Und dann alle hinaus, bei der Untersuchung kann ich keinen von euch brauchen.“

„Robust wie ein Büffel, aber aufpassen sollten Sie trotzdem“, erklärte er wenig später seinem Patienten, der sich erstaunlich rasch erholt hatte. „Ich empfehle, dass Sie sich jetzt erst einmal ausruhen. Weshalb? Weil Ihr Puls noch immer verdammt hoch ist. Wenn Sie so weitermachen, steuern Sie direkt auf einen Schlaganfall zu.“

Diesmal verzichtete Leonardo auf eine weitere Diskussion und drückte Frank stumm die Hand, bevor er den Treppenabgang zu den Kabinen ansteuerte.

„Willst du als Schiffsarzt anheuern? Es lohnt sich nicht mehr, spätestens übermorgen geht es weiter nach Rovinj und dort ist der Törn zu Ende“, lästerte Giorgio, als sein Freund mit seinem Stethoskop um den Hals an Deck erschien. „Es sei denn, unsere schöne Kommissarin legt es darauf an, das Ausreiseverbot zu verlängern.“

„Alisa ist wieder da? So früh am Morgen? Wo finde ich sie?“

„Im kleinen Salon, wie gestern, und sie ist eben dabei, unseren Amerikaner in seine Bestandteile zu zerlegen. Was willst du von ihr?“

Anstelle einer Antwort zog sich Frank sein T-Shirt über den Kopf. „Schau mich an. Keine Spur von einem Sonnenbrand. Keine Blasen, keine Rötungen ...“

„*She saved your bacon*“, grinste Giorgio, der ziemlich stolz auf seine in London erworbenen Englischkenntnisse war. „Dir steht Schweinchenrosa.“

„Du hast kein Gefühl für Nuancen. *She saved my skin*“, meinst du wohl. Sie hat mir nur die Haut gerettet. Beim *Speck* geht es ums Leben, aber sie hat es ja mehr mit den Toten ..."

„Für dich ist das alles wohl ein einziger Spaß, wie? Das hier ist kein unterhaltsames Mörderspiel, wie ihr Engländer es liebt, sondern blutiger Ernst."

„Und was hat das, bitteschön, mit mir zu tun? Ich kannte das Opfer nicht einmal."

„Jemand, der einmal getötet hat, wird sich nicht scheuen, es wieder zu tun, wenn man ihm zu nahe kommt. Hast du schon vergessen, was unserer Freundin Adele in London zugestoßen ist? Sie wusste von nichts, sie war nur zur falschen Zeit am falschen Ort. Und das hätte sie fast mit dem Leben bezahlt. Wenn du dich weiterhin wie ein Elefant im Porzellanladen benimmst, könnte dir etwas Ähnliches passieren."

„Ich will doch nichts anderes als ..."

„... Alisa abpassen, um ihr bei erstbester Gelegenheit deinen Dank für die Heilung ins Ohr zu flüstern, stimmt's? Und was meinst du, welchen Eindruck dein plumper Flirtversuch auf einen Schuldigen machen könnte? Dass du der ermittelnden Kommissarin etwas Wichtiges mitzuteilen hast. Lass es bleiben. Ich meine es ernst, Frank. Zieh dich auf einen Schattenplatz zurück, lies was oder zähl Schäfchenwolken, aber rede mit niemand. Schon gar nicht auf Italienisch, denn mit deinen paar Brocken könntest du gründlich falsch verstanden werden."

Sein Freund hatte offenbar begriffen, stellte Giorgio mit Befriedigung fest. Ohne Widerrede hatte Frank seinen medizinischen Schmöker geholt und sich damit auf einen Liegestuhl zurückgezogen. Weit weniger einsichtig hatte sich Elena gezeigt, die seit der Rückkehr von ihrem Ausflug nach Preko nirgendwo an Deck zu sehen war. Es wäre nicht das erste Mal, dass sie sich leichtsinnig in Gefahr begab. Irgendetwas führte sie im Schilde, aber was?

Erleichtert seufzte Giorgio auf, als er die Kabinentür aufstieß. Elena war nicht auf Mörderjagd, sondern damit beschäftigt, harmlose Fotos auf ihrem Smartphone zu betrachten. Das erste Bild, das sie ihm hinhielt, zeigte die komplette Runde beim Pizzaessen, auf dem zweiten posierten nur die sieben Disco-Besucher vor dem Lokal.

„Fällt dir nichts auf, Commissario?", forderte Elena ihn heraus. „Dann schau genauer hin. Ich glaube, ich bin auf etwas Wichtiges gestoßen."

Erst jetzt bemerkte Giorgio das angezeigte Datum und die Uhrzeit: 21. September, 22 Uhr 03, aufgenommen in der Pizzeria, und 22. September, 04 Uhr 10, vor der Diskothek.

„Vor dem Mord und danach. Auf dem einen ist Zammit dabei, als das andere geschossen wurde, war er bereits tot. Mehr sagt mir das nicht." Giorgio stutzte. Um vier Uhr früh hatte sich Elena ihrer Aussage nach längst an Bord der *Seacloud* befunden. Eine Lüge? Das wäre schlimm. Aber dann hätte sie den Beweis dafür doch längst gelöscht.

„Ich weiß, was du jetzt denkst. Wie kommt dieses Foto in mein Handy", lachte Elena. „Ganz einfach, ich habe es mir von Carlo überspielen lassen. So wie das andere von Milena."

„Und wer hat fotografiert? Wenn ich richtig zählen kann, sind jeweils alle zu sehen?"

„Das eine hat ein Kellner aufgenommen und das andere ein Türsteher. Aber darum geht es nicht. Ich meine etwas ganz anderes."

Giorgio beugte sich erneut über das Handy und scrollte die Aufnahmen vor und zurück. Was zum Teufel meinte Elena?

„Auf dem einen sehen die Nachtschwärmer noch recht frisch aus, auf dem anderen schon etwas derangiert und müde", resignierte er schließlich. „Ich kann beim besten Willen nicht erraten, worauf du hinauswillst."

„Schau dir Filippo näher an. Beim Essen trägt er eine Kette mit Anhänger, ein paar Stunden später nicht mehr. Warum wohl? Weil er sie verloren hat? Wann und wo? Er hat sich von dem Schmuckstück nie getrennt, sagt Milena. Seltsam, nicht?" So ohne Weiteres ließ sich Elena von ihrer Theorie nicht abbringen.

„Dafür gibt es jede Menge Erklärungen", widersprach Giorgio. „Ein Glied kann gerissen sein oder der Verschluss ist kaputt gegangen und er hat die Kette in die Hosentasche gesteckt. Oder er hat sie in der Disco verloren und irgendwer hat sie wiedergefunden und ihm am nächsten Morgen zurückgebracht." Giorgio schmunzelte, denn allmählich bekam er wieder Oberwasser. „Filippos Talisman ist jedenfalls wieder da. Er ist mir gestern an ihm aufgefallen. Weil ich nur wenige Männer kenne, die Schmuck tragen", setzte er fort. „Und weil ich aus Trapani komme und deshalb einiges von Korallen verstehe. Ende der Diskussion. Etwas anderes: Was gibt es heute zu essen?"

Elena schluckte. Nicht nur hatte sie der große Kommissar als kleine Dilettantin abgeschmettert, jetzt wollte er offenbar auch noch bedient werden. „Heute gilt auf der *Seacloud* das Prinzip *Help yourself*. Habe ich mit Leonardo vereinbart. Jeder nimmt sich selbst, worauf er Hunger hat. Aber vielleicht erbarmt sich auf der *Penelope* jemand deiner. Carlo wird möglicherweise etwas kochen. Oder Milena“, antwortete sie mit einem maliziösen Lächeln. „Du liebst doch Pasta mit Algen-Sugo und Soja-Schnitzel?“

Wie fast alle Sizilianer war Giorgio ein hervorragender Koch, weshalb Elena auch keinen weiteren Gedanken an das Mittagessen verschwendete. Wie sie ihn kannte, würde er einen Riesentopf *spaghetti aglio, olio e peperoncino* zubereiten, ein ebenso simples wie köstliches Nudelgericht aus dem Süden Italiens.

Bis dahin aber könnte Alisa vor Hunger umfallen, sagte sich Elena, und zog los, um für die Kommissarin ein zweites Frühstück zu richten. Wenig später balancierte sie mit einem gut bestückten Tablett zum kleinen Salon, vor dem Titus auf seine Vernehmung wartete.

„Falls du Francesca suchst, die ist bei ihrem Vater im Kommandostand“, sagte er und nahm Elena ihre Last ab. „Für die Kommissarin? Wenn du willst, nehme ich es mit hinein. Ich komme sicher bald dran, Jon ist schon mindestens eine Stunde da drin und müsste jeden Moment herauskommen.“

Keine gute Idee, fand Elena, deren Fürsorge eigentlich ein Vorwand war. In erster Linie wollte sie mit Alisa reden, und das so schnell wie möglich. „Lass gut sein, Titus. Schau lieber nach, ob Francesca etwas braucht, ich halte inzwischen die Stellung. Und lass dir ruhig Zeit, die Frau Inspektor wird das Essen nicht nebenbei herunterschlingen, sondern eine Pause machen.“

Das ließ sich Titus nicht zweimal sagen. Es gehörte einiges dazu, ihn aus seiner stoischen Ruhe zu bringen, aber nun war es fast so weit. Während die *Seacloud* endlich wieder einmal lossegelte, hatte er sinnlos unter Deck herumlungern müssen, räsonierte er im Stillen, und sprang in großen Sätzen die Treppe hinauf. Den Küstenstrich kannte er, stellte er fest, als ein winziges

Eiland in Sichtweite kam. Jidula hieß das Inselchen vor der Westspitze von Ugljan, wenn er sich richtig erinnerte. Bei ihrem Ausflug mit der *Penelope* waren sie hier vorbeigekommen. Am Samstag. War das wirklich erst zwei Tage her?

Währenddessen gratulierte sich Elena zu ihrem Timing. Kaum war Titus um die Ecke gebogen, trat ein sichtlich betroffener Jon aus der Tür. Gefolgt von Alisa, die nach ihrem nächsten Opfer Ausschau hielt. Ihre Augen leuchteten auf, als sie statt des erwarteten Österreichers seine Landsmännin erblickte.

„Haben Sie etwas in Erfahrung gebracht?", fragte sie, bevor sie sich über das Essen hermachte.

„Urteilen Sie selbst." Ohne Umschweife legte Elena der Kommissarin ihre Theorie dar.

„Könnte was dran sein", sagte Alisa und spülte den letzten Bissen mit dem Rest ihres Milchkaffees hinunter. „Es ist nur ein Strohhalm, aber besser als gar nichts. Ich werde diese Karte aber erst ausspielen, wenn ich mehr weiß. Ich setze alle Hoffnungen auf die Ergebnisse aus Brüssel. Und bis dahin: keine Alleingänge, Elena, das meine ich bitter ernst."

24. Kapitel

Der Himmel glich einem zartblauen Zelt aus Seide, ein leichter Wind zauberte schneeweiße Schaumkronen auf ein sanft gewelltes dunkles Meer. Ab und zu wehte eine Brise den harzigen Geruch der Kiefern und Steineichen von den nahen Inseln herüber. In der Wärme der Mittagssonne entfaltete die Macchia ihr herb-süßes Duft-Potpourri als Versprechen eines unbeschwerten Spätsommertags. Die Idylle war perfekt, als die beiden Yachten im spärlich besiedelten Archipel nördlich von Ugljan Anker warfen.

Auf der *Seacloud* roch es nach Knoblauch – überall und in einer Intensität, die ganze Heerscharen an Vampiren in die Flucht schlagen würde. Wer kühn genug war, der Aroma-Spur zu folgen, landete unweigerlich bei Giorgio und seinen Pfannen. Kochlöffelschwingend tauchte er in der Dampfwolke des bereits wallenden Spaghetti-Wassers auf, als Elena in die Küche stürzte.

„Wenn ich richtig gezählt habe, sind wir sechzehn, also machen wir drei Sitzungen. Wie auf einer Kreuzfahrt", strahlte er. „Die Einteilung ist deine Sache. Die erste Partie ist in einer Viertelstunde dran, also beeil dich mit dem Aufdecken."

Kopfschüttelnd eilte Elena hinaus. Was hatte sich Giorgio bloß dabei gedacht? Die Kühlschränke waren gefüllt mit feinsten Delikatessen, und er verpestete die Luft mit einem Arme-Leute-Gericht! Wie sollte sie Mancuso, der auf seinem Kommandostand vielleicht noch nichts davon bemerkt hatte, schonend beibringen, was unter Deck los war? Zu spät, bereits in der Tür prallte sie mit Leonardo zusammen.

„Was riecht denn hier so köstlich? Eine Überraschung, Elena? Wann können wir essen?"

„In wenigen Minuten, wenn Sie wollen. Ich meine, wenn Sie wirklich wollen ...“, stotterte sie.

„Und ob! Ich hole die anderen“, bot sich Leonardo an.

Elena gab sich geschlagen. „Bitte vorerst nur Ihre Kinder, Titus und Milena. Giorgio besteht darauf. Wenn Sie zu viele auf einmal sind, werden die Spaghetti kalt, bis alle etwas auf dem Teller haben.“

Das reicht mindestens für zehn, dachte Elena, als sie die bis zum Rand gefüllte Schüssel auf den Tisch stellte. Ein Irrtum, wie sich zeigte.

„Damit komme ich wohl zu spät“, sagte Giorgio, als er kurz darauf die von ihr vergessene Schale mit gehackten Chilischoten zum Nachwürzen brachte.

„Es ist scharf genug“, grinste Leonardo. „Aber wie Sie sehen leider zu wenig.“ Tatsächlich war von dem Riesenberg Nudeln kaum noch etwas übrig. „Wer ist als Nächstes dran? Unsere zwei Pärchen und der Schiffsarzt? Die sind also nur zu fünft. Bestens, ich bleibe nämlich noch auf einen Nachschlag.“ Gut gelaunt wie schon lange nicht griff er nach seinem Weinglas. „Das hat es bei uns daheim oft gegeben. Euer Großvater Rosario ...“

„... hat *pasta aglio e olio* geliebt, ich weiß“, sagte Filippo trocken und erhob sich als Erster „Ehrlich gestanden, Linguine mit Kaviar sind mir lieber.“

„Jedem das Seine“, brummte Titus. Zum Erstaunen aller auf Deutsch und nicht auf Latein. „Und danke, Giorgio, es war köstlich. Komm, Francesca, die nächsten Hungrigen warten schon“, fügte er hinzu.

Tatsächlich lauerten Sanja, Nikola und Frank bereits vor der Tür. „Carlo und Jon lassen sich entschuldigen. Sie haben keinen Appetit.“

„Keine Sorge, es wird nichts übrig bleiben“, lachte Leonardo. „Also setzen Sie sich zu uns, Elena. Auch Ihnen kann eine zweite Portion nicht schaden.“

„Sollte ich nicht lieber der Kommissarin Bescheid sagen?“

Mancusos heitere Miene war wie weggewischt. „Ich ziehe es vor, ohne Polizeiaufsicht zu essen.“

„Hab dich nicht so, Papa. Wie es aussieht, kann nicht einmal unsere Frau Inspektor deinen Appetit bremsen“, spottete Filippo. „Wenn du so weitermachst, wirst du bald platzen.“

Den Kommentar hätte er sich sparen können, ärgerte sich Elena. War ihm das jetzt herausgerutscht oder ließ er keine Gelegenheit aus, seinen Vater zu provozieren? Er hasst ihn zutiefst – Milenas Worte klangen ihr noch im Ohr, als Filippo den Raum längst verlassen hatte.

Frank war wieder einmal der Einzige, der nichts von der Spannung mitbekam. „Giorgio wacht über meine Moral, *you understand*“, verkündete er mit vollen Backen. „Jede Frau, die ich mit meinem Knoblauchmund küssen will, nimmt entweder Reißaus oder fällt in Ohnmacht.“

„Try it with me“, strahlte die junge Kroatin den Londoner an. *„Garlic is my favorite perfume.“*

Kluges Mädchen. Elena nickte der Studentin, die mit dem banalen Geplänkel die Stimmung merkbar aufgelockert hatte, unauffällig zu. Sanja und Nikola sprachen ein weit besseres Englisch als die anderen, abgesehen von Titus, der nach seiner Matura drei Monate durch die USA getrampt war.

Erleichtert lehnte Elena sich zurück, doch das Lächeln, zu dem sie sich zwang, war alles andere als echt. Allmählich langte es ihr. Alle waren gereizt, jedes Wort wurde auf die Goldwaage gelegt, und selbst die harmloseste Bemerkung geriet irgendwem garantiert in die falsche Kehle. Noch nie hatte sie das Ende einer

Reise so sehr herbeigesehnt. Auch wenn sie es sich nicht einmal selbst eingestehen wollte, es war ihr fast schon egal, ob Alisa Tanic bei ihrer Mörderjagd Erfolg hatte oder nicht.

Schäm dich, ermahnte sie sich im nächsten Moment. Für sie endete der Albtraum, sobald sie in Rovinj von Bord ging, für die anderen aber würde nichts mehr so sein, wie es war. Schuldig oder nicht, diese Frage würden sich alle, auf die der lange Schatten einer unaufgeklärten Bluttat fiel, bei jeder Begegnung aufs Neue stellen. Und die Folge? Verloren gegangene Freundschaften, zerbrochene Liebesbeziehungen – wenn sie sich nicht täuschte, ging die Saat gegenseitigen Misstrauens bereits auf.

Während Giorgio damit beschäftigt war, den Rest des in hauchdünne Scheiben geschnittenen Knoblauchs gemeinsam mit fein gehackter Petersilie und dem Chili in nicht allzu heißem Öl zu schwenken, schickte Elena sich an, den Rest der Truppe zusammenzutrommeln.

„Drago, Mirko, Alisa, Franjo – das macht mit dir nochmals fünf", rechnete sie ihm vor.

„Also Pasta für sieben. Die jungen Männer verdrücken sicher eine Doppelportion", sagte er vergnügt und griff nach dem Wein, den ihm ein rundum satter und zufriedener Leonardo höchstpersönlich kredenzt hatte. Ein Dankeschön besonderer Art, was Giorgio durchaus bewusst war, als er das Glas mit dem eingeschliffenen verschlungenen „M" an die Lippen setzte.

Selbst auf einer Luxusyacht wie der *Seacloud* gab es statt echtem Porzellan und Bleikristall bruchfeste Imitationen aus Kunststoff, nicht nur für die Mannschaft, sondern auch für die Passagiere. Mit einer Ausnahme. Mancuso weigerte sich strikt, guten Wein oder gar seinen geliebten Taittinger brut aus Plastik zu trinken.

Deshalb hatte er das exquisite Catering samt einem ihm allein vorbehaltenen Karton mit Champagnerflöten sowie zwei weitere mit Rot- und Weißwein-Gläsern aus seinen Privatbeständen einfliegen lassen.

Zum Missvergnügen seiner Reiseleiterin, die aus Furcht vor Scherben nach jedem Umtrunk und jeder Mahlzeit wie ein Kindermädchen hinter ihm herräumte. Wie jetzt hinter Giorgio, der in der Küche ein Schlachtfeld hinterlassen hatte. Mit einem tiefen Seufzer machte sich Elena daran, das Chaos zu beseitigen.

Es irritierte Giorgio nicht im Geringsten, dass er von der lebhaften Diskussion seiner Tischgenossen kein Wort verstand. Konzentriert widmete er sich seinem Teller, den er Gabel für Gabel genussvoll leerte. Alisa wechselte zwar aus Höflichkeit immer wieder vom Kroatischen ins Italienische, doch eigentlich war er froh, wenn sie ihre Aufmerksamkeit von ihm abwandte. Er genoss seine Mahlzeiten am liebsten schweigend, was bisher keine Frau, mit der er näher zu tun hatte, wirklich verstand. Selbst Elena, die es längst besser wissen müsste, überfiel ihn bei Tisch nicht selten mit einem Redeschwall, den er gottergeben über sich ergehen ließ.

Um wie viel angenehmer war die Geräuschkulisse hier, die einmal laut und dann wieder leise wie das Rauschen des Meeres an sein Ohr brandete. Während die anderen noch vor halbvollen Tellern saßen, schob er bereits den letzten Bissen in den Mund. Früher hätte er sich nach einer rhetorischen Höflichkeitsfrage eine Zigarette angezündet, mittlerweile waren die Raucher besser erzogen. Nach einer gemurmelten Entschuldigung, die ohnedies keiner beachtete, verschwand er nach draußen.

„Wissen Sie, wie die Insel vor uns heißt?“, fragte Alisa, die unbemerkt neben ihn getreten war. „Natürlich nicht. Bis auf Fahrradtouristen, die in dem Archipel Island-Hopping betreiben, haben nur wenige Fremde schon einmal etwas von Molat gehört. Die Insel der Blumen, wie die Einheimischen sie aus mir unerfindlichen Gründen nennen, denn dort wachsen bloß Kiefern und Gestrüpp. Aber Sie sollten den Namen kennen.“

„Und warum?“, wunderte sich Giorgio.

„Weil Sie auf der Spurensuche nach der Vergangenheit sind.“

„Woher wissen Sie ...?“

„Frank hat mir vom Schicksal Ihrer Großeltern erzählt. Verstehen Sie mich jetzt bitte nicht falsch. Es ist schlimm, was damals geschehen ist, aber Sie sollten auch die zweite Seite nicht vergessen. Vor dem Genozid an Ihren Landsleuten durch Titos Partisanen hat das faschistische Italien hier auf Molat ein Konzentrationslager eingerichtet. Davon sprechen heute nur noch die Alten.“

„Weil die Jungen mit den Gräueln unserer Tage fertig werden müssen“, sagte Giorgio leise. „Ich verstehe sehr gut, was Sie meinen, Alisa. Wir alle verdrängen die Geschichte, wenn sie uns allzu schmerzhaft vor Augen führt, dass wir Menschen nichts dazulernen. Wie lange ist das Massaker von Srebrenica her? Nicht einmal zwanzig Jahre. Heute redet man noch darüber, aber in weiteren zwanzig oder dreißig Jahren ...“

„... ist es nicht mehr als ein weiteres Kapitel in den Lehrbüchern, das keiner mehr lesen will. Und vielleicht ist es auch besser so. Irgendwann muss Schluss damit sein, dass wir uns unsere Toten gegenseitig aufrechnen. Was auch immer im Zweiten Weltkrieg zwischen Italienern und Jugoslawen passiert ist, es ist vorbei. Was aber ist mit dem Hass, der auf dem Balkan neue Wurzeln geschlagen hat? Müssen wir wieder darauf warten, dass die Zeit unsere Wunden heilt? Oder können wir den Stier bei den Hörnen packen und sagen: Aus, Schluss, wir fangen neu an – und zwar gemeinsam?“

Darauf gab es keine Antwort, Alisa hatte auch keine erwartet. Sie war realistisch genug, um ihren leidenschaftlichen Ausbruch zu beenden, bevor sie ins Banale abglitt. Allein dafür bewunderte Giorgio diese Frau. Nur wenigen gelang der Drahtseilakt, sich seine Träume zu bewahren und gleichzeitig zu wissen, dass sie sich niemals erfüllen würden.

Mit einem Mal fühlte er sich eingesponnen in einen Kokon aus Nähe und Zuneigung. Seine Alarmglocken schrillten, doch er wollte sie nicht hören. Genau so war es ihm schon einmal ergangen. Mit Elena. Und daraus war Liebe geworden.

In der Bilanz eines ganzen Lebens gibt es nur wenige Minuten vollkommenen Glücks, hatte irgendjemand – er wusste nur nicht mehr wer – einmal gesagt.

Dieser magische Augenblick, in dem die Welt für einen Moment still stand, gehörte dazu.

Der Anruf aus Brüssel änderte alles. Alisa wusste nun, wer Yannis Zammit mehr als jeder andere zur Hölle gewünscht haben musste. Unter einem Dutzend Dossiers über Personen, die ihr nichts sagten, fanden sich vier Namen, die sie nur allzu gut kannte. Und in zwei Fällen war das Material so brisant, dass die Verdachtsmomente ausreichten, um Haftbefehle auszustellen. Alisa griff zum Telefon, um den Staatsanwalt anzurufen.

Halt, ermahnte sie sich im letzten Moment. Es blieb ihr mehr als ein Tag Zeit, um dringend benötigte Indizien zusammenzutragen. Selbst ein mittelmäßiger Anwalt konnte einen Klienten, der ohne triftige Beweise in Untersuchungshaft saß, in Kürze freibekommen. Geschweige denn die Armee an Strafverteidigern aus der obersten Liga, die Leonardo Mancuso unverzüglich in Bewegung setzen würde.

Nachdenklich blickte Alisa auf die Notizen, die sie sich während des Telefonats mit ihrem Chef gemacht hatte. Jetzt durfte ihr kein Fehler passieren. Bisher lag ihr nur eine Kurzfassung der Daten und Fakten vor, aber damit allein konnte sie kein Verhör führen.

Vielleicht hätte sie die Einvernahmen doch besser in ihre Dienststelle verlegen sollen. Trotz des unvermeidlichen Spießrutenlaufs durch die Medienmeute, die garantiert vor dem Polizeipräsidium auf der Lauer lag. Nein, meine Entscheidung war richtig, sagte sie sich. In dieser Phase der Ermittlungen brachten Gespräche in vertrauter Umgebung mehr zutage als Verhöre unter widrigen Umständen. Auch für ihren Zeitplan machte es kaum einen Unterschied. Sie musste sich nur das komplette Material aus Brüssel in ihr Büro faxen lassen. Wenn sie Franjo auf der Stelle losschickte, würde er in weniger als zwei Stunden aus Zadar zurück sein. Die Atempause konnte sie nützen, um sich eine Strategie zurechtzulegen. Mit oder ohne Hilfe, das war die nächste Frage, die sich stellte. Sollte sie sich mit Giorgio besprechen? Eine diffuse Scheu hielt Alisa mit einem Mal davon ab, seinen Rat einzuholen, doch dann gab sie sich einen Ruck.

Zwei Uhr nachmittags, es herrschte Siestaruhe. Eine günstigere Gelegenheit, ihren Kollegen unbeobachtet zu sprechen, würde sich nicht mehr ergeben. Bevor sie es sich anders überlegen konnte, stieg Alisa die Treppe zu den Kabinen hinunter. Diesmal beging sie nicht den Fehler, Giorgio bei seinem englischen Freund zu suchen. Sie klopfte gleich bei Elena, die allerdings erst nach einer geraumen Weile öffnete. Offensichtlich hatte sie die beiden nun zum zweiten Mal gestört.

„Es gibt Neuigkeiten“, platzte sie heraus, um ihre Verlegenheit zu überspielen. „Was mir fehlt, ist ein Schlachtplan ...“

„... den man am besten in Teamarbeit ausheckt. Herein mit Ihnen.“ Elena spähte auf beide Seiten des Ganges, bevor sie die Tür schloss. „Sie können beruhigt sein, Alisa, es hat Sie niemand gesehen.“

„Danke. Halten Sie mich bitte nicht für hysterisch. Seit ich weiß, was auf mich zukommt, muss ich doppelt aufpassen. Mancusos Anwälte werden alles versuchen, um meine Ermittlungen in Frage zu stellen. Der geringste Formfehler genügt, und unser Fisch ist vom Haken.“

„Ein passendes Bild, wenn auch ein wenig makaber“, lachte Giorgio. „Aber nun im Ernst, was ist in Brüssel herausgekommen?“

Alisa berichtete, ohne auch nur einmal auf ihre Notizen zu blicken. „Damit ist der Fall für mich gelöst. Was ohne Beweise gar nichts bringt“, schloss sie.

„Oder ein Geständnis“, fügte Elena hinzu. „Darf ich das alles noch einmal rekapitulieren? Die Informationen über die Leute, die er vor dem Törn nicht kannte, hat Zammit im Bord-Safe gebunkert. Da war aber nichts wirklich Spektakuläres dabei. Jedenfalls nichts, das sich als Mordmotiv aufdrängt. Anders verhält es sich mit zwei der vier Dossiers älteren Datums in seiner Brüsseler Wohnung. Titus können wir so gut wie vergessen.

Sein Vater betreibt seit Jahren Schwarzgräberei, aber nichts deutet auf eine Beteiligung seiner Söhne hin."

„Mit Münzfunden aus der Römerzeit kann man ein kleines Vermögen erwerben", unterbrach Giorgio.

„Durchaus üblich in der Gegend von Deutsch-Altenburg", bestätigte Elena, die dafür sogar ein gewisses Verständnis aufbrachte. „Zugegeben, das ist nicht in Ordnung", fügte sie rasch hinzu, bevor Giorgio ihr ins Wort fallen konnte. „Aber selbst ein Kunstfahnder wie du muss zugeben, dass die Museen gar nicht mehr wissen, wohin mit dem ganzen Münzkram, der keine neuen Erkenntnisse bringt. Nein, ich will mich jetzt nicht auf eine Diskussion mit dir einlassen. Wenn ich richtig verstanden habe, ist das meiste, das Zammit davon beweisen konnte, ohnedies bereits verjährt."

„Das sehe ich anders", antwortete Giorgio entrüstet, doch dann musste sogar er lachen. „Wenigstens wissen wir jetzt, weshalb der alte Reinthaler seine Söhne Titus und Marc Aurel getauft hat. Keine Frage, der Mann hat Humor. Aber zurück zum Thema, Alisa ist nervös und schaut auf die Uhr."

„Für Leonardo und seine Tochter sieht es dafür umso schlimmer aus", fuhr Elena mit ihrem Resümee fort. „Beiden drohen Gefängnisstrafen, ihm wegen Steuerhinterziehung in Millionenhöhe, ihr wegen Fahrerflucht mit Todesfolge. Knapper kann ich es nicht zusammenfassen."

„Vielleicht ließe sich die Anklage gegen Francesca auf Mord ausweiten. Wenn die Staatsanwaltschaft nachweisen kann, dass das Unfallopfer noch gelebt hat, als sie davongefahren ist." Giorgio erinnerte sich an einen ganz ähnlich gelagerten Fall, der mit einem Schuldspruch auf zwanzig Jahre Haft geendet hatte.

„Ist mir bekannt", sagte Alisa. „Deshalb warte ich noch auf den Obduktionsbericht, den sich Zammit auf irgendeine Weise beschafft haben muss. Die Details hat mir mein Chef am Telefon nicht durchgegeben. Aber wir können davon ausgehen, dass Francesca damit seit Jahren erpresst wurde."

„Im Gegensatz zu ihrem Bruder. Gegen Filippo liegt so gut wie gar nichts vor. Ein paar alte Fotos, auf denen er beim Koksen zu sehen ist, das ist alles. Entweder er hat wirklich eine reine Weste oder seine Sünden liegen so lange zurück, dass Yannis mit dem Material nichts mehr anfangen konnte", überlegte Elena und grinste. „Also im wahrsten Sinne des Wortes Schnee von gestern ..."

„... und er hatte somit als einziger kein Motiv", unterbrach Giorgio. „Es sei denn, er wollte seine Schwester schützen, falls er von der Erpressung gewusst hat. Womit Titus aus demselben Grund wieder im Spiel ist. Und Leonardo hätte gleich ein doppeltes Motiv. Alle drei lieben Francesca."

„Die Sache hat nur einen Haken", widersprach Elena. „Dem Mörder musste doch klar sein, dass der Polizei das Beweismaterial, das Zammit zusammengetragen hatte, in die Hände fallen musste."

„Nicht unbedingt. Ohne die eilig zusammengestellten Dossiers, die wir im Bord-Safe gefunden haben, wäre ich vielleicht gar nicht auf die Idee gekommen, in Brüssel Nachschau zu halten", hielt Alisa dagegen. „Wie auch immer, das war die Schwachstelle in einem sonst perfekten Plan. Ein Poker mit hohem Einsatz."

„Wir suchen also nach jemand, der bereit war, alles auf eine Karte zu setzen", spekulierte Elena. „Das ist kein Widerspruch zu meiner Theorie. Sind Sie der Spur eigentlich nachgegangen, Alisa?"

„Welche Theorie?", fuhr Giorgio dazwischen. „Doch nicht etwa das Rätsel um Filippos verschwundene Kette? Die ist wieder da, jedenfalls trägt er seinen Talisman für alle sichtbar um den Hals."

Elena dachte nicht daran, locker zu lassen. „Seinen? Oder den von Francesca? Ihren Anhänger habe ich jedenfalls schon länger nicht mehr gesehen. Und was lässt sich daraus schließen? Das wisst ihr zwei Profis wohl selbst am besten."

In stummem Einverständnis sahen Giorgio und Alisa einander an. Jedes Indiz war für sich allein genommen schwach, in der Summe aber ergab sich ein Täter-Profil, das kaum Zweifel offen ließ. Nun kam es darauf an, die Katze zum richtigen Zeitpunkt aus dem Sack zu lassen. Aber dafür war es eindeutig zu früh, was Elena offenbar nicht begriff. Oder nicht verstehen wollte.

„Lass es gut sein, *amore*", sagte Giorgio und griff beschwichtigend nach ihrer Hand. „Alisa weiß, was sie tut."

25. Kapitel

Die Erleichterung, die Vernehmung hinter sich zu haben, war Francesca deutlich anzusehen. Mit ihr hatte die Kommissarin als Letzte gesprochen, bevor sie die Anweisung gab, zurück nach Plako zu segeln. Den Grund dafür sah keiner ein, und Leonardo hatte heftig dagegen protestiert. In der Inselwelt rund um Ugljan seien sie alle vor den Kameras der Journalistenmeute sicher, und sein Ehrenwort, dass sich weder die *Seacloud* noch die *Penelope* über Nacht davonstehlen würde, müsse doch genügen.

Ihr war es eigentlich egal. Morgen um Mitternacht lief das Ausreiseverbot ab, also galt es, nur noch die heutige Nacht und einen weiteren Tag zu überstehen, bis sie Kroatien endlich verlassen durften. Wenn sie dann sofort lossegelten, konnten sie Mittwochfrüh in Triest sein. In Sicherheit.

Allein schon die Vorstellung, in einem kroatischen Gefängnis zu landen, ließ Francesca erschauern. Was Titus, der neben ihr an der Reling lehnte, nicht entging. Sie wäre jetzt am liebsten allein gewesen, doch das konnte sie ihm nicht sagen. Er ahnte nichts von dem Film, der sich in einer Abfolge greller Sequenzen in ihrem Kopf abspulte. Liebevoll legte er ihr seinen Pullover um die Schultern, bevor er ging, um ihr eine Jacke zu holen. Ihn zu belügen fiel ihr nicht leicht, aber hatte sie eine andere Wahl? In wenigen Wochen würden sie heiraten, heimlich, still und leise in Wien, und es ihrer Familie erst danach sagen. Ihre Mutter hätte auf einer großen Hochzeit in Mailand bestanden. Der Tag, der nur ihnen beiden gehören sollte, ein gesellschaftliches Ereignis, breitgetreten in sämtlichen Klatsch-Magazinen des Landes – nein danke.

Mutter würde beleidigt sein, das stand fest, aber es kümmerte sie nicht. Seit jeher war das Verhältnis zwischen ihnen beiden kühl gewesen. Wie hatte sie sich als Kind nach Zärtlichkeit und Wärme gesehnt. In Cristinas Gegenwart wird einem kalt, hatte ihr Großvater Rosario einmal über seine Schwiegertochter gesagt. Nicht vor der Enkelin natürlich, aber wie so oft war Francesca lauschend hinter der Tür gestanden.

Erst viele Jahre später begriff sie, was hinter der Kälte steckte, die Cristina Mancuso nicht nur ihrem Mann, sondern auch ihren Kindern gegenüber verströmte. Ein Psychotherapeut hatte es ihr erklärt: In ihrer Selbstbezogenheit litt ihre Mutter an einer Form von Narzissmus, die sich durch einen Mangel an Einfühlungsvermögen ausdrückte. Oder einfacher gesagt: Die verwöhnte Tochter aus reichem Haus weigerte sich, selbst erwachsen zu werden, und wollte lieber für immer ein verhätscheltes Kind bleiben.

Von Leonardo, der ihr allein die Erziehung aufbürdete, fühlte sich Cristina im Stich gelassen. Sie entledigte sich der Verantwortung, indem sie ihren Nachwuchs erst Kinderschwestern anvertraute und dann so früh wie möglich in Internate steckte. Filippo und Francesca sahen einander nur noch in den Ferien, kostbare Wochen für beide, in denen sie sich buchstäblich aneinander klammerten.

Die enge Beziehung blieb auch, als sie ins Teenageralter kamen und all das taten, wovor Eltern sich am meisten fürchteten. Sie rauchten, tranken, haschten, koksten – und nur ein gnädiges Schicksal ersparte es ihnen, dass sie ganz in die Szene der harten Drogen abrutschten. Ihre Rettung waren Beschäftigungen, bei denen sie ihre Aggressionen abbauen konnten. Fechten, Karate, Taekwondo und schließlich Kickboxen. Sie wurden Mitglieder in Tauchklubs und Schießsportvereinen und wetteiferten bei jeder Gelegenheit, wer die meisten Treffer erzielte. An Land gewann zumeist Filippo, sie tauchte dafür tiefer und länger als er und war bei der Jagd unter Wasser kaum zu schlagen.

Leonardo, der nur selten zu Hause war, bekam von alledem nichts mit. Erst als er seinen zugedröhnten Sohn nach einer Schlägerei mit Hilfe seiner Anwälte aus dem Polizeigewahrsam holte, begriff er, dass in Filippos Leben einiges gründlich schiefgelaufen war.

In seiner Hilflosigkeit hatte er mit einer Heftigkeit reagiert, die keinen Raum für eine Aussprache ließ. Die letzte Chance, das Steuer noch einmal herumzureißen, war vertan. Filippo zeigte nicht die geringste Reue oder Zerknirschung. Cristina gegenüber verhielt er sich wie zuvor – kühl und distanziert. Leonardo aber begegnete er von Stund an mit einer Arroganz und Selbstgefälligkeit, die dieser nicht hinnehmen konnte und wollte.

Mangelnde Mutterliebe als Ursache für den Hass auf den Vater – ein klassischer Fall von negativer Übertragung, hätte ein Psychiater Leonardo die Situation erläutern können und ihm damit zumindest einen Teil seiner Last von den Schultern genommen. Auf die Idee, einen Fachmann aufzusuchen, kam ein Mann wie er freilich nicht. Dass er seine Kinder vernachlässigt hatte, wusste er auch ohne wissenschaftliche Verbrämung. Umso mehr rührte ihn die Anhänglichkeit seiner Tochter, die ihm nichts nachtrug und ihm auf ruppige Weise zu verstehen gab, wie sehr sie ihn liebte.

Er hatte nichts dagegen gehabt, dass sie zum Studium nach Österreich gegangen war. Wien lag nicht aus der Welt, sondern gerade mal anderthalb Flugstunden von Mailand entfernt. Er hatte sie oft besucht, jedes Mal in anderer Begleitung, aber das störte Francesca nicht.

Sie verstand die Affären ihres Vaters. Im Gegensatz zu Filippo, der nach einigen oberflächlichen Beziehungen mehr und mehr zum Eigenbrötler wurde.

Mit blinden Augen starrte Francesca auf die kleinen Strudel im Kielwasser der *Seacloud,* die mit gesetzten Segeln Kurs auf Ugljan nahm. Genau so wirbelten die Gedanken in ihrem Kopf und vermischten das Gestern mit dem Heute. Als sie Titus kennen lernte, hatte sie sich lange gescheut, ihrem Bruder von ihm zu erzählen. Sie fürchtete seine Eifersucht, unnötigerweise, wie sich bereits bei der ersten Begegnung der beiden herausstellte. Wer seine kleine Schwester glücklich machte, war sein Freund, hatte Filippo erklärt – und jedes Wort davon unter Beweis gestellt.

Das Schicksal meinte es gut mit ihr. Sie liebte ihren Vater, ihren Bruder und ihren Freund – und die drei Männer liebten sie. Das durfte sie mit einer Beichte, die keinem etwas nützte, nicht aufs Spiel setzen. Der Preis für ihr Schweigen war allerdings hoch, wie ihr Yannis bei jeder sich bietenden Gelegenheit zu verstehen gegeben hatte. Seit er ihr in der schlimmsten Situation ihres Lebens beigestanden war, hatte er sie in der Hand. Aber jetzt war er tot – und sie endlich frei. Nicht von der Schuld, die sie für immer verfolgen würde, aber erlöst von der Angst, alles zu verlieren, woran sie hing.

Vielleicht würden jetzt endlich auch die Träume aufhören, in denen sie die verhängnisvolle Nacht wieder und wieder durchlebte. Es war nebelig und sie hatte zu viel getrunken. Im selben Moment, in dem die Scheinwerfer ihres Autos den Radfahrer erfassten, lag er bereits reglos auf dem nassglänzenden Pflaster. An den Aufprall konnte sie sich nicht erinnern, wohl aber an den Schrei aus ihrer Kehle. Sie blieb nicht stehen, sie sah nicht nach, ob ihr Opfer lebte oder tot war, sie gab einfach Gas und fuhr nach Hause. In die elterliche Villa, in der Yannis Zammit, Geschäftspartner des Vaters und Freund der Familie, wieder einmal zu Gast war.

Sie weckte ihn auf – und er schickte sie mit einem doppelten Whisky und Schlafpulver zu Bett. Als sie am nächsten Vormittag mit hämmerndem Kopf aufwachte, waren ihre Spuren verwischt: Der Fiat Punto mit dem eingebeulten Kotflügel stand in der Garage seines Hauses am Gardasee, unauffindbar für die Polizei. Er hatte das Unfallauto weggebracht und war mit dem ersten Morgenzug nach Mailand zurückgekehrt. Niemand im Haus ahnte etwas von seinem nächtlichen Ausflug, und auch den Wagen, nur einer von vielen aus dem Fuhrpark der Mancusos, würde so bald keiner vermissen.

Den Zeitungen war der tödliche Unfall mit Fahrerflucht nur eine Kurznotiz wert, auch die Polizei stellte die Suche bald ein. Irgendwann stand der Punto, repariert und poliert, vor dem Haus. Das böse Lächeln, mit dem Yannis ihr ein Kuvert mit den Schlüsseln übergab, würde sie nie vergessen. Zwischen den Autopapieren befand sich eine lückenlose Dokumentation, die ihre Schuld zweifelsfrei nachwies: Fotos, ein Lacksplitter, an dem Blut klebte, eine Auflistung der Freunde, mit denen sie an dem verhängnisvollen Abend gefeiert hatte – und der Obduktionsbericht, der sie zur Mörderin machte: Der Mann – ein 48jähriger Bauarbeiter auf dem Heimweg zu seinem Wohnmobil – war an inneren Blutungen gestorben. Und zwar nicht sofort, sondern erst etwa zwanzig Minuten nach dem Unfall. Ob er zu retten gewesen wäre oder nicht, machte keinen Unterschied, sie war in der Absicht, die Tat zu verheimlichen, weitergefahren – und das war Mord.

Über den Preis, den sie für sein Schweigen bezahlen musste, wollte Francesca nicht mehr nachdenken. Nicht an die Nacht, als sie mit diesem Monster ins Bett gehen musste. Yannis beließ es bei dem einen Mal, ihm genügte die Macht, die er über sie besaß. So lange er lebte, aber war mit seinem Tod der Schrecken wirklich vorbei?

Wo auch immer er die verhängnisvollen Unterlagen aufbewahrt hatte, sie befanden sich nicht in Reichweite der kroatischen Polizei, dessen war sich Francesca nun sicher. Die Kommissarin hatte ihr dieselben Routinefragen gestellt wie den anderen auch. Nach ihrem Alibi – und dem der anderen in der Tatnacht.

Sie hatte ihr das Weg-Zeit-Diagramm vorgelegt und wissen wollen, wer ihrer Meinung nach über die entsprechende Kondition verfügte: fünf Minuten, um von der Disco zu den Yachten zu laufen, fünf Minuten retour, sich ausziehen und wieder anziehen: jeweils drei Minuten, zwei Minuten, um mit Flossen und Harpune zum vermuteten Tatort an der Mole zu gelangen, sechs Minuten, um die Leiche in die Bucht hinauszuschleppen und retour zum Boot zu schwimmen – machte insgesamt plus minus ein paar Minuten weniger als eine halbe Stunde.

War irgendeiner ihrer Freunde für diese Zeitspanne aus ihrem Gesichtsfeld verschwunden? Um zu rauchen oder auch nur, um frische Luft zu schnappen – und danach verschwitzt und mit feuchtem Haar wieder aufgetaucht? Hatte sie eine Harpune unter dem Schnorchel-Equipment auf der *Seacloud* gesehen? Oder auf der *Penelope*? Und wenn nicht, wer konnte ein solches Gerät heimlich an Bord gebracht haben?

Francesca hatte wahrheitsgemäß geantwortet, schließlich galt sie in ihrem Umfeld als exzellente

Wassersportlerin. Genauso wie ihr Bruder, der seine Schwimmkünste bei jeder sich bietenden Gelegenheit unter Beweis stellte. Sie verschwieg auch nicht, dass sie beide bestens mit Harpunen umgehen konnten, was an sich kein besonderes Kunststück war. Abgesehen davon, Filippo und sie gingen schon längst nicht mehr auf Unterwasser-Jagd. Sie nicht, weil Titus es grässlich fand, auf Fische zu schießen, und ihr Bruder nicht, seit er sich für die Rettung des Mittelmeeres engagierte.

Harpunieren, immer noch ein Volkssport in Ländern wie Italien, Griechenland oder Spanien, war nach wie vor erlaubt, solange man ohne Geräte tauchte. Im Gleichklang mit anderen Umwelt- und Tierschutzorganisationen bekämpfte *Blue Sea* das sinnlose Töten als Freizeitsport, nur fand sich bisher kein Lobbyist in Brüssel, der sich für dieses Anliegen einsetzte.

Die Kommissarin hatte ihre Offenheit sichtlich geschätzt und die Vernehmung danach ziemlich rasch beendet. Nach einer letzten Frage, die Francesca mehr aus dem Konzept brachte als alle vorhergegangenen. Wo denn ihr hübsches Amulett wäre, wollte sie wissen. In ihrer Schmuckschatulle, sie trage es nicht immer – mit dieser Antwort hatte die Polizistin sich zufriedengegeben und lediglich gemeint, sie würde das kostbare Stück gern einmal aus der Nähe sehen. Weil sie ein Faible für Korallenschnitzereien habe, sei ihr das Pendant, das ihr Bruder doch so gut wie nie ablegte, aufgefallen.

Wann um alles in der Welt konnte die Kommissarin den Schmuck an ihr bemerkt haben? Francesca war sich absolut sicher, dass sie ihr Amulett zuletzt in der Disco getragen hatte – also lange vor dem Erscheinen der Polizei auf Ugljan. Darüber musste sie dringend mit Filippo sprechen.

Automatisch wanderte ihr Blick hinüber zur *Penelope,* die parallel zur *Seacloud* die Hafenbucht von Plako ansteuerte. Wie ein Scherenschnitt zeichnete sich das Segelschiff ihres Bruders vom allmählich verblassenden Himmel ab. Die Sonne war längst untergegangen, doch noch immer lag ein bernsteinfarbener Schimmer auf dem Meer.

Nur diese Nacht noch und ein weiterer Tag, murmelte Francesca wie ein Mantra vor sich hin, was Titus mit einiger Verwunderung quittierte. Ihm wurde allmählich kalt. Wenn sie weiterhin an der Reling ausharren wollte – bitte sehr, er fand es unter Deck gemütlicher. Mit einem traurigen Lächeln blickte sie ihm nach. Wie gern hätte sie sich in diesem Moment in seine Arme geschmiegt und sich alles von der Seele geredet. Aber weil sie ihn liebte, konnte sie ihm das nicht antun.

Augen zu und durch – irgendwann hatte sie das Credo ihres Vaters verinnerlicht. Was brachte es, weiter über Yannis nachzudenken. Er war tot, tot, tot, und er konnte ihr nichts mehr tun, jedenfalls heute nicht und morgen auch nicht. Kritisch wurde es erst, wenn sein Nachlass geregelt wurde, aber bis dahin hatte sie Kroatien längst verlassen. Und wahrscheinlich machte sie sich auch darüber unnötige Sorgen. Welche Beweislast kam den Unterlagen, die sich vermutlich in Brüssel befanden, jetzt überhaupt noch zu? Ohne eine entsprechende Aussage waren sie möglicherweise nur noch Makulatur. Der Einzige, der ihre Fahrerflucht bezeugen könnte – und auch das nur aus zweiter Hand, denn er war ja nicht dabei gewesen – lebte nicht mehr. Ein geschickter Anwalt konnte erreichen, dass man ein Verfahren gegen sie gar nicht erst eröffnete.

Vielleicht wandte sich auf diesem Törn, auf den sie so große Hoffnungen gesetzt hatte, letztlich doch noch alles zum Guten. Auch wenn bisher nicht mehr als eine Verlängerung des Waffenstillstands zwischen Vater und Sohn herausgekommen war. Kein Wunder, mit einem vermeintlichen Mord zu Beginn und einem echten am Schluss der Reise.

Andererseits standen die Weichen auf Versöhnung – und zwar auf beiden Seiten. Dank Milena. Nicht nur Leonardo, der sich offensichtlich ernsthaft verliebt hatte, hörte auf sie, sondern auch Filippo mochte die Frau, die ihre Mutter sein könnte. Und bald sogar ihre Stiefmutter, was Francesca für durchaus möglich hielt. Ob aus der Urlaubsliebe mehr wurde als eine weitere Affäre, würde sich zeigen. Wie sie ihren Vater einschätzte, würde er nach seiner Rückkehr jedenfalls klare Verhältnisse schaffen und die längst überfällige Entscheidung treffen, seine zerrüttete Ehe zu beenden. Wofür Milena der Anlass, aber nicht der Grund war. Francesca hasste ihre Mutter nicht, diese Phase lag längst hinter ihr, aber den bevorstehenden Skandal gönnte sie ihr von Herzen.

Dass Leonardo seine Freundinnen wechselte wie Hemden, hatte Cristina Mancuso nicht gestört, aber ihre Position als eine der ersten Damen der Mailänder Gesellschaft würde sie mit Zähnen und Klauen verteidigen. Ein chancenloses Unterfangen, denn egal, wie viel Schmutzwäsche dabei zu Tage kam, von einem einmal gefassten Entschluss ließ sich ein Leonardo Mancuso nicht mehr abbringen.

Plötzlich schoss Francesca ein Gedanke durch den Kopf: Angesichts der neuen Situation hatte ihre Mutter unter Garantie bald andere Sorgen, als die Hochzeit ihrer Tochter in ein Medienspektakel zu verwandeln. Was sprach also noch dagegen, ihre Pläne nicht länger geheim zu halten und Vater und Bruder nach

Wien einzuladen? Mit Milena als diplomatischem Puffer, falls nicht alles so lief wie erhofft. Dabei riskierte sie nichts, denn zu einem Eklat würden es die beiden ihr zuliebe nicht kommen lassen. Im besten Fall nützen sie die Chance, auf neutralem Boden aufeinander zuzugehen – und im schlimmsten herrschte danach eben wieder Eiszeit.

Dabei müsste Filippo allerdings mitspielen, und der hatte im Moment anderes im Kopf. Es wurde knapp, wenn er als Sprecher von *Blue Sea* bei der für Mitte November geplanten Pressekonferenz die aktuellen Wasserproben samt den entsprechenden Gutachten vorlegen wollte. Der Termin war mit Bedacht gewählt, um den Betreibern der Aqua-Farmen das bevorstehende Weihnachts-Geschäft zu vermiesen. So manchem würde nach dem Nachweis der Chemie-Cocktails der Appetit auf Sushi und Thunfisch-Steak garantiert vergehen.

Filippo machte seine Sache gut. Nachdem er seine Scheu abgelegt hatte, brillierte er vor laufenden Kameras mit Fachwissen und Kompetenz. Wie alle anderen hatte auch Francesca unterschätzt, wie ernst Filippo es mit seinem Engagement meinte. Anfangs hielt sie es nur für ein Strohfeuer, das ebenso rasch verlöschen würde wie alle anderen zuvor. Doch nun war er schon einige Jahre bei *Blue Sea* und inzwischen sogar zum Vizepräsidenten aufgestiegen.

Offenbar hatte ihr unsteter Bruder nach unzähligen Irrwegen endlich seine Bestimmung gefunden, was sie im tiefsten Innersten allerdings immer noch bezweifelte. Sie kannte ihn besser als jeder andere und ahnte deshalb, was in ihm vorging. Hinter seinem zur Schau getragenen Selbstbewusstsein steckte nichts anderes als seine uneingestandene Sehnsucht nach Anerkennung und Bewunderung. Letztlich ging es Filippo wohl nicht um die Rettung der Meere. Sich selbst wollte er retten – vor der Langeweile und der Leere in seinem Leben. Nur deshalb war er in die Rolle eines Heilsbringers und Weltverbesserers geschlüpft.

In seinen sorgfältig einstudierten Auftritten benahm er sich wie ein selbsternannter Guru, der seine Botschaft verkündete, leidenschaftlich, kompromisslos, überzeugend und, wie alle Fanatiker, leider gänzlich humorlos. Mit einem Unterschied: Filippo zockte seine Jünger nicht ab – er beschenkte sie. Wie zuletzt mit dem Kauf der *Penelope,* die er nicht zu seinem Vergnügen, sondern einzig und allein für die Exkursionen von *Blue Sea* erworben hatte. Von seinem eigenen Geld, über das die Geschwister dank ihrer Großeltern mütterlicherseits verfügten.

Im Gegensatz zu ihr hatte Filippo sein Erbe mit vollen Händen ausgegeben – und war heute reicher als sie. Francesca konnte sich nur allzu gut vorstellen, wer hinter der wundersamen Geldvermehrung steckte. Kein anderer als Yannis mit seinem untrüglichen Gespür für lukrative Geschäfte und Beteiligungen. Sie wollte gar nicht wissen, welche. Und auch nicht, wie hoch die Rechnung war, die ihm sein Partner und „Freund" dafür noch präsentiert hätte.

Wenn er nicht gestorben wäre.

Aber noch war es zu früh, um auf dem Grab von Yannis Zammit zu tanzen, denn sein Gift wirkte noch immer. Bei jeder Gelegenheit hatte er Zwietracht gesät. Als Freund des Hauses, auf den man hörte, war das nicht schwer. Wann immer sich eine Chance bot, Vater und Sohn auf subtile Weise gegeneinander auszuspielen, hatte er sie genützt. Es war nicht zuletzt sein Werk gewesen, dass Leonardo nicht verstand, was hinter Filippos Trotzhandlungen steckte: die verzweifelte Suche nach väterlicher Anerkennung und Liebe, die sich irgendwann in Hass verwandelt hatte.

Als Francesca begriff, wie tief die Kluft zwischen Vater und Sohn geworden war, wollte sie ihren Bruder zu einem Psychiater schleppen, was Yannis wohlweislich zu verhindern wusste, mit gezielt geschürtem Misstrauen gegenüber den Ärzten, die angeblich auf der Honorarliste von Leonardo Mancuso standen. Als Sohn aus reichem Hause wäre er nicht der Erste, der unter dem Vorwand einer psychischen Erkrankung in einer Klapsmühle landen würde, hatte er gewarnt – und damit Filippos Neurosen erst recht verstärkt.

Damals hätte man ihrem Bruder vielleicht noch helfen können, aber all ihre Versuche, ihn zu einer Therapie zu überreden, waren danach fehlgeschlagen. Deshalb hatte sie sich selbst in Behandlung begeben, um die Wurzeln des Problems zu begreifen. Sie wollte verstehen, weshalb er nicht die Mutter mit ihrer Gleichgültigkeit für alles Negative in seinem Leben verantwortlich machte. Zusätzlich las sie alles an Fachliteratur, was sie in die Finger bekam. Nach dem populärwissenschaftlichen Schrott, der in jeder Buchhandlung meterweise die Regale füllte, hatte sie sich nicht nur mit Freud und Jung beschäftigt, sondern auch mit den weiterführenden Theorien von Theodore Millon und Roger Davis herumgeschlagen.

Was unter dem Strich herausgekommen war, ließ sich in einem Satz zusammenfassen. Filippo litt – wie die Mutter – unter einer Persönlichkeitsstörung, die man eine narzisstische Erkrankung nennt. Eine Diagnose, die auch Francesca als Wald- und Wiesenpsychologin mit angelesener Halbbildung stellte. Sämtliche Kriterien trafen auf ihn zu: übertriebene Selbstbezogenheit, ein unersättliches Bedürfnis nach Anerkennung und Bewunderung, Kontrollbedürfnis und Machtstreben, Selbstüberschätzung, die zu Eifersucht und Neid führt – eine Liste, die sie im Schlaf herunterbeten konnte.

Daraus erklärte sich nicht nur Filippos Überbewertung von Macht und Reichtum, die er seinem Vater nicht gönnte, sondern auch der Hass, der hinter seiner Maske aus Gleichgültigkeit schwelte.

Aber weshalb war sie mit heiler Seele davongekommen? Auch sie hatte in ihren wilden Jahren aufbegehrt und alles getan, um auf sich aufmerksam zu machen. Mit jähzornigen Auftritten und Wutanfällen, bei denen sie auf nichts und niemanden Rücksicht nahm. Darin glich sie Leonardo. Die Antwort lag auf der Hand. Sie hatte das robuste Naturell ihres Vaters geerbt, Filippo den Narzissmus der Mutter.

Dass sie mit ihren Provokationen den Falschen bestrafte, begriff Francesca erst, als sie einmal bekifft und betrunken nach Hause getorkelt und Leonardo ausnahmsweise daheim gewesen war. Im Gegensatz zu seiner Frau, die ihre mütterliche Pflicht nach einem verachtungsvollen Blick mit dem Entzug des Taschengelds und Hausarrest als erledigt betrachtete, hatte er sie mit abgrundtiefer Traurigkeit angesehen.

Danach war alles anders geworden. Sie begriff, wie einsam ihr Vater im Grunde war, ein armer, reicher Mann, der alles auf der Welt kaufen konnte – nur nicht Liebe. Und sie verstand mit einem Mal, dass er, der selbst so viel davon zu verschenken hatte, mit ausgestreckten Armen vor ihr stand. Bereit, ihr alles zu verzeihen und die Vergangenheit Vergangenheit sein zu lassen. Drogen waren ab sofort kein Thema mehr, genauso wenig wie durchzechte Nächte und One-

Night-Stands. Francesca verschlief ihre Vorlesungen nicht mehr, sondern nahm ihr Archäologie-Studium, das sie zunehmend zu interessieren begann, erstmals ernst. Ohne zu murren begleitete sie ihren Vater selbst zu den langweiligsten gesellschaftlichen Ereignissen, was ihre Mutter weit mehr zu irritieren schien als ihre früheren Exzesse.

Filippo bekam von dem neuen Band zwischen Vater und Tochter anfangs nichts mit. Im Gegensatz zu Yannis, dem die enge Beziehung der Geschwister schon lange ein Dorn im Auge war. Endlich ergab sich die Gelegenheit, einen Keil zwischen die beiden zu treiben. Es bereitete ihm ein geradezu teuflisches Vergnügen, Filippos Eifersucht zu schüren. Ohne Erfolg, wie er zähneknirschend einsehen musste, denn Filippo reagierte völlig anders als erwartet. Für ihn zählte nur, dass Francesca, die ihren Protest gegen das Elternhaus immer hemmungsloser ausgelebt hatte, nicht länger am Abgrund entlang tänzelte.

Vielleicht wären Filippos Gefühle letztlich doch noch umgeschlagen, aber dann veränderten zwei Dinge sein Leben von Grund auf. Zum einen war seine Schwester aus ihm unerklärlichen Gründen nach Wien übersiedelt, zum anderen hatte er *Blue Sea* entdeckt – und endlich eine Aufgabe gefunden, die seine gesamte Zeit in Anspruch nahm.

Fröstelnd zog Francesca die Schultern zusammen. Ein kühler Wind strich ihr übers Gesicht und löste ein paar rotblonde Locken aus ihrem zusammengebundenen Haar. Mittlerweile war es fast dunkel geworden, nur am Horizont hob sich noch ein schmaler heller Streifen zwischen Himmel und Meer ab. Von ihr unbemerkt waren sie in die Bucht von Plako zurückgekehrt und hatten fernab der Mole Anker geworfen.

Francesca blickte hinüber zur *Penelope.* Als tanzten sie ein Menuett, bewegten sich die beiden Yachten aufeinander zu, um sich mit der nächsten größeren Welle wieder voneinander zu entfernen. Noch einmal drehte sich die *Seacloud* im Halbkreis, dann glitt der Katamaran erneut auf das Segelschiff zu, auf dem eine einsame Gestalt an der Reling stand. Es war Filippo, kein Zweifel.

Nur noch wenige Meter trennten die Geschwister, die einander reglos gegenüber standen. Wie auf Kommando hoben beide ihre Arme und falteten die Hände über ihren Köpfen – ein vergessen geglaubtes Ritual aus ihrer Kindheit, das einst zu ihrem Treueschwur gehört hatte.

26. Kapitel

Nachdenklich strich Alisa über ihren Schreibtisch, auf dem sich unerledigte Post neben unfertigen Berichten und Aktennotizen stapelte. Noch war es für einen Rückzieher nicht zu spät. Sie brauchte nur zum Telefon zu greifen, um die geplante Aktion im letzten Moment abzublasen. Was ihr auch nichts nützen würde. Das Eingeständnis, gescheitert zu sein, wäre letztlich ebenso verhängnisvoll für ihre Karriere wie der Haftbefehl in ihrer Tasche, der lediglich auf mageren Indizien basierte.

Eine Entscheidung zwischen Skylla und Charybdis, wie der Staatsanwalt es genannt hatte, bevor er nach langem Zögern nachgab. Er riskierte freilich weit weniger als sie – er stand kurz vor der Pensionierung, während sie demnächst zur Chefin des Morddezernats von Zadar ernannt werden sollte. Wogegen die Landeszentrale in Zagreb garantiert ein Veto einlegen würde, falls sie den Fall, der mittlerweile auch international für Schlagzeilen sorgte, unaufgeklärt zu den Akten legen musste.

Wenn schon, dann wollte sie wenigstens in voller Kriegsbemalung in die Schlacht ziehen, beschloss Alisa und zog einen tiefroten Lippenstift hervor. Ein letztes Mal musterte sie sich im Spiegel. Die strenge Aufsteckfrisur ließ ihre Stirn frei und machte sie um einiges älter, was durchaus in ihrer Absicht lag. Eine jugendlich aussehende Polizistin nahm man nicht ernst, diese Erfahrung hatte sie des Öfteren gemacht.

Nicht nur Franjo, sondern gleich zwei weitere Kollegen in Uniform erwarteten sie in der Empfangshalle des Präsidiums, vor dem ein Gutteil der Medienmeute auf der Lauer lag. Zwar rechnete keiner der Journalisten damit, dass die ermittelnde Beamtin vor der für

Nachmittag anberaumten Pressekonferenz zu einem Kommentar bereit war, aber im Fernsehen machten sich mikrophonschwingende Reporter immer gut. Es gehörte nun einmal zu ihrem Job, mit heiser geschrienen Stimmen eine Show abzuziehen.

Normalerweise verabscheute Alisa den unvermeidlichen Spießrutenlauf, heute aber kam ihr das zu erwartende Blitzlichtgewitter gerade recht. Mit einem Blick auf die Uhr vergewisserte sie sich, dass ihr Timing für eine Live-Übertragung in den Morgennachrichten der lokalen Sender perfekt war. Noch einmal holte sie tief Luft, dann stieß sie die schwere Eingangstür auf.

Wenn alles nach Plan verlief, dann saß jetzt die gesamte Gruppe beim gemeinsamen Frühstück im Salon der *Seacloud*. Bei eingeschaltetem Fernsehapparat, dafür wollte Elena sorgen. Die Bilder allein würden an Deutlichkeit nichts zu wünschen übrig lassen – und wem das nicht genügte, konnte sich den Kommentar von Sanja oder Nikola übersetzen lassen.

Die im Mordfall auf Ugljan ermittelnde Kommissarin Tanic verlässt das Präsidium in Zadar mit ihrem Assistenten und zwei uniformierten Beamten. Steht eine Verhaftung unmittelbar bevor?

Während das Polizeiboot Kurs auf Plako nahm, sah sich Alisa ihren Auftritt, den sämtliche kroatischen Sender wenige Minuten zuvor mit nahezu gleichlautenden Spekulationen gezeigt hatten, auf ihrem iPad an. Sie malte sich die Szenerie aus, die sie erwartete, und rüstete sich für den nächsten Medienauftritt. Wie vorhergesehen hatten sich gut ein halbes Dutzend Fernsehteams und ebenso viele Fotografen in Stellung gebracht. Entsprechend der Anweisung seiner Chefin drosselte Franjo die Fahrt und steuerte langsam auf die vor Anker liegenden Yachten zu.

Auf der *Seacloud* blieb ihre Ankunft natürlich nicht unbemerkt, doch niemand stand zu ihrem Empfang bereit. Keine Menschenseele ließ sich an Deck blicken, nicht einmal der Skipper oder der Schiffsjunge. Offenbar hatte Leonardo alle angewiesen, sich aus der Sicht der Kameras zu halten – eine Maßnahme mit fatalem Effekt. Nur wer etwas zu verbergen hat, versteckt sich vor der Obrigkeit, hieß es in den TV-Berichten, in denen die Kommissarin beim Erklettern eines Geisterschiffs zu sehen war.

Die Polizei stürmt die Yacht des italienischen Industriellen Leonardo Mancuso. Will der vielfache Millionär den Mord an seinem Berater verschleiern?

Selbst durch die geschlossene Tür vermeinte Alisa die Anspannung zu spüren, die alle in den Mordfall Verwickelten erfasst haben musste. Um ihre Nervosität weiter zu steigern, ließ sie sich Zeit, bevor sie gemeinsam mit ihren Begleittross den Salon betrat. Tiefes Schweigen lastete über dem elegant gestalteten Raum, der für eine Yacht ungewöhnlich groß und für vierzehn Personen dennoch zu klein war.

Während Elena, assistiert von Drago und Mirko, an der Kaffeemaschine hantierte, saßen die anderen eng aneinandergedrängt vor den Resten ihres Frühstücks. Einzig Giorgio hatte es vorgezogen, an einem Fenster Position zu beziehen, um das Geschehen rund um die Yachten zu beobachten. Nur er wusste, was im nächsten Augenblick geschehen würde. Unbemerkt von den anderen nickte er Alisa aufmunternd zu.

Ohne die Runde aus den Augen zu lassen, griff die Kommissarin in ihre Tasche und zog ein Papier hervor, das sie umständlich entfaltete. „Das ist ein Haftbefehl, ausgestellt von der Staatsanwaltschaft Zadar, mit dem Datum von heute. Damit bin ich ermächtigt, im Mordfall Yannis Zammit eine Festnahme vorzunehmen. Innerhalb der kommenden 24 Stunden wird ein Untersuchungsrichter über eine Fortsetzung der Inhaftierung oder die Freilassung entscheiden." In Alisas Haltung war nicht die geringste Unsicherheit zu erkennen, als sie mit ernster Miene auf die in Reglosigkeit erstarrte Runde zuging. „Francesca Mancuso, ich nehme Sie unter dem dringenden Verdacht fest, den maltesischen Staatsbürger Yannis Zammit in der Nacht auf den 22. September ermordet zu haben."

Den Worten folgte jene unwirkliche Stille, wie sie nach einem Bombeneinschlag eintritt.

„Es ist besser für Sie, keinen Widerstand zu leisten, Signora", setzte Alisa fort, als Francesca keinerlei Anstalten machte, sich zu erheben. Sie drehte sich zu den Uniformierten um, die als Wachmannschaft hinter ihr standen, und ließ sich ein Paar Handschellen reichen. „Aber wer weiß, vielleicht möchten Sie denen da draußen ja ein Schauspiel bieten." Es ging für Alisa um alles, und so setzte sie einmal mehr auf Provokation, um ihr Opfer aus der Reserve zu locken.

Ihre Rechnung ging auf, der Bann war gebrochen. Von einem Moment zum andern verwandelte sich der Salon in eine Bühne – bereit für den letzten Akt eines Dramas, bei dem sich das gesamte Ensemble in Szene setzt. An Theatralik ließ der Auftritt jedes Einzelnen jedenfalls nichts missen, stellte sie fest, und trat einen Schritt zurück, denn ausgerechnet der friedliebende Titus stürzte mit hoch erhobener Faust auf sie zu und wurde von Frank gerade noch rechtzeitig zurückgerissen.

Leonardo verhielt sich dagegen erwartungsgemäß. Mit hochrotem Kopf brüllte er wilde Drohungen in den Raum, die niemand verstand, während Milena leise vor sich hinschluchzte. Sanja und Nikola klammerten sich wie verschreckte Kinder aneinander, Carlo verbarg sein Gesicht an Jons breiter Brust. Selbst der unerschütterliche Drago sah sich mit betroffener Miene nach Mirko um. Lediglich Filippo hatte bisher nicht die geringste Regung gezeigt.

„Die brauchen Sie nicht", sagte Francesca zu den Polizeibeamten und deutete auf die Handschellen. „Ich komme freiwillig mit." Mit unergründlicher Miene blickte sie ihren Bruder an.

Filippo zuckte zusammen. Ihn konnte sie nicht täuschen. Er sah in ihren Augen das Wissen um die Wahrheit – und auch den Schmerz, den dieses Wissen ihr bereitete.

„Ich bin schwanger", sagte sie leise.

Damit waren die Würfel gefallen.

Als wäre es nur eine flüchtige Geste, hob Filippo die Arme und faltete die Hände wie zum Gebet über dem Kopf. Es war nun an ihm, den Schwur aus der Kindheit einzulösen. Egal, was weiter geschah, er würde seine kleine Schwester, die ihn selbst um den Preis der eigenen Freiheit nicht verraten hatte, niemals im Stich lassen.

Ein letztes Mal drückte er Francesca fest an sich, dann wandte er sich der Kommissarin zu: „Ich möchte ein Geständnis ablegen."

27. Kapitel

„Hätte Francesca ihn verraten?“

Kaum hatte Giorgio die Augen aufgeschlagen, überfiel ihn Elena mit der Frage, die sie seit Stunden beschäftigte. Normalerweise schlief sie am Ende einer Tour wie ein Murmeltier, doch diesmal war alles anders. Erst nach Mitternacht war sie kurz eingenickt, und nun wälzte sie sich schon seit dem Morgengrauen schlaflos herum. Dabei gab es gegen das Bett nichts einzuwenden, auch wenn das übrige Interieur des Zimmers ein wenig abgewohnt war. Drago, der wusste, was ihr gefiel, hatte ihr das altehrwürdige Haus am Hauptplatz von Rovinj empfohlen. Ein guter Rat, denn das Hotel Adriatic mit seiner verblichenen Eleganz war zwar in die Jahre gekommen, aber es besaß Charme und Atmosphäre.

Eine bessere Nachtruhe hätte ihr auch das teuerste Luxushotel nicht bieten können. Daran war nicht allein das Rad schuld, das sich unablässig in ihrem Kopf drehte. Elena vermisste die vertrauten Geräusche auf See. Das leise Klickern, wenn sich der Wind in der Takelage der Masten verfing, den rhythmischen Schlag der Wellen, die sich an der Bordwand brachen, den heiseren Schrei einer Möwe, bevor sie nach einer Beute tauchte.

„Sag schon, was meinst du?“, hakte sie unbarmherzig nach, als Giorgio nicht mehr als ein unverständliches Grunzen von sich gab.

„Francesca? Filippo verraten? Nie im Leben“, murmelte er und wollte sich auf die andere Seite drehen. Was ihm nicht gelang, denn Elena war schneller. Mit einem Ruck zog sie ihm die Decke weg und beugte sich über ihn.

„Wieso bist du dir so sicher?“

Giorgio gab seinen Widerstand auf. „Weil Francesca alles andere als dumm ist. Ihr war klar, dass ihr nicht viel passieren konnte. Dafür waren die Indizien gegen sie viel zu schwach. Zufrieden?“ Mit einem Seufzer schwang er die Beine aus dem Bett und ging ins Bad.

Kaum war er verschwunden, nützte Elena ihre Chance und riss die Fensterläden auf. Als Giorgio zurückkam, durchflutete helles Sonnenlicht den Raum. An eine Rückkehr ins Bett war nicht mehr zu denken.

„Haben wir das nicht bereits oft genug durchgekaut?“, kam er weiteren Fragen zuvor und griff nach seinen Zigaretten. „Wir könnten doch endlich einmal über etwas anderes reden, meinst du nicht?“

Widerwillig gab Elena nach. Sie sah zwar ein, dass Giorgio seine letzten Urlaubstage unbeschwert genießen wollte. Ihr aber gingen die turbulenten Ereignisse, die noch keine 24 Stunden zurücklagen, nicht aus dem Sinn. Er hatte die Mancusos kaum gekannt, sie aber war faktisch Tag und Nacht mit ihnen zusammen gewesen.

Die Kommissarin durfte zufrieden sein, sie hatte hoch gepokert und gewonnen, aber für Elena waren mit Filippos Geständnis keineswegs alle Fragen beantwortet. Solange sie nicht wusste, warum Yannis hatte sterben müssen, konnte sie an nichts anderes denken. Was Giorgio offenbar nicht begreifen wollte.

„Ich mach mich jetzt fertig und geh auf einen Kaffee“, sagte sie und fügte spitz hinzu. „Wenn du dich noch einmal niederlegen willst, nur zu. Es wird sich schon jemand finden, der sich mit mir unterhalten will.“

Tatsächlich, als Elena ins Freie trat, saß Frank bereits unter einem Sonnenschirm in der zum Hotel gehörenden Cafeteria. Noch waren sie die einzigen Gäste, und auch der nach Marschall Tito benannte Platz lag menschenleer vor ihnen. In Kürze würde sich hier halb Rovinj ein Stelldichein geben. Jeder, der durch die steilen Gassen hinauf zur Kirche der Heiligen Euphemia schlendern wollte, hielt hier inne.

„Scheußlicher geht es wohl nicht mehr!“ Elena konnte es nicht fassen. Irgendeiner der Stadtväter war irgendwann auf die abstruse Idee verfallen, den wunderschönen hellen Steinbelag unter einer Schicht aus hässlichem, schwarzen Asphalt zu verstecken. „Wer das zu verantworten hat, gehört selbst geteert“, schäumte sie. „Und gefedert auch gleich dazu. Daniel Balbi muss sich ja im Grab umdrehen.“

„Von wem sprichst du?“, fragte Frank, dem der Name nichts sagte und dennoch bekannt vorkam.

„Von Zeiten, in denen Politiker noch Geschmack hatten. Balbi war Bürgermeister von Rovinj. Ende des 17. Jahrhunderts. Nach ihm ist das barocke Tor benannt, gleich da hinten, wo das alte Pflaster gottlob noch erhalten ist. Eine Ehre, die heutigen Politikern sicher nicht gebührt. Schon gar nicht diesem Barbaren ...“

„Sei vorsichtig, was du sagst“, warnte Frank, der ein Schmunzeln nicht unterdrücken konnte. Dort drüben an der Mole sehe ich Drago. Wenn ich ihn richtig verstanden habe, ist seine Frau mit dem derzeitigen Bürgermeister verwandt.“

„Umso besser, dann landet mein Protest gleich an der richtigen Stelle.“ Ihre Entrüstung über die Verschandelung Rovinjs, das sie noch aus Jugendtagen kannte, hatte Elena für eine Weile abgelenkt. „Gestern Abend habe ich ja nicht mehr viel gesehen, aber ich fürchte, hier hat sich in den letzten dreißig Jahren so einiges zum Nachteil verändert.“

Am liebsten hätte sie Drago auf der Stelle mit ihren Erinnerungen konfrontiert, doch der winkte ihnen nur von Weitem zu.

„Er muss in die Schule. Lange genug hat er ja geschwänzt", sagte Elena.

„Schlecht gelaunt, *my dear*?", grinste Frank. „Freu dich doch lieber, dass wir hier in der Sonne sitzen und einen wunderschönen Badetag vor uns haben. Den Mancusos geht es sicher nicht so gut wie uns. Was meinst du, wie Leonardo zumute ist."

Dankbar griff Elena das Stichwort auf. „Er hat sich großartig gehalten, findest du nicht? Erst gesteht sein Sohn einen Mord, dann bricht seine Tochter zusammen. Und was macht er? Klemmt sich ans Telefon und lässt eine ganze Armada an Anwälten nach Zadar kommen. Die finden garantiert etwas. Einen Verfahrensfehler in den Ermittlungen zum Beispiel. Oder Filippo nimmt sein spontanes Geständnis zurück und muss aufgrund der dürftigen Beweislage freigelassen werden. Egal ob mit oder ohne Kaution, aber Geld spielt sowieso keine Rolle. Leonardo gibt sich nicht so leicht geschlagen. Alisa wird sich noch wundern ..."

„Wird sie nicht", unterbrach Giorgio, der mit einem verlegenen Lächeln am Tisch Platz nahm, Elenas Wortschwall. „Ich habe eben mit ihr telefoniert. Es gibt Neuigkeiten."

„Sie hat dich angerufen? Um sieben Uhr in der Früh? Erstaunlich."

„Nicht mich, sondern uns. Und sie lässt dir ausrichten, dass deine Vermutungen über das Amulett zutreffend waren." Giorgio versuchte erst gar nicht, ein Grinsen zu unterdrücken. Seine Elena war also doch eifersüchtig auf die hübsche Kommissarin, was sie freilich niemals zugeben würde. „Wenn du mich jetzt erst einmal einen Espresso trinken lässt, werde ich euch alles haarklein berichten."

Elena konnte ihre Ungeduld kaum bezähmen, aber sie kannte Giorgio gut genug um zu wissen, dass es sinnlos war, ihn zu drängen. Kaum aber stand die Tasse vor ihm, platzte sie heraus. „Ich habe Filippo lange vor euch in Verdacht gehabt. Auch wenn ich noch immer nicht weiß, warum er Yannis umgebracht hat."

„Dazu komme ich gleich", sagte Giorgio, während er nach dem Kellner Ausschau hielt, um einen zweiten Kaffee zu bestellen. „Wie du richtig vermutest, hat Leonardo alle Hebel in Bewegung gesetzt und einen Anwalt aus Zadar aufgetrieben. Der wartete bereits vor dem Präsidium, als Filippo dort eintraf. Eine Sofortmaßnahme, um zu verhindern, dass sein Sohn auch nur ein weiteres Wort sagt. Das wäre vielleicht auch gelungen, aber dann beging Leonardo den Fehler, sich selbst einzuschalten. In dem Moment verlor sein Sohn die Nerven. Sein ganzer Hass auf den Vater brach aus ihm heraus. Er war nicht mehr zu stoppen."

„Dass die beiden miteinander Probleme haben, war mir seit Korčula klar", unterbrach Elena. „Aber ich kann mir nicht vorstellen, dass er ihn dermaßen gehasst hat ..."

„Kommt gar nicht so selten vor", mischte sich nun auch Frank ein. „Du ahnst gar nicht, was mir ein befreundeter Psychiater alles erzählt hat. Haarsträubende Geschichten ..."

„Wollt ihr Filippo jetzt auf die Couch legen? Oder hören, was er gestanden hat? Gut, dann redet nicht dauernd dazwischen, sonst verliere ich den Faden." Elena lag noch so einiges auf der Zunge, aber sie beherrschte sich gerade noch rechtzeitig.

„Es stimmt, du hast Filippo als Erste verdächtigt, *carissima*. Aber hauptsächlich deswegen, weil du ihn am wenigsten von allen magst, sei ehrlich. Alisa und mir hingegen war klar, dass er der Schuldige sein musste, sobald das Ergebnis aus Brüssel vorlag. Über alle hatte Yannis Belastungsmaterial gesammelt, nur über den Sohn seines Chefs nicht? Filippo, der große Idealist und Umweltschützer, ein Mann ohne Fehl und Tadel? Da konnte etwas nicht stimmen." Giorgio räusperte sich, bevor er mit konzentrierter Miene fortfuhr. „Filippo hat bestätigt, was wir vermutet haben. Auch er wurde von Yannis erpresst und zwar wegen der Beteiligung an üblen Geschäften. Die Details sind nicht weiter wichtig, nur so viel: Wäre herausgekommen, dass sich der Sprecher von *Blue Sea* jahrelang an umstrittenen Mülltransporten nach Afrika bereichert hat, hätte man ihn mit Schimpf und Schande davon gejagt."

„Aber das waren doch, wie du sagst, alte Geschichten", konnte sich Elena nicht verkneifen einzuwerfen.

„Deswegen allein wurde Yannis nicht ermordet, und es war, wie es aussieht, auch nicht von langer Hand geplant. Filippo hat die Mordwaffe zwar aus Mailand mitgebracht, was auf Vorsatz schließen lässt, aber nach seiner Darstellung war das ein Zufall. Er behauptet, dass er die zerlegte Harpune erst an Bord der *Penelope* in dem alten Seesack entdeckt hat, in dem er sein Wassersport-Equipment aufbewahrt. Zwischen seinen Flossen, diversen Schnorcheln und seiner optischen Taucherbrille."

„Du glaubst ihm?"

„Ja, das klingt plausibel, wenn man den Deal zwischen Mordopfer und Mörder chronologisch betrachtet. Stellt euch folgendes Szenario vor: Filippo schippert seit Wochen auf der Adria herum und sammelt Wasserproben, als ihn Yannis auf einmal anruft. Dem war die Einladung zu dem Törn, den Francesca eingefädelt hatte, gerade recht gekommen, denn er hat seit Neuestem für einen international vernetzten Food-Konzern gearbeitet. Mit dem Auftrag, einer weiteren Expansion der industriellen Fischzucht in der Adria den Weg zu ebnen. Seine erste Maßnahme: Die negativen Gutachten, wie sie von *Blue Sea* zu erwarten waren, zu verhindern. Bei einem unverfänglichen Treffen mit dem Vize-Chef der Organisation."

„Ich verstehe. Er trifft sich mit Filippo, der ihm die für ihn interessanten Expertisen gemeinsam mit den Wasserproben aushändigen soll – im Gegenzug zu dem blamablen Giftmüll-Dossier", sagte Elena, der langsam so einiges klar wurde. „Aber wieso hat Yannis keine Kopie von seinem Erpressungsmaterial zurückbehalten?"

„Weil er das nicht mehr gebraucht hat. Mit diesem Deal war sein Opfer mehr denn je in seiner Hand. Der Vizepräsident einer Umweltorganisation, der für die Gegenseite arbeitet – wie hätte Filippo das seinen Leuten erklären sollen?"

„Ein sauberes Geschäft. Sofern man in diesem Zusammenhang von sauber reden kann. Die beiden hätten einander somit also ab sofort gegenseitig erpressen können. Filippo Yannis mit der Drohung, neue Proben zu entnehmen, und Yannis Filippo mit dem von ihm abgesegneten Betrug. Eine klassische Patt-Situation. Wozu dann aber das heimliche Treffen, Giorgio? Die beiden hätten den Austausch doch an Bord vornehmen können."

„Aus triftigen Gründen. Bordwände haben Augen und Ohren. Filippo wollte das Risiko, dass jemand zufällig etwas mitbekommt, nicht eingehen. Abgesehen davon wäre es ihm unmöglich gewesen, die Wasserproben zurückzuholen, wenn sie erst einmal in der Kabine von Yannis gelandet wären."

„Das heißt, er hat den Mord von Anfang an geplant und nur auf eine günstige Gelegenheit gewartet", stellte Elena fest.

„Richtig, aber bis zu eurer Ankunft in Plako hat sich keine ergeben, und für sein Vorhaben wurde es allmählich knapp. Andererseits hat er Zeit genug gehabt, seinen Plan in aller Ruhe zu überdenken. Wahrscheinlich ist er erst auf die Idee gekommen, Yannis aufzuspießen, als er die Harpune im Seesack entdeckt hat. Jetzt musste er nur noch nach einem geeigneten Ort Ausschau halten und für ein Alibi sorgen, das sich nicht so leicht widerlegen ließ. Erinnerst du dich, wer hat den Disco-Besuch vorgeschlagen?"

„Du hast recht, das war Filippo! Ausgerechnet er, der Gesellschaftsmuffel, der in den Keller lachen geht. Darüber haben sich alle gewundert."

„Und ich wundere mich über etwas ganz anderes", sagte Frank. „Dass Filippo seinen perfekten Mord zugibt, um seine unschuldige und noch dazu schwangere Schwester zu schützen, begreife ich. Alisas raffinierter Bluff, sich das Medienspektakel zunutze zu machen, hat funktioniert. Aber warum legt er sich die Schlinge danach freiwillig noch enger um den Hals? Mit einem so detaillierten Geständnis, dass er es nicht mehr widerrufen kann? Und was hat das mit Leonardo zu tun?"

„Mehr als du glaubst. Filippo hat erst von Yannis erfahren, wer hinter der Thunfisch-Farm auf Korčula steckt. In dem Moment ist sein alter Hass wieder aufgebrochen. Am liebsten hätte er seinen Vater dafür auf der Stelle zur Rede gestellt, aber dann hat ihm Yannis noch etwas erzählt. Nämlich, dass er auch Leonardo jederzeit erpressen könnte. Mit akribisch zusammengetragenen Informationen über Schwarzgeld in Millionenhöhe aus dem Mancuso-Imperium, das auf Offshore-Banken gebunkert liegt. Die dazugehörigen Kontoinformationen befinden sich in seinem Safe in Brüssel."

„Davon wusste Filippo? Das kann ich mir nicht vorstellen. Ihm musste doch klar sein, dass nach dem Tod von Yannis alles auffliegt?" Ungläubig schüttelte Elena den Kopf.

„Das Familienvermögen, das er eines fernen Tages erben sollte, war Filippo völlig egal. Ihm ging es nur darum, Leonardo Mancuso vom Thron zu stoßen. Ohne dass seine Schwester mitbekam, wer dahintersteckt, denn das hätte sie ihm nie verziehen. Also hat er wie beim Billard die Kugel über die Bande gespielt – und mit dem einen Schuss aus der Harpune gleich zwei Treffer gelandet. Yannis war für immer zum Schweigen gebracht – und sein verhasster Vater, dem eine Gefängnisstrafe drohte, finanziell und gesellschaftlich ruiniert. Noch Fragen?"

„Im Moment nur eine", sagte Elena und sah Giorgio misstrauisch an. „Seit wann weißt du so genau Bescheid? Es erscheint mir nämlich völlig unmöglich, dass dir Alisa das alles heute Früh in der kurzen Zeit, die du allein im Zimmer warst, erzählt haben kann."

Verflixt, er hätte wissen müssen, dass ihm Elena auf die Schliche kommen würde! Giorgio bereute längst, dass er einen Alleingang unternommen hatte. Aber was hätte er tun sollen? Alisa hatte darauf bestanden, dass niemand von dem geplanten Bluff erfuhr.

„Wir haben den Plan zur Verhaftung Francescas gemeinsam ausgearbeitet", gestand er widerwillig ein. „Dabei haben wir nicht nur alle Für und Wider abgewogen, sondern sämtliche denkbaren Motive und Szenarien durchgespielt. Wie sich zeigt, sind wir mit unseren Vermutungen der Wahrheit ziemlich nahe gekommen. Deshalb hat mir Alisa jetzt nicht alles erst lang und breit erklären müssen."

„Wie praktisch", sagte Elena nur. Zu Giorgios Erstaunen ritt sie nicht weiter auf dem Thema herum. „Ich mach's jetzt auch kurz. Stichwort Amulett. Ich hatte also recht?"

Frank verstand nur Bahnhof. „Wovon redet ihr?"

„Vom einzigen handfesten Beweis gegen Filippo, den man allerdings erst finden muss. Es geht um seinen geliebten Talisman, den er nie ablegt. Vor dem Mord hat er ihn noch umgehabt, wenige Stunden danach war er weg."

„Das kann nicht sein, ich habe den Anhänger doch erst gestern an ihm gesehen", warf Frank ein. „Bei seiner Verhaftung, da bin ich mir sicher. Auffällig genug ist er ja."

„Nicht seinen, sondern den von Francesca. Sie hat als Erste bemerkt, dass ihr Bruder sein Amulett verloren hat. Und sie konnte sich denken, wobei", klärte Elena ihn auf. „Die Kette ist ziemlich lang. Als er die Leiche in aller Eile an dem Harpunenseil hinter sich hergezogen hat, muss sie sich verheddert haben und gerissen sein. Vermutlich hatte Francesca anfangs nur einen vagen Verdacht, aber auf alle Fälle hat sie ihm am nächsten Tag ihren eigenen Anhänger zugesteckt."

„Ein raffinierter Schachzug. Sie kann die Kette lange vor dem Mord verloren oder verlegt haben, also konnte man ihr daraus keinen Strick drehen", ergänzte Giorgio. Er war klug genug, es dabei zu belassen. Elena für ihren genialen Einfall zu loben, hätte gönnerhaft geklungen, und er traute dem Frieden ohnedies nicht.

Es war sicherlich nur eine Frage der Zeit, bis sie sich für den Affront, den er ihrer Ansicht nach begangen hatte, revanchieren würde. Er und Alisa ein Team – und sie ausgeschlossen –, das verzieh sie ihm nicht so bald. Auch wenn sie ihn jetzt anlächelte.

„Manchmal finden auch blinde Hühner ein Korn. Oder ungelernte Detektive ein Indiz. Und jetzt entschuldigt ihr mich bitte. Ich möchte hinauf zur heiligen Euphemia spazieren, bevor es zu heiß wird." Elena sprang auf und drückte Giorgio einen Kuss auf die Wange. „Wenn du magst, kannst du ja nachkommen. Es lohnt sich."

Giorgio kannte sich nicht mehr aus. War Elena jetzt beleidigt oder nicht? Wollte sie, dass er ihr folgte, oder hatte sie das nur so dahingesagt? Warum mussten Frauen bloß so kompliziert sein?

„Du hast leicht lachen", sagte er zu Frank, der ihn belustigt musterte. „Aber lassen wir das. Was hast du heute vor?"

„Erst einmal möchte ich Richard in seinem Liebesnest aufstöbern. Er hat ja keine Ahnung, dass wir hier sind. Alles Weitere wird sich ergeben. Und du? Gehst du zu deinem Rendezvous mit der widerspenstigen Euphemia? Eine interessante Person, die Schutzpatronin von Rovinj. Vor allem für einen Kommissar. War schwer umzubringen, die Frau."

„Sag jetzt nicht, dass du dich als alter Anglikaner mit katholischen Heiligen auskennst."

„Nur mit der Schutzpatronin Rovinjs. Steht alles in meinem Reiseführer. Nur so viel: Ein halbes Dutzend Henker ist selbst umgekommen, bevor es endlich einem gelungen ist, Euphemia zu erstechen. Danach war sie aber noch immer flott unterwegs, denn Byzanz liegt ja nicht gleich um die Ecke. Von dort ist sie hierhergekommen. Besser gesagt, ihre Gebeine sind in einem steinernen Sarkophag bei Rovinj an Land geschwemmt worden. Schau nicht so ungläubig, damals ist Marmor eben geschwommen", feixte Frank.

„Wenn das so ist, sollten wir Euphemia unbedingt eine Kerze spendieren", grinste Giorgio zurück. „Dann hilft sie uns vielleicht bei unserer Schatzsuche."

Überrascht hob Frank den Kopf. „Du meinst, eine christliche Märtyrerin, die einen Steinsarg zum Schwimmen bringen kann, sollte das auch bei einem heidnischen Gott schaffen?", lachte er, doch dann wurde er schlagartig ernst. „Glaub ich zwar nicht, aber gut, dass du davon anfängst. Ich habe mich nämlich schon gefragt, wie ich das Thema anschneiden soll. Du gibst die Suche nach der Statue also nicht auf? Habe ich mir fast gedacht. Ich könnte heulen, dass ich nicht dabei sein kann, aber in drei Tagen muss ich zurück nach London."

„Lass dein Taschentuch stecken. Du bist natürlich mit von der Partie. Nächstes Jahr. Jetzt ist es sowieso zu spät. Wir haben bereits Ende September, und im Herbst kann es auf der Adria ziemlich ungemütlich werden. Den Winter kannst du überhaupt vergessen. Abgesehen davon müssen wir ohnedies die nächsten längeren Schulferien abwarten."

„Du meinst, weil Drago ..."

„... mit uns gemeinsame Sache machen wird? Richtig geraten! Was sagst du? Er hat schon zugesagt! Unter der Voraussetzung, dass die Schmuggler ungeschoren bleiben. Er kennt sie alle, die von den Kornaten und die aus Rovinj. Weil er in seiner Jugend garantiert selbst einer von ihnen war. Mit Dragos Hilfe haben wir gute Chancen, die Nadel im Heuhaufen zu finden. Bessere jedenfalls als mit der Polizei."

„Sagt ausgerechnet ein Polizist, aber ich will nicht lästern, sonst nimmst du mich vielleicht doch nicht mit. Du ahnst ja gar nicht, wie sehr ich mich darauf freue." Frank strahlte über das ganze Gesicht. „Richard wird platzen vor Neid! Nein, keine Angst, auch wenn er noch so sehr bittet und bettelt, wir drei bleiben unter uns. Nur Drago, du und ich."

„Ach Frank, aus der Herrenpartie wird nichts werden. Elena würde mir die Hölle heiß machen ..."

„Zerbrich darüber nicht jetzt schon den Kopf. Wer weiß, mit wem sie nächstes Jahr unterwegs ist." Frank klopfte seinem Freund tröstend auf die Schulter. „Ich meine natürlich als Reiseleiterin", fügte er rasch hinzu, um kein Missverständnis aufkommen zu lassen.

„Ich begleite dich jetzt ein kurzes Stück durch die Altstadt, aber dann solltest du dich besser allein auf den Weg zu ihr machen. Zwischen euch ist doch alles wieder in Ordnung?" Prüfend blickte er seinen Freund an. Giorgio durfte nie erfahren, dass er ihm vor gar nicht allzu langer Zeit seine Elena ausspannen wollte. War das wirklich erst wenige Tage her?

„Sie ist anstrengend, mit ihrem Dickkopf kostet sie mich manchmal den letzten Nerv, und sie steckt voller Überraschungen. Ich kann mir nie sicher sein, was mich als Nächstes erwartet. So wie jetzt. Und dennoch – ja und nochmals ja, ich möchte mit keiner anderen Frau leben. Ohne sie ist das alles nichts." Mit einer weit ausholenden Geste deutete Giorgio um sich, als wollte er die ganze Welt umarmen.

„Vielleicht solltest du ihr das ab und zu auch sagen. Und jetzt ab mit dir!"

Weshalb hatte Frank es auf einmal so eilig, ihn loszuwerden? Alles klar! Die Antwort erübrigte sich von selbst. Vor dem Springbrunnen hielten zwei junge

Frauen offenbar nach jemandem Ausschau, der bereit war, sie vor dem nackten Putto zu fotografieren. Eine leichte Beute für den unverbesserlichen Casanova. Aber so hübsch wie Elena sind sie nicht, dachte Giorgio ohne Bedauern darüber, dass die Zeiten, in denen er selbst noch Jagd auf eine flüchtige Urlaubsliebe gemacht hatte, für ihn vorbei waren.

Eine Schnapsidee, hier heraufzukeuchen. Der Anstieg zum Wahrzeichen Rovinjs erwies sich als ziemlich steil und Giorgio bereute jede Zigarette, die er je geraucht hatte. Instinktiv trat er in den Schatten zurück, als er die letzten Stufen erreichte und Elena auf dem sonnendurchfluteten Platz vor dem Campanile erblickte. Besser, er wartete erst einmal ab, bis er wieder Luft bekam. In dem Moment läutete sein Handy.

„Alisa, ich glaube, das solltest du ihr selbst erzählen“, keuchte er in den Hörer. Mit beiden Armen winkend eilte er auf Elena zu und drückte ihr das Telefon in die Hand. Fasziniert beobachtete er, wie sich ihre Gesichtszüge immer mehr entspannten, bis sie schließlich laut auflachte.

„Ja, richte ich ihm aus. Und danke, Alisa, dass Sie uns angerufen haben. Ciao und auf bald!“ Elena strahlte, als sie ihm sein Handy zurückgab. „Was sagst du, sie haben Filippos Amulett tatsächlich gefunden. Beim Lokalaugenschein, nachdem er ihnen die genaue Stelle gezeigt hat, wo Yannis ins Meer gestürzt ist. Nur ein paar Meter von der Mole entfernt hat sich die Kette an einer dieser Steckmuscheln verfangen. Damit ist der Fall wasserdicht, egal, was die Anwälte noch aushecken. Aber das ist noch nicht alles: Alisas Chef hat das Testament aus Brüssel mitgebracht."

„Yannis war sicher kein armer Mann ..."

„Er war sogar ziemlich reich. Allein seine Immobilien sind ein Vermögen wert."

„Soweit ich weiß, war er nicht verheiratet. Wer ist also der glückliche Erbe? Ein uneheliches Kind, von dem keiner wusste?"

„Falsch. Das hätte er auf den Pflichtteil gesetzt, wie ich seinen Charakter einschätze. Nein, er hat eine Yannis-Zammit-Stiftung gegründet. Mit einem hoch dotierten Preis, der alljährlich an den erfolgreichsten Lobbyisten der EU verliehen werden soll." Elena grinste über das ganze Gesicht.

„Und das gefällt dir", wunderte sich Giorgio. „Ich dachte, du hast nichts übrig für Leute, die ihr Geld damit verdienen, Politiker zu manipulieren?"

„Du hast völlig recht, ich misstraue diesen Drahtziehern zutiefst. Früher saßen solche Typen in den Vorzimmern der Macht und haben antichambriert. Heute sind sie salonfähig und nennen sich Lobbyisten, aber es läuft auf das Gleiche hinaus. Von den Cash-for-Law-Spielchen in Brüssel ganz zu schweigen, die sind nur eine Spitze des Eisbergs. Auch wenn man ab und zu einen erwischt, wie vor Kurzem. Aber wenn man alle ins Gefängnis steckt, die Butter am Kopf haben, wird es dort eng." Elena dachte an den jüngsten Skandal, den britische Journalisten aufgedeckt hatten. Von sechzig EU-Abgeordneten waren drei – ein Rumäne, ein Slowake und ein ehemaliger Innenminister aus Österreich – in die Falle getappt. „Unser Möchtegern-Machiavelli war die Bösartigkeit in Person und spinnt sogar noch aus dem Grab seine Intrigen. Einflussnahme ist nun einmal nicht messbar, es sei denn, man bekennt sich dazu, und genau das ist der springende Punkt."

„Was ein wirklich erfolgreicher Lobbyist niemals tun wird ...", spann Giorgio, dem allmählich dämmerte, was Elena meinte, den Gedanken weiter.

„Natürlich nicht. Deshalb wird der Zammit-Lobbyisten-Preis immer nur den Schlechtesten zugesprochen werden. Oder den Gierigsten. Perfider geht es wohl nicht mehr. Wer nach dem Siegespokal greift, disqualifiziert sich selbst. Respekt, das muss einem erst einmal einfallen. Auf seine Weise war Yannis genial."

Giorgio lachte. „Ein seltsamer Nachruf. Aber einen besseren wird er wohl nicht mehr bekommen."

Ein herzliches Dankeschön für Hilfe aller Art an:

Ilona und Roman Rost
Ute und Herbert Schendl
Lore Tomek
Ria und Wolfgang Wagner
Gertrude Wille-Römer
Christina und Hans-Jürgen Wolf

und Linda Müller für ihr liebevolles und umsichtiges Lektorat.

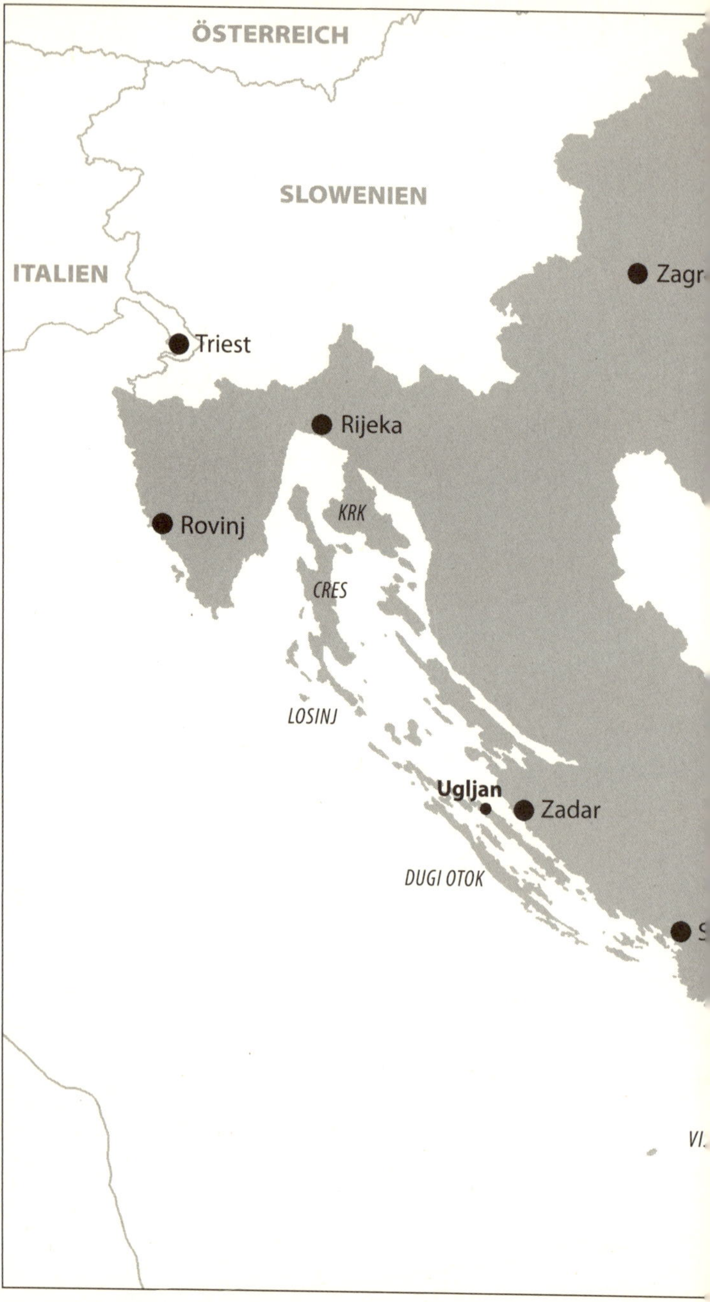
ÖSTERREICH
SLOWENIEN
ITALIEN
Zagr
Triest
Rijeka
KRK
Rovinj
CRES
LOSINJ
Ugljan
Zadar
DUGI OTOK
VI.

UNGARN
SERBIEN
KROATIEN
BOSNIEN-HERZEGOWINA
Split
BRAC
MONTENEGRO
KORČULA
Dubrovnik
MLJET
LASTOVO